高等职业教育公共管理与服务类专业推荐教材

婚姻与收养登记实务

MARRIAGE AND ADOPTION REGISTRATION PRACTICE

主　编　蒋新红
副主编　张　帆　芮　洋
参　编　欧长君　何　静　程　序

天津大学出版社
TIANJIN UNIVERSITY PRESS

内容提要

本书是为适应拓宽专业面、优化整体教学体系的教学改革形势，特别是婚姻与收养登记的现实要求，面向应用型高职人才培养模式而编写的一本教材。

本书分为 4 编，共 10 章。第 1 编为中国传统婚姻家庭制度，包括中华民族的演进及婚姻家庭制度的起源、中国传统婚嫁条件及仪程、中国传统家庭制度、中国传统离婚制度及其他婚姻家庭习俗等内容。第 2 编为现代婚姻家庭常识，包括爱情、婚姻与家庭关系，婚姻权与继承，婚姻家庭咨询等内容。第 3 编为婚姻登记实务，包括婚姻登记基础、婚姻登记的内容及程序、婚姻登记档案管理等。第 4 编为收养登记工作，内容包括传统收养制度和收养登记等。

本书既可作为民政管理专业学生的专业课程教材，也可作为民政系统婚姻登记工作人员的工具书和业务培训教材，还可作为读者了解婚姻与收养登记知识的参考书。

图书在版编目(CIP)数据

婚姻与收养登记实务 / 蒋新红主编. — 天津 : 天津大学出版社, 2018.11
高等职业教育公共管理与服务类专业推荐教材
ISBN 978-7-5618-6277-3

Ⅰ. ①婚… Ⅱ. ①蒋… Ⅲ. ①婚姻登记－中国－高等职业教育－教材②收养－登记制度－中国－高等职业教育－教材 Ⅳ. ①D923.9

中国版本图书馆CIP数据核字(2018)第250518号

HUNYIN YU SHOUYANG DENGJI SHIWU

出版发行 天津大学出版社
地　　址 天津市卫津路92号天津大学内(邮编:300072)
电　　话 发行部:022-27403647
网　　址 publish.tju.edu.cn
印　　刷 廊坊市海涛印刷有限公司
经　　销 全国各地新华书店
开　　本 185mm×260mm
印　　张 12.25
字　　数 306千
版　　次 2018年11月第1版
印　　次 2018年11月第1次
定　　价 46.00元

前言

《婚姻与收养登记实务》是为适应拓宽专业面、优化整体教学体系的教学改革形势，满足婚姻与收养登记的现实要求，面向应用型高职人才培养需要的一本教材。本书是在总结多年的教学经验和课程教学改革的成果的基础上，参考国内外婚姻与收养登记法律法规及相关理论和实际操作，按照“理论够用，重在应用”的原则，为高职民政管理专业必修课程编写的。本书在归纳整理中国传统婚姻家庭制度以及现代婚姻家庭知识的基础上，以《中华人民共和国婚姻法》《婚姻登记条例》《婚姻登记工作规范》《婚姻登记档案管理办法》《中华人民共和国收养法》《中国公民收养子女登记办法》《外国人在中华人民共和国收养子女登记办法》《收养登记工作规范》等法律法规为依据编写，与婚姻与收养登记工作的实际相结合。各章由学习目标、导入案例、引言、正文、小资料及思考题六个部分构成，深入浅出，可读性强。本书既可作为民政管理专业学生的专业课程学习教材，也可作为民政系统婚姻登记工作人员的工具书和业务培训教材，还可作为广大读者了解婚姻与收养登记知识的参考书。

本书分为4编，共10章。第1编为中国传统婚姻家庭制度，阐述中国传统婚姻家庭制度基本知识，主要包括中华民族的演进及婚姻家庭制度的起源、中国传统婚嫁条件及仪程、中国传统家庭制度、中国传统离婚制度及其他婚姻家庭习俗等内容。第2编为现代婚姻家庭常识，包括爱情、婚姻与家庭关系，婚姻权与继承、婚姻家庭咨询等内容。第3编为婚姻登记实务，包括婚姻登记基础、婚姻登记的内容及程序、婚姻登记档案管理等。第4编为收养登记工作，内容包括传统收养制度和收养登记等。4编内容，从传统婚姻家庭制度，到现代婚姻家庭常识，再到婚姻登记实务和收养登记工作。从古到今，古今结合；从婚姻到收养，婚姻与收养密切联系；从基本知识到具体实务，知识与实务完美融合。本书立足于知识的基础性、实用性，在阐述中国传统婚姻家庭制度、现代婚姻家庭常识后，重点介绍婚姻登记和收养登记，突出操作实务特色，从而形成较为完整的婚姻与收养登记知识与实务操作体系。

参加本书编写的有：重庆城市管理职业学院蒋新红（第1编第1、2、3、4章，第2编第1章，第3编第1、2、3章）、何静（第2编第2章第1、2节），重庆慈众社会工作服务中心张帆（第4编第1、2章）、欧长君（第2编第3章）、程序（第2编第2章第3节），全书由蒋新红担任主编并统稿。

本书在编写过程中参考了许多相关文献和资料，在此对有关作者表示诚挚的谢意。感谢重庆市婚姻收养登记管理中心周思颖主任的指导和帮助，感谢天津大学出版社赵宏志老师的大力支持，感谢重庆慈众社会工作服务中心、重庆市江津区婚姻登记处在操作实务方面提供的方便。由于编者水平有限，书中不足之处，敬请读者批评指正。

编　者

2018年8月

目　录

Contents

第 1 编　中国传统婚姻家庭制度

第 1 章　中华民族的演进及婚姻家庭制度的起源 …… 3

第 1 节　中华民族的演进…… 4

第 2 节　中华民族的迁徙发展…… 6

第 3 节　伏羲与女娲——中国婚嫁家庭制度的起源…… 12

第 2 章　中国传统婚嫁条件及仪程 …… 16

第 1 节　父母之命　媒妁之言…… 17

第 2 节　门当户对　郎才女貌…… 23

第 3 节　结婚仪程…… 25

第 3 章　中国传统家庭制度 …… 31

第 1 节　家与家庭…… 32

第 2 节　中国传统家庭关系…… 36

第 4 章　中国传统离婚制度及其他婚姻家庭习俗 …… 40

第 1 节　中国传统离婚制度…… 41

第 2 节　中国传统婚姻家庭的其他习俗…… 43

第 2 编　现代婚姻家庭常识

第 1 章　爱情、婚姻与家庭关系 …… 53

第 1 节　爱情与婚姻…… 54

第 2 节　婚姻家庭关系…… 66

第 2 章　婚姻权与继承 …… 77

第 1 节　婚姻权与婚姻主体…… 78

第 2 节　婚姻权的内容与行使…… 82

第 3 节　继承…… 87

第 3 章　婚姻家庭咨询 …… 93

第 1 节　婚前咨询与辅导…… 94

第 2 节　婚姻调适辅导…… 96

第 3 节　其他家庭成员关系调适的咨询与辅导…… 99

第 4 节　离婚咨询与辅导…… 102

第 5 节　再婚咨询与辅导…… 104

第 3 编　婚姻登记实务

第 1 章　婚姻登记基础 …… 109
第 1 节　婚姻登记 …… 110
第 2 节　婚姻登记制度的建立 …… 111
第 3 节　国籍常识 …… 114
第 4 节　婚姻登记机关与婚姻登记员 …… 117
第 2 章　婚姻登记的内容及程序 …… 122
第 1 节　结婚登记 …… 123
第 2 节　离婚登记及诉讼离婚 …… 128
第 3 节　可撤销婚姻与无效婚姻 …… 135
第 4 节　婚姻登记程序 …… 139
第 3 章　婚姻登记档案管理 …… 154
第 1 节　婚姻登记档案基础 …… 156
第 2 节　婚姻登记档案管理 …… 157

第 4 编　收养登记工作

第 1 章　传统收养制度 …… 165
第 1 节　传统收养常识 …… 166
第 2 节　传统收养的主要种类与条件 …… 168
第 2 章　收养登记 …… 172
第 1 节　收养常识 …… 173
第 2 节　收养登记 …… 174
第 3 节　解除收养登记 …… 175
第 4 节　收养登记程序 …… 177
第 5 节　收养登记档案和证件管理 …… 186
参考文献 …… 189

第 1 编

中国传统婚姻家庭制度

第1章　中华民族的演进及婚姻家庭制度的起源

学习目标

1. 了解中国传统婚姻家庭制度的起源。
2. 了解中华民族基本的演进过程。
3. 掌握伏羲与女娲——中国婚嫁家庭制度的起源。
4. 理解中华民族的迁徙与发展。

导入案例

在中国传统文化中,夫妻之间除了爱情,更有一份彼此关怀的责任感,“十年修得同船渡,百年修得共枕眠”描述的是不离不弃的两性依属关系,也显示出对缘分的珍惜。

在离婚率攀升的年代,阅读古代夫妻相处的小故事,细细品味其情中有恩、恩中带情的关系,倍感淳厚。

故事一:流亡公子重耳之妻

春秋时期重耳(后为晋文公)要逃离狄国,对他妻子说:“等我25年不回来,你就可以嫁给别人。”妻子笑着说:“等上25年啊,我墓上的柏树都已长大了。尽管如此,我仍旧会等你。”

故事二:许允新妇智贤明驯夫

三国魏人许允与阮卫尉的女儿举行婚礼,由于新娘子长得丑,婚礼仪式结束后,许允找了各种借口不愿进洞房,家人也为此事而担忧。这时候刚好大司农桓范来访,许允就在外面陪他聊天话旧。

桓范劝说许允:“阮家会把他们家的丑女儿嫁给你,想必新娘子一定有过人之处,你应该好好观察一下。”

许允心不甘情不愿地进了洞房,见了妻子的容貌后,许允心情低落得想即刻夺门而出。妻子知道许允如果现在出了洞房,就绝不会再进这个房间了,于是赶紧抓住许允的衣襟。许允不屑地对妻子说:“妇女应有的四德(妇言、妇德、妇容、妇功),你具备哪几样呢?”妻子说:“这四德当中,我所缺乏的只是姣好的容貌而已。但是,读书人应有许多良好的品行,您又具备了几样呢?”许允说:“全都具备。”妻子说:“是吗?读书人的所有良好品行当中,以德行最为重要,那么你喜欢美色而不喜欢德行,怎么能说全都具备呢?”许允听妻子说了这番道理之后,知道她是个贤明之人,再不敢瞧不起妻子,此后两人相敬如宾、互敬互爱。

故事三:刘庭式不弃盲女

北宋时期有一位儒生,他的名字叫刘庭式,字得之,齐州(今山东一带)人。他考取了进士以后,在密州担任通判。当时的苏东坡,就是这里的刺史。苏东坡很赏识他。

刘庭式在没有考取进士之前,曾经认识本乡里的一位民家女子,并约定了婚姻关系,只是还没有付送聘金。

后来,刘庭式考取了进士,做了官,又得到名人的赏识,可谓前途远大、鹏程万里。可是那位女子,却因生了一场大病,两眼失明了。女子的父母是种田人,家境贫寒,她的父母也就不敢提起这门亲事,而是劝刘庭式娶他们的小女儿。刘庭式说:"我喜欢她很久了,她虽眼盲,我又怎能负心?"于是娶了盲女,二人生活恩爱。

盲女死后,刘庭式非常悲伤,多年后也不肯再娶。

(资料来源:http://rufodao.qq.com/a/20140430/022347.htm)

引　言

《礼记·昏义》对婚姻的定义:"昏礼者,将合二姓之好,上以事宗庙,而下以继后世也,故君子重之。是以昏礼纳采、问名、纳吉、纳征、请期,皆主人筵几于庙,而拜迎于门外。入,揖让而升,听命于庙,所以敬慎重正昏礼也。"在中国传统文化中,子孙结婚是对祖先的一种神圣的义务,而独身和无后则被认为是一种对祖先的不孝行为。孟子的"不孝有三,无后为大"就是对此最好的说明。

在不同的社会历史条件下,家庭结构和功能是不尽相同的,其含义也不完全一致,因而很难对它加以界定。在仰韶文化时期出现的连排房,不但有连间或套间,而且还带有火塘。当然,火塘可能是出于取暖的需要,但也未尝不可用于炊事。所以,当时的家庭不但是"聚族而居"的,还可能是"分爨而食"的。"分爨而食"便是家庭的基本标志。传统社会的家庭就是一种以婚姻和血缘关系为基础的社会单位,包括父母、子女和其他共同生活的亲属。

婚姻一词最早见于东汉郑玄的解释:"昏姻之道,谓嫁娶之礼……婿曰昏,妻曰姻。"婚姻既指嫁娶仪式,又指夫妻关系。孔颖达进一步解释说:"婿则昏时而迎,妇则因而随之,故云婿曰昏,妻曰姻。"婚姻亦称嫁娶,《说文解字》记载:"嫁,女适人也;娶,取妇也。"所以强调"婚姻之道,谓嫁娶之礼"。

在中国传统社会,人们以阴阳观念解释宇宙现象,以天为阳、地为阴,天在上而地在下,故阳上阴下。又以男为阳、女为阴,故男上女下。由这种观念衍生出阳刚阴柔等理论,并渗透到礼仪、风俗、道德诸方面,形成特色鲜明的中国婚姻家庭制度。

第1节　中华民族的演进

一、盘古开天辟地的传说

盘古,或称盘古氏、盘古大帝,是中国古代传说中开天辟地的神。在天地还没有开辟以前,宇宙就像一个大鸡蛋一样混沌一团。有个叫盘古的巨人在这个"大鸡蛋"中酣睡了约18 000年后醒来,他左手执凿,右手持斧,或用斧劈,或以凿开,凭借着自己的神力把天地开辟了出来。自是神力,久而天地乃分。二气升降,清者上为天,浊者下为地,自是混沌开矣。盘古很怕天地再合拢变成以前的样子,他就用手撑着青天,双脚踏着大地,天每天增高一丈,地每天加厚一丈,盘古的身体也每天增长一丈。这样过了一万八千年,天越来越高,地越来越厚,盘古的身体长得越来越长。天地开辟出来了,盘古也累死了。

盘古最早见于三国时徐整著的《三五历纪》。盘古神话是中华民族悠久历史文明的见证。

后来,有巢氏(也称"大巢氏")发明巢居。有巢氏是神话传说中的人物,中华民族的始祖,原始巢居的发明者,他与燧人氏、伏羲氏、神农氏一样,虽已不可考证,但均表明了我国先民坚持生存斗争的光荣历史进程。

二、三皇五帝

三皇五帝是后世对远古时期帝王的简称。一般来说,三皇五帝时代是中国历史的早期,是中华民族从懵懂进入文明的那一段历史时期。三皇是早期的三个帝王,说法不一,通常指燧人、伏羲和神农,有时也指上古的三个时代,分别是燧人氏所代表的文明启蒙时代、伏羲氏所代表的文明时代和神农氏所代表的农耕时代。这三个时期历史久远,相当于三个朝代,时间跨度至少有几千年之久。五帝是神农氏之后、夏禹之前出现的五个帝王,从断代上来说,应属于一个独立的朝代,其时间跨度有数百年,开朝之祖当属黄帝。

三皇五帝是中国夏朝以前的帝王。不同史家对"三皇五帝"有不同的定义。三皇有八说,五帝有六说。具体三皇是谁,五帝是谁,存在多种说法。无论是按照史书的记载,还是神话传说,都认为三皇所处的年代早于五帝。三皇时代距今久远,或在四五千年至七八千年甚至更为久远,时间跨度很大;而五帝时代则距夏朝不远,在四千多年前。

人类最初处于原始种群时期,也不知过了多少年,才知道取火、用火、保存火的方法,这个时候才有了人类从动物群落中分离出来的可能性。直到后来伏羲发明了结网捕鱼和狩猎驯养技术,才使得人类进入种群文明时期。燧人氏发明了钻木取火的方法,太暤伏羲便将首领位置让给燧人氏,自己则离开昆仑到大儿子羲伯那里去了。燧人氏继承太暤伏羲在昆仑的部落体系,成立燧明国,而后在昆仑山南北和天山南北扩散发展。这期间,玄女发明绳结文字,后来发明了天干地支和陶文。人类步入新石器时期。

羲伯的族人和后来伏羲带下山的部落则在中原繁衍开来,直到12 000年前神农氏的出现,人类进入农耕时代。

三、黄帝、炎帝

在前面三皇五帝部分,已经提到黄帝和炎帝,由于两人在中华民族由来的历史进程中占有重要的地位和起着重要的作用,故将两人单独介绍。

黄帝是传说中华夏民族的始祖,是少典氏之子,少典氏娶有蟜氏部落女子为妻,生下了炎帝和黄帝。据考证,炎帝和黄帝不是同一个少典氏国君生的,母亲也不是同一人,炎帝母亲叫妊姒,而黄帝的母亲叫附宝。据古籍记载:一天晚上,附宝看见天上发出一阵阵强烈的闪电,电光围绕着北斗星,一闪一闪地把四野照得通亮。附宝受到了感应,因而有了身孕,怀孕24个月后生下了黄帝。司马迁在《史记》中说黄帝"生而有灵"。黄帝降生地称轩辕之丘(在今河南新郑西北),故名轩辕。黄帝建国于有熊,亦称有熊氏。黄帝在姬水(今陕西境内)之滨居住成长,便以姬为姓,这样黄帝也就成了后世姬姓的始祖。黄帝氏族起源于西北黄土高原,因土色黄,自称黄部落。"帝"字的意义为花蒂,古代华胥氏以花为图腾。华胥氏是华夏民族的祖先,华夏族每次祭祀祖先时必由酋长奉花而祭,而后华夏各支的领袖也称为帝。轩辕长大成了黄部落的领袖,他勇武而有谋略,并以武力统一了黄河流域的大片土地,制止了各部落之间的长期混战,被各部落推为盟主,因而取得了黄帝的称号。另外还有一说认为轩辕有"土德之瑞,土色黄,故称黄帝"。

黄帝后代与其他部落融合,形成中华民族,黄帝轩辕氏被看成是华夏族的始祖。根据研究,黄帝很可能确有其人,他是父系氏族时期中原地区的一位部落联盟长,他通过战争使中原各部落实现了联合,并做了很多好事,因此在古人的口传历史中占有重要地位。

炎帝神农氏是华夏远古时代的部落首领,姓姜,相传他牛头人身,可能是以牛为图腾的氏族首领,距今五千多年,为中华农耕文化的创始人。为祭祀这位始祖,西汉时始建炎帝陵,位于湖南省株洲市炎陵县县城西 19 千米处的鹿原镇鹿原坡。炎帝是中国的太阳神(炎帝是太阳神这个说法不准确,中国的太阳神是帝俊,他的儿子十金乌也是太阳神,后来被后羿射下 9 个,就是现在在天上值班的太阳,这个是公认的传说),也是农业之神,教民耕种,他还是医药之神,相传就是神农尝百草、创医学。传说神农死于试尝的毒草药。他是传说中主掌稼穑的土神,大概是指原始社会农业开始发展的氏族名称。据记载,当初人们吃生肉,喝兽血,穿兽皮。神农认为人们这样生活下去,是难以维持的。于是,他"尝百草之实,察酸苦之味,教民食五谷"。实际上农业生产知识是上古人类实践经验的积累,后来人们推测,神农氏的事迹大致反映了相当于母系氏族制繁荣时期的社会情况。

西汉初年的《淮南子》记载,神农"尝百草之滋味……,一日而遇七十毒"。四川至今还有一个感人的民间传说,说神农氏为了给人们寻找治病的草药,尝尽了百草,有一天尝到一种剧毒的断肠草,终于把他的肠子烂断,为人民牺牲了生命。神农氏还教会人们通商交换:"日中为市,致天下之民,聚天下之货,交易而退,各得其所。"这些传说都是后人对自己祖先炎帝的神化,说明他和黄帝一样,是华夏民族文明之祖。

最初,炎帝这个氏族活动于渭河流域,后来进入黄河中游,与九黎族发生了长时期的冲突。九黎族的首领叫蚩尤,兽身人首,铜头铁脖子,头上有角,耳上生毛,硬如剑戟,能吃砂石,可能是以某种猛兽为图腾的氏族。他有兄弟八十一人,即有八十一个氏族,每个氏族都是勇悍善战的强大氏族部落。蚩尤把炎帝驱逐到涿鹿(今河北西北桑干河流域),炎帝向黄帝求援,双方在涿鹿大战一场。蚩尤请风伯雨师兴风作雨,造了大雾使黄帝的士兵迷失方向,黄帝请旱神女魃,把天气放晴,造了"指南车"辨别方向。这场激烈战争的结果是蚩尤失败,被杀死了;黄帝取得了胜利,被推举为"天子"。

第 2 节　中华民族的迁徙发展

中华民族的发展历史总是和大规模的人口迁徙联系在一起的。每当成千上万的人开始打点行囊、准备远离故土的时候,历史将从此翻开新的一页。《汉书》:"安土重迁,黎民之性;骨肉相附,人情所愿也。"中国人从来都是依恋故土的。然而,纵观几千年的中国历史,几乎在各朝各代、各个时期,中国人都有过规模相当大的迁徙。同时,也正是这些迁徙扩大了不同地区、不同民族间的婚配，才有了中国传统文化的融合与广泛传播。

一、中国人口迁徙概述

在中国古代历史上，战乱频仍，天灾不断，规模不一的人口迁徙始终没有停止过，其大方向主要是由北至南。每一次大大小小的政治变动，都会引起大大小小的战乱，进而引起大大小小的人口南迁，其中规模最大的三次迁徙分别发生在西晋"永嘉之乱"、唐代"安史之乱"、北宋"靖康之变"这些大动荡时期。由"永嘉之乱"引起的第一次大规模北人南迁，给南方注入了新的活力，促使江南"火耕水耨"的粗放型农业生产方式向精细耕作转变，从而提高了粮食产量和土地利用率；由"安史之乱"引起的第二次大规模北人南迁，从根本上改变了中国人口地理分布格局，使南方人口第一次超过了北方，中国人口地理分区的中心也首次由黄河流域移到了长江流域；由"靖康之变"引起的第三次大规模北人南迁，使南方原先的"蛮荒之地"大都成了"鱼米之乡"，风俗习惯上南北互相融合，经济上南强于北的局面完全确立。三次大规模的南迁，人数甚多，阶层甚广，从皇室贵族到僧尼农民，无所不包。他们分散在两湖、江浙、两广甚至海南等地，四海为"客"又四海为"家"；他们虽然怀恋故土，但在享受南方优越的自然条件和相对宽松和平的政治与社会环境后，便在南方安下心来，繁衍生息，促进了南方的开发和发展，加强了民族的融合与团结，甚至也改善了中国人的遗传基因，使中国很早就成为世界上人口最多的国家。其中，"客家人"是他们的典型代表。今天，当我们看到福建龙岩那些标志性的土楼时，就会生出许多历史联想与历史感慨，生出许多对"客家人"的敬佩与敬仰。

在中国近代历史上，最为人们熟知和津津乐道的人口大迁徙是"闯关东""走西口"和"下南洋"。

在中国现代历史上，中国人迁徙的脚步仍然没有停下来，而且范围更加广泛，规模更加浩大，双脚迈得更宽、更大、更远。从"三线"建设到知识青年"上山下乡"，从三峡移民到海外移民，尤其是城市运动，中国人的迁徙运动风生水起，波澜壮阔。1989年春节过后，北京、广州等交通枢纽城市的火车站突然被来自农村的滚滚人流所淹没。从那以后，每年春节前后的一个多月，中国铁路、公路、水路和航空都要发送大量旅客，其规模之浩大，气势之磅礴，古今中外概莫能见。正是数亿农民工在中国城乡间的往来迁徙，造就了中外历史上最为壮观的"新移民运动"，推动了中国用近40年时间走完了西方发达国家用一两百年才走完的现代化发展路程。

二、中国历史上几次大迁徙

翻开中国历史，从古代到今天，中国人一直走在路上，中华民族也在一次次的迁徙中繁衍生息、融合壮大，这大大丰富了我国的婚姻家庭文化。

（一）客家人南迁

中国人口的迁徙，在近代以前，其大方向主要是由北至南。北人一次次南迁，造就了南方文化与经济的繁荣，其中最具代表性的就是客家人。

从秦汉到宋元，几乎每一次大的社会动荡，都会导致大规模的人口南迁。西晋末年的战乱，让中原人口大量南迁至长江流域。到了东晋末年，军事征服与怀柔政策，使得西北的少数民族内迁，而北方汉人也继续南迁，中国的经济重心由此开始南移。历史的车轮转到唐代，"安史之乱”引发的人口大迁徙，从根本上改变了中国人口分布的格局：长江流域首次取代黄河流域，成为全国人口分布的中心。而到了南宋末年，忽必烈的大举南侵，更是将战火引至长江中下游地区，南方人被迫向更南的珠江流域寻找安居的乐土。

客家人的历史就是北人南迁史的缩影。据考证，客家人的先民有过 6 次大规模的南迁，分别是在秦朝、魏晋南北朝、唐末、南宋、明末清初及太平天国时期。南宋末年，客家人参加了抗元起义，失败后为逃避追捕，只得上山入林，形成了“逢山必有客，无客不住山”的格局。而在 19 世纪中叶，以客家人为主要领导人的太平天国运动失败后，大批客家人逃往东南沿海一带，并进一步迁徙至东南亚、澳大利亚、南北美洲等地，开始了四海为“客”的生活。

“客家”是汉族民系的称谓，只是一个文化的概念，而非种族的概念。顾名思义，“客家”是一群异乡客。客家人以“客家”或“来人”自称，以区别于本地人，同时表明了他们保存自己族群特性的心态。与此同时，客家人还是开放的，能够入乡随俗。客家民系以汉人为主体，融合了一小部分畲族、瑶族等土著居民的血统。“久在异乡为异客”的客家人，在多年的漂泊生涯中，逐渐有了自己的聚居地，如广东梅州、惠州以及江西赣州、福建长汀等。福建龙岩永定地区的客家人将夯土技术与木构架建筑巧妙地结合在一起，创建了被誉为“世界山区建筑奇葩”的土楼。土楼是客家文化的一种标志和象征。

（二）洪洞大槐树移民

洪洞大槐树移民是中华民族迁徙、发展的缩影。“五百年前是一家”是句妇孺皆知的俗语，源自六百多年前的“洪洞大槐树移民”。

史料记载，元末明初，战乱频繁，灾害频发，黄淮流域的广大地区“尸骨遍于野，千里无人烟”，全国许多地方十室九空。而山西因东有太行山作屏障，避免了各种战乱和自然灾害，农业生产比较发达，社会稳定，呈现出另外一番富庶的景象，于是逃难人口大量涌入，人口膨胀。明洪武十四年（1381 年），全国人口不足 6 000 万，当时，河南人口为 189.1 万，河北人口为 189.3 万，而山西人口却达 403.4 万，比冀豫两省的总和还要多。

朱元璋建立明朝后，为了填补山东、河南、安徽、浙江、河北等地因战乱和灾荒流失死亡的人口，恢复和发展生产，充实国力，巩固统治，开始实施移民政策。从明洪武三年（1370 年）至永乐十五年（1417 年），明政府在山西洪洞县城以北的广济寺旁，在“树身数围，荫遮数亩”的汉代大槐树下，设局驻员，告示洪洞及周边万民，编排队伍，发放“凭照川资”，遣赴各地。

洪洞县是明朝山西平阳府第一大县，地处山西南部，为东西南北的交通要道，贯通南北的古官道就从城北广济寺的大槐树下通过。洪洞大槐树下有据可查的移民活动，历明朝三帝约 50 年，较大规模的移民达 18 次，外迁省份遍及北京、河北、安徽等 18 个省市 500 多个县，涉及汉、满、回、蒙古四大民族，800 余姓氏，移民总数达 100 余万。洪洞大槐树是各地移民汇集、开拔外迁的集散之地，因此，各地移民就把洪洞大槐树作为祖先的居住场所。

洪洞大槐树移民是中国古代范围最广、规模最大、历时最长的一次移民。如今，古槐后裔已遍布海内外。据不完全统计，世界古槐后裔数以亿计，约每十个华人之中就有一个古槐子孙。洪洞大槐树移民不仅对当时社会生产力的恢复产生了巨大的作用，还对中华民族产生了极其深远的影响，“五百年前是一家”这句俗语的出现、流传，就是此次大移民的一个“副产品"。

关于洪洞大槐树移民，还有两个传说。一个传说是与明朝功臣胡大海有关。元朝末年，胡大海来到河南林县行乞，人们不但不给他饭吃，还嘲笑、辱骂他。后来，胡大海参加了朱元璋领导的农民起义军，他骁勇善战，为朱元璋建立明王朝立下了汗马功劳。朱元璋登基后，论功行赏，胡大海却什么也不要，只请求朱元璋让他到河南报仇。朱元璋念他是开国元勋，踌躇再三，勉强答应他可以到河南报"一箭之地"的仇。胡大海派部将王虎前往河南林县报仇。来到林县，正巧有一只老雕飞过，王虎一箭射去，正中老雕，老雕疼得带着这支箭飞遍了林县，王虎也带着兵杀遍了全县。顿时，林县尸骨遍野，血流成河，惨不忍睹。消息传来，胡大海后悔不迭，怒斩王虎，马不停蹄地向皇上请罪。朱元璋念其功高，且能主动请罪，便不再追究，只得下令从山西洪洞大槐树向河南移民。历史上的胡大海，早在明朝建立前就已去世。

另一个传说则认为大槐树移民与明初的"靖难之役"有关。朱元璋死后，皇太孙朱允炆登基称建文帝。建文帝为加强中央集权，决定削藩，触怒了他的叔叔朱棣，燕王朱棣打着"靖难"的旗号，在北京发难，率军向南京进攻。燕王与建文帝在河北、河南、山东、江苏等地展开了大战。经过长达四年的战争，燕王终于攻占了南京，登基做了皇帝，即明成祖。长期的战乱造成江北地区"千里无人烟"的局面。明成祖即位后，便下令从山西洪洞大槐树移民到河南、山东、河北、安徽、浙江一带开荒种田，发展农业生产，恢复经济。

起初，政府曾发布告示，说不愿移民者需到洪洞大槐树下集合登记，并且规定了集合的期限，愿移民者可在家中等候。于是，人们纷纷来到大槐树下，最多的一次大槐树下集中了十几万人。突然，这十几万人被军队包围，官差开始宣布皇帝命令，凡到大槐树下集合者一律迁走。随后便强行登记，强行发给凭照，人们踏上了不知何时能返回的移民之路。据《明实录》记载，移民活动多在晚秋时节进行。这时百草凋敝，大槐树也叶落几尽，唯余满眼的老鸹窝。每当官差下令启程，这些移民无不泪流满面，他们缓缓而行，三步一驻足、五步一回头地寻望家乡故里，越走越远，越走越难再见家乡的景象，最后只能看到大槐树上的老鸹窝，听到栖息树间的老鸹在深秋时节无奈的悲鸣。于是，大槐树上的老鸹窝就成了移民祖先脑中唯一的家乡标志。

"问我祖先何处来，山西洪洞大槐树。祖先故居叫什么，大槐树下老鸹窝。"这首歌谣至今仍然流传在山东、河南、安徽、浙江、河北等地。

（三）湖广填四川

政府有组织的移民，对中国人口的分布也有着深远的影响。"天府之国"四川的复兴，便得益于此。中国官方的强制性移民，在三国时便已出现。明朝初年，政府的强制性移民曾使中国的人口分布更为均匀。而在历代政策性移民中，最有代表性、影响最深远的是元末明初以及清代进行的长期移民运动——湖广填四川。

四川在唐代位居全国经济文化的前列。宋朝时，人口占全国总人口23%左右的巴蜀地区，其税赋收入与供应的军粮却占了全国的1/3，时人因此有"蜀亡则宋亡"之叹。然而，元末明初与明末清初的战乱，让巴蜀人民遭遇了历史上最残酷的浩劫。据官方统计，1668年成都只剩下7万人，整个四川省则仅余60万人左右。

元末，红巾军中以湖北人为主体的明玉珍部率十多万军队入川，不少农民也随之入川，拉开了“湖广填四川”的序幕。到了明朝,政府也曾有意安排湖广人民入川。真正的移民高潮出现于清代。鉴于四川的残破不堪,康熙皇帝颁布了《康熙三十三年招民填川诏》,下令从湘、鄂、赣、粤等地大举向四川移民,这次移民持续了100多年,100多万人涌入四川。在成都及川西平原各县,外地移民占总人口的90%以上,而整个四川的移民人数则占总人口的70%左右。大量移民入川,不仅带来了充足的劳动力,还带来了丰富的生产技术与文化。“天府之国”由此开始复兴,并在经济文化上更加具有兼容并蓄、海纳百川的特点。四川的三绝——川剧、川酒、川菜,都是在清代融合了外省移民带来的文化技术后发展起来的。

(四)走西口

西口,即杀虎口,位于山西省朔州市右玉县西北部,现为集中展示“西口文化”的著名风景名胜区。杀虎口,在明代是长城要塞,名为杀胡口、杀胡堡,从这个名称可见当时长城内的汉民与边塞民族关系的紧张状况。“隆庆和议”后,明朝在长城沿边宣府、大同、山西三镇开设互市,大同右卫即于此时设马市于杀胡口关城下,使之成为边贸往来的孔道与平台。

到了清朝,杀胡口改名为杀虎口,因其位于西北商道的交通枢纽,顺治七年(1650年),清政府在杀虎口设税关,次年“设监督一员,经收课税”。此后,又在归化城设分关,沿长城内外大同得胜口、河曲、包头、托克托、阳高和天镇等处设税收分局、支卡,专门负责征收东自天镇、西至陕西神木一带的关税,并规定,“商人运载货物,例需直赴杀虎口输税,不许绕避别口私走”。

清代是中国人口发展史上的一个重要时期。通过清初康雍乾三朝的恢复发展,乾隆朝全国人口突破三亿大关。人地矛盾尖锐,大量内地贫民迫于生活压力,“走西口”“闯关东”或“下南洋”,因而形成近代三股大的移民浪潮。“走西口”是清代以来成千上万的晋、陕等地老百姓涌入归化城、土默特、察哈尔和鄂尔多斯等地谋生的移民活动。“走西口”这一移民活动,大大改变了内蒙古的社会结构、经济结构和生活方式。同时,占移民比例极高的山西移民,作为文化传播的主要载体,将山西的晋文化带到了内蒙古中西部地区,使当地形成富有浓郁山西本土特色的移民文化。晋文化作为农耕文化的一部分,通过人口迁移,与当地的游牧文化相融合,形成富有活力的多元文化,丰富了中国的文化。

人口的流动带动了文化的传播,而文化的传播又拉近了地区间的距离,增强了人们的认同感。“走西口”这一移民浪潮,大大促进了内蒙古中西部地区与内地的交流,进一步增进了蒙古族与汉族之间的民族感情,对我们多民族国家的繁荣稳定产生了一定的积极影响。

(五)闯关东

“闯关东”有广义与狭义两个概念。有史以来,山海关以内地区的民众出关谋生,皆可谓之“闯关东”,此为广义。狭义的“闯关东”仅指从清朝顺治年间到中华民国这个历史时期内,山东、河北、山西、河南及皖北、苏北等地的百姓去关东谋生。我们通常所说的“闯关东”是狭义的。

“关东”一词本指函谷关以东。函谷关在今河南灵宝市王垛村,东自崤山,西至潼津,从西周以来便是沟通关东、关中的门户,乃兵家必争之地。“关东”与“山东”同义,这里的“山”指崤山,“山东”指崤山以东。明洪武十四年(1381年),大将徐达建山海关城堡一座,山海关扼东北与中原之咽喉，东北一带因此被称为“关东”。山海关以内，俗称“关里”。

明朝一般用“辽东”一词指称东北，自康熙起，“关东”一词才逐渐被官方和民间广泛使用。“东三省”是东北的另一个名称。光绪三十三年（1907 年），分设奉天、吉林、黑龙江三省，此为“东三省”名称之始。除“东北”“关东”“东三省”外，还有一些俗称，如胶东半岛一带以渤海湾为界，称东北为“海北”，称山东为“海南”。另外，东北还有一个使用频率很高的代称——“白山黑水”。

闯关东作为一种社会习俗而被广泛接受。山海关城东门，界定着关外和中原大地，从清朝到民国数百年间，背井离乡的山东等地的关内人开始兴起了闯关东。清入关实行民族等级与隔离制度，严禁汉人进入满洲“龙兴之地”垦殖并因此颁布禁关令。顺治曾告诫满洲贵族“末路退往关东”。

满族人大举入关，关东人口剧减，借口“祖宗肇迹兴王之所”保护“参山珠河之利”，长期对关东实行封禁政策。顺治开始，满境分段修千余公里“柳条边”篱笆墙——东北长城（柳条边墙、柳墙、柳城、条子边），康熙中期竣工。从山海关经开原、新宾至凤城南的柳条边曰“老边”；自开原东北至今吉林市北曰“新边”。故在民间有“边里人”“边外人”的说法。

19 世纪，黄河下游连年遭灾，清朝政府却依旧禁关。成千上万的破产农民不顾禁令，冒着被惩罚的危险，“闯”入关东，此为“闯关东”的来历。至 1840 年关东人口突破 300 万，比一百年前猛增了七八倍。清末，沙俄侵略满洲。清政府于 1860 年在关东局部弛禁放荒，1897 年全部开禁，1910 年关东总人口增至 1 800 万人。民国期间，山东人闯关东数量达到平均每年 48 万人之多，总数超过 1 830 万，留住的山东人达到 792 万之多，因此，现在关东汉族居民的先祖大多来自山东、河北、山西等省份。

（六）下南洋

南洋是明、清时期对东南亚一带的称呼，是以中国为中心的一个概念，它包括马来群岛和中南半岛等地。南洋的地理概念主要是指包括当今东盟十国在内的广大区域。而广义的南洋还包含当今的印度、澳大利亚、新西兰以及附近的太平洋诸岛。

中国与东南亚的交往历史，可以追溯到两千多年前的汉代。据《史记》《汉书》等文献记载，公元 1 世纪左右，中国就与缅甸、越南等国互有来往。唐代时，移民人数开始增多，他们被当地人称为“唐人”。不过，中国人的南洋路，一直到了明朝和清朝前期才越走越宽。中国历代封建王朝的末年，不堪战乱的普通百姓和失去权力的前朝贵族纷纷移居海外。由于地缘上的毗邻关系，东南亚成为中国移民的迁徙地和避难所。这种迁徙在历史上被称为“下南洋”。下南洋在福建、广东、台湾一带也称“过番”，属于闽粤方言，指的是到南洋一带谋生。

明末和清末这两个历史时期，国内战乱不断，民不聊生。福建、广东一带在当时人多地少，老百姓生活难以维持，为了谋生计，维持家庭生活，改变个人或家族的命运，躲避战乱，闽粤地区的老百姓一次又一次、一批又一批地到南洋谋生。1935 年中国太平洋学会对流民出洋的原因所作的调查显示，因“经济压迫”而出洋者占 69.95%。那个时候下南洋的人，既有对未来充满希望的人，也有在家乡故土待不下去的人。

如今，中国人的脚步已经遍及全世界。而海外华人中最大的一个群体，就是东南亚华人。他们中的绝大部分，就是几百年前那些在南洋披荆斩棘的开拓者的后代。据不完全统计，印度尼西亚2亿人口中,约1 000万是华人;马来西亚2 500万人口中,华人约600万;泰国6 500万人口中,华人约2 000万,占了将近三分之一;新加坡500万人,华人约占75%,是海外华人占所在国人口总数比例最高的一个国家。

三、中国人口迁徙展望

中国人的迁徙历史,反映了中华民族伟大的"迁徙精神",这种"迁徙精神"集中体现了中国人的现实主义、英雄主义、浪漫主义情怀和家国情怀。有了这些情怀,我们在任何时候任何情况下,都会有"仰望星空,脚踏实地"的人生大境界,都会有跨过任何艰难险阻,走向美好未来的勇气、信心和力量。

全球化的今天,地球已经变成了一个"村",随着中国改革开放的进一步扩大和深化,越来越多有梦想、有才华、有财富的中国人走出了国门,不仅走进了美国、加拿大、澳大利亚、新西兰等发达国家,而且走进了贫穷的非洲大陆;也有越来越多的有抱负、有担当、有本领的海外游子走回了家,他们胸怀天下、心系祖国,最终把根扎在生他养他的这块土地,奋斗奉献,在祖国大地上留下自己坚实的脚印。

第3节 伏羲与女娲——中国婚嫁家庭制度的起源

一、伏羲

伏羲,又称包牺、庖羲,是中华民族的人文始祖。传说伏羲生成纪(在今甘肃省天水市秦安县境内),长新乐(在今河北),死宛丘(古陈州宛丘县,在今河南淮阳)。由于伏羲是蛇身人首,故有"龙的传人"之说。伏羲是个大发明家,对人民的贡献很大。"包牺氏始作八卦,以通神明之德,以类万物之情。"他还发明"结绳为网以渔",造福于民。这是两个大的发明创造。

伏羲氏是中国文献记载中最早的智者之一。伏羲氏对事物有着敏锐的观察力,对土地有着深厚的感情,同时他又拥有着超人的智能。伏羲氏将他观察到的一切,用一种数学符号(这种二进制数学模式成为当今计算机技术发展的基石)描述出来,这就是八卦。据说,他坐在一座方坛上,听了八方风的乐音,便画出乾、坤、震、巽、坎、离、艮、兑八种玄卦的符号,叫作"八卦",以代表天地间的种种事物。他又模仿蜘蛛结网,制作了捕鱼的网。他的臣子句芒,则根据这种原理,做了捕鸟的罗。伏羲还制作了瑟,创造了《驾辩》的乐曲。上古文明的曙光,在传说中的伏羲时代就开始显露出来了。

另传上古时期,我们的人文之祖——伏羲氏带领部落在黄河一带繁衍生息,过着茹毛饮血、时序不辨、阴阳不分、结绳记事的生活。其时,一只龙头马身的怪兽,从黄河上踏波而来,兴风作浪,祸害百姓。伏羲见状,义无反顾地纵身下河与之搏斗,经七天七夜的较量,始在黄河上降服龙马,后以龙马背负河图,仰观天象,俯察法地,以其纹创造了先天八卦,一画开天,辟浑噩之混沌,剖清新之文明,阐天地之秘,立文字之祖。伏羲氏用阴阳八卦来解释天地万物的演化规律和人伦秩序。

伏羲氏造书契、正婚姻、教渔猎,结束了人们茹毛饮血、结绳记事的蒙昧时期,开创了中华文明。因此,伏羲氏被奉为中华民族的"人根之祖""人文之祖"。

二、女娲

女娲,即女阴,是生育之神的化名,是中国历史传说中的一位女神,在一些传说中女娲与伏羲为兄妹,均人首蛇身。相传女娲曾炼五色石以补天,并抟土造人,制嫁娶之礼,延续人类生命,造化世上生灵万物。女娲是中华民族伟大的母亲,她慈祥地创造了我们,又勇敢地保护我们免受天灾,是被民间广泛而又长久崇拜的创世神、始祖神、婚姻神。

(一)抟土造人

作为中国神话中的人类始祖,女娲用黄土制造出了人类。但在早期的典籍中,只提到女娲造人,并未提到使用泥土。《淮南子》记载,女娲造人时,其他神灵都来帮忙。黄帝帮助人生出阴阳,上骈帮助人生出耳目,桑林帮助人生出臂手。在他们的帮助下,女娲经过了七十次的尝试和改变,最终创造了人类。

较晚时候才出现女娲抟土造人的记载。《太平御览》记载:女娲用黄土和水,仿照自己的样子造出了一个个小泥人,她造了一批又一批,觉得太慢,于是用一根绳子,沾满泥浆,挥舞起来,一点一点的泥浆洒在地上,都变成了人。

(二)开创婚姻

女娲造人的传说根源,来自女娲作为婚姻之神的身份。这一形象的建立是因为女娲创立了婚姻制度。女娲用辛勤的汗水完成了创造人类的伟大事业,可是她并不满足,因为人总是要死的,死了一批,再造一批,那可太麻烦了。为了让人类永远地流传下去,她创造了嫁娶之礼,自己充当媒人,让人们凭自己的力量传宗接代。于是她就把男人和女人配合起来,让他们自己去繁衍后代。为此,中国古代史书称她为高禖。《路史》认为女娲规定了以姓氏来安排婚姻。姓标志着母系血缘。女娲与伏羲为兄妹成婚,即同姓。但在此之后,婚姻即规定同姓不婚。女娲不但创造了人类,而且做了人类最早的媒人,所以后世的人们都把她奉为婚姻之神。

(三)制造乐器

传说女娲还创造了笙簧。笙是将竹管插在葫芦内制成的。簧就是笙管中的簧片。闻一多在《伏羲考》中认为伏羲和盘古都和葫芦有关,因此女娲用葫芦和竹管造笙的传说,也与其兄长伏羲相联系。后人又以"笙"为"生"之意,象征女娲生人。

(四)炼石补天

《淮南子》记载:在洪荒时代,天倒下了半边,出现了一个大窟窿,地也陷成一道道大裂缝,山林烧起了大火,洪水从地底下喷涌出来,龙蛇猛兽也出来吞食人民。人类面临着空前大灾难。女娲目睹人类遭遇如此奇祸,感到无比痛苦,于是决心补天,以终止这场灾难。她选用各种各样的五色石子,架起火将它们熔化成浆,用这种石浆将残缺的天窟窿填好,随后又斩下一只大龟的四脚,当作四根柱子把坍塌的半边天支起来。女娲还擒杀了残害人民的黑龙,刹住了龙蛇的嚣张气焰。最后为了使洪水不再漫流,女娲还收集了大量芦草,把它们烧成灰,阻塞住四处铺开的洪流。经过女娲一番辛劳整治,苍天总算补上了,地填平了,水止住了,龙蛇猛兽敛迹了,人民又重新过上了安乐的生活。

小资料

龙凤帖

结婚领结婚证,这在今天是再寻常不过的事情了,但在中华人民共和国成立前却并非容易的事。

我们从孙承元老人的手中征集到了两张民国时期的结婚证书,十分有趣和珍贵。

这两张结婚证书均为孙老先生和其原配夫人荆女士的。其中一份样子颇似现代的奖状,证书四周印饰有吉祥的图案:寓意高洁的莲花以及象征爱情的红玫瑰、双飞的春燕、双栖的白头翁、戏水的鸳鸯和嬉戏的彩蝶。下方正中的花篮两旁印有“同心永爱”四个字。证书由上海粹华卡片厂印制,彩色套印,底色上印着“百年好合”四个大号空心篆字。证书不仅样式别致,而且内容颇为奇特。

孙承元,陕西长安县人,民国十三年三月初八辰时生。

荆慧贤,陕西长安县人,民国十三年九月十四日戌时生。

今由马明德(男方舅父)、樊根实先生介绍谨詹于中华民国三十年三月十八日下午二时,在西安白鹭湾举行结婚典礼,恭请萧屏如先生(省财政厅科长)证婚。

两姓联姻,一堂缔约,良缘永结,匹配同称。看此日桃花灼灼,宜室宜家,卜他年瓜瓞绵绵,尔昌尔炽。谨以白头之约,书向鸿笺,好将红叶之盟,载明鸳谱。此证。

结婚人:孙承元(印)、荆慧贤(印)

证婚人:萧屏如(印)

介绍人:余老太太、马明德(印)、樊根实(印)

主婚人:孙铭乾(印)、荆家贞(印)

中华民国三十年二月十八日谨订

这是文明结婚的证明,上面新郎、新娘的姓名、籍贯、生辰和证婚人、介绍人、主婚人的姓名及完婚时间是用毛笔工整填写上的,其余文字都是事先印好的。

另外一份则是几乎绝迹的八字婚书——“龙凤帖”,也就是旧时请阴阳先生根据“乾造(男方)、坤造(女方)生辰八字、属相和‘黄道吉日’”开出的婚书——红纸折子。旧时婚姻讲究的是“父母之命,媒妁之言”,婚书为凭。从文学作品和古装戏剧可知,旧时结婚时男女双方有合八字一说,却不知八字帖究竟是什么样子。今天终于有幸识其真面目了。

民国时期,西风渐进。一些留学人士、外国人士和报刊将西方的风俗和文化传播到了中国。到了民国三十年前后,身披婚纱、文明结婚已很时髦。所以,孙先生采用了新式婚书,反映了新事物正在成长,为年轻人所喜爱;按说,封建测“八字”完婚在此时已算是旧时、过时之物,但身为官宦人家的孙家(其祖父在清末官居道台,其父也为民国省府职员),同时又采用了八字婚书,说明旧习俗根深蒂固。因此,这是一桩亦新亦旧的婚姻。据当事人,即这两件婚书的持有人孙承元老先生介绍,围绕这两件婚书还有一个悲喜交加的小故事。婚书中的荆女士原本是孙老先生长兄幼年时定下的媳妇,不料其兄玩耍时误被废弹击中早夭。孙、荆两家友谊深厚,其父孙铭乾不愿断此姻缘,于是做主又将荆女士配于二儿承元。然而,荆女士长承元一岁,怕二儿有意见(民间有“宁要男大三,不要女大一”之说),便有意将女方年龄隐瞒。于是,出现了两件婚书上出生时间不一致的情况——新式婚书两人同岁;而八字婚书一个人为 1924 年(甲子年)生,一个人为 1923 年(癸亥年)生。二者的不一致,既反映了老人极力促成这桩姻缘的良好愿望,同时也真实地折射出老人更信奉“八字”的守旧心理。不过,由于种种原因,两位当事人最终还是分手了,孙老先生颇多感慨, 1963 年他曾在“龙凤帖”上写下一段批语：“我和慧贤结婚时按旧俗有此物，作为两人可否结婚的参谋，这是‘婚由前定、婚由命定’的封建婚姻陋规，这种勾当不知造成过多少孽。”真可谓入木三分，别有心得。

一件档案印证了一段历史，两份婚书是新旧思想的展现和二者冲撞的结果，是历史文化不可磨灭的印痕。通过新旧两种婚书，人们必定会对民国时期的婚姻、婚俗有更加切实的认识和了解。

（资料来源：谢书文，《西安晚报》，2013 年 1 月 6 日）

思考题

1. 请描述中华民族的演进与中国婚姻家庭制度演进的关系。
2. 为什么说女娲是中国婚姻制度的鼻祖？

第2章　中国传统婚嫁条件及仪程

学习目标

1. 理解并掌握“父母之命,媒妁之言”的含义。
2. 理解并掌握“门当户对,郎才女貌”的含义。
3. 理解中国传统婚嫁条件与现代婚嫁条件的关系。
4. 理解并掌握“三书”的内容和含义。
5. 理解并掌握“六礼”的内容和含义。
6. 理解并掌握中国传统婚礼和程序。
7. 了解传统婚俗的内容。

导入案例

结婚拜堂仪式流程及古代拜天地的由来解析

结婚拜堂仪式流程如下。

迎娶之日,男家发轿之后,傧相就要在男家堂屋布置好拜堂的场所。

当花轿停在堂屋门前,男方请的伴娘站到婚礼花轿前时,仪式即已开始。香案上,香烟缭绕,红烛高烧,亲朋好友、职司人员各就各位。

傧相二人分别以“引赞”和“通赞”的身份出现,开始赞礼。

新郎、新娘按引赞和通赞的赞礼开始拜堂。

拜堂仪式程序如下。

引赞:新郎莅位(伫立于轿前)。

通赞:启轿,新人起。

引赞:新郎搭躬(拱手延请新娘)。

引赞:新郎、新娘就位(至香案前)。

奏乐鸣炮。

通赞:新郎、新娘(向神位和祖宗牌位)进香烛。

引赞:跪,献香烛。明烛,燃香,上香,俯伏,兴,平身复位。

通赞:跪,叩首,再叩首,三叩首,兴。

然后,是传统的“三拜”——“一拜天地,二拜双亲,夫妻相拜”,最后才“引进洞房”。拜堂仪式到此结束。

(资料来源:http://www.wed114.cn/baike/jiehunxisu/2016012717068.html)

引　言

在中国传统社会,特别是在漫长的封建社会,形成了一套完整的婚嫁条件方面的制度与习俗。其基本精神:父母之命,媒妁之言,门当户对,郎才女貌,八字相合。《易传·序卦传》:“有天地,然后有万物;有万物,然后有男女;有男女,然后有夫妇;有夫妇,然后有父子;有父子,然后有君臣;有君臣,然后有上下;有上下,然后礼义有所错(措)。夫妇之道,不可以不久也。”《礼记》:“天地合,而后万物生焉。夫昏礼,万世之始也。”在传统社会,婚姻不但是男女双方的终身大事,而且婚姻中的男女结合,相当于天地之合。婚姻以宇宙秩序为参照物,具有神圣性与不可颠覆性。男女构成乾坤,地不能反天,天也不能反地。因此,传统社会人们很重视婚嫁条件及婚嫁对象的选择等。

第1节　父母之命　媒妁之言

任何社会制度与习俗都有其时代背景,在森严的等级制度和封建礼教影响下,“父母之命,媒妁之言”这种婚姻制度也有其存在的合理性。但是这种制度习俗不尊重当事人的意愿,也酿成了不少爱情悲剧。

“父母之命,媒妁之言”最早是春秋时期的婚姻礼仪的一道程序,《诗经·齐风·南山》:“娶妻如之何?必告父母……娶妻如之何?匪媒不得。”在人们的印象中,媒人是沟通男女双方的唯一媒介,《礼记·曲礼》认为“男女双方非媒不知名”。“父母之命,媒妁之言”为中国古代的通例。在先秦的史书及典籍中,就有大量与此有关的记载,这种观点有好有不好。不好的方面:每个人的喜好和性格父母不一定了解,完全听从父母的话,按照父母的意愿去选择自己的婚姻,可能会导致以后家庭婚姻的隐患。当然,也有其存在的合理性,在古代,女子抛头露面的机会很少,特别是生在官宦人家的千金小姐,出阁之前一般是在自己的闺房内学习琴棋书画、织补刺绣,所以小姐的闺房一般又称绣楼。生活在贫苦家庭的女子,可能跟随父母做些活计,但也是日出而作,日落而息。“月上柳梢头,人约黄昏后”的浪漫情调其实是很少的,倒是为人父母者,要担起生活的重担,能更多地接触到社会,所以婚姻以父母之命也在情理之中。再者,之所以选择父母作为儿女婚姻大事的“代理人”,一是因为父母人生阅历较多,二是因为普天下的父母都希望自己的儿女将来幸福,都是往好处促进桩桩婚事的。

一、父母之命

(一)基本概况

中国传统婚姻不只是两个人的事,更是具有社会意义的大事。通俗地说,婚姻是两个家族的事,婚姻是两个家庭间的法律行为,婚姻当事人更是为家庭而结婚。结婚必须遵从父母之命,这不仅是习俗和家规的要求,也是国家法律规范的约束。因此,父母之命是婚姻成立的先决条件,历代法律都把主婚人的同意作为构成婚姻关系的法定前提条件,主婚人一般为尊长。

中国传统社会,婚姻的缔结由“父母之命”“媒妁之言”决定,这在古老的《诗经》时代就已经成为社会习尚。《孟子》记载:“不待父母之命,媒妁之言,钻穴隙相窥,逾墙相从,则父母国人皆贱之。”可见,如不遵奉父母的意见,不经过媒妁的说合,男女双方倾慕相爱,就会被人看作“钻穴隙相窥”“逾墙相从”那样的“私会”“淫奔”,不仅父母反对,就连国人也会轻视。可见,当时不经“父母之命,媒妁之言”的男女婚配是不合法的,是违背伦理道德的。这样的婚姻制度一直延续了几千年,这期间有关律条越来越多,《礼记·曲礼》规定“男子非有行媒,不相知名，非受币，不交不亲”。班固《白虎通义·嫁娶》记载：“男不自专娶，女不自专嫁，必由父母，须媒妁何？远耻防淫佚也。”甚至家长连孙子的婚事都要管起来：“凡诸孙论婚，须先禀知，切勿轻许。”父母凭借他们的经验、意愿和标准等挑选儿媳、挑选女婿。

婚姻是关系男女终身幸福的大事，以“父母之命”为先决条件，不大考虑当事人的意愿，这种方式存在诸多弊端。祝英台的父亲非要把女儿嫁给马文才，而置女儿的个人感受于不顾，原因是看中了马家的富有。受“父母之命，媒妁之言”之苦的不仅仅是梁山伯与祝英台，唐朝洛阳城女子步非烟，才貌双全，幼年丧父，被媒人欺骗嫁给河南府功曹参军武公业为妾，武性情耿直，粗犷躁烈，只晓得武刀弄斧，步非烟的才情到了他那儿完全是对牛弹琴。尽管他对步非烟宠爱有加，步还是红杏出墙，后来事情败露，被武公业活活鞭打致死。

《诗经》(《国风·郑风·将仲子》)中有一首恋歌，写一个女子劝告她的恋人不要夜里跳墙来与她相会，怕她的父母指责：“将仲子兮，无逾我里，无折我树杞。岂敢爱之？畏我父母。仲可怀也，父母之言，亦可畏也。将仲子兮，无逾我墙，无折我树桑。岂敢爱之？畏我诸兄。仲可怀也，诸兄之言，亦可畏也。”“父母之命”也可推及父母以外的其他尊长，包括祖父母、伯伯、叔叔乃至兄长等人。在中国封建社会，无数青年人的婚姻就是在“父母之命”下包办的。《红楼梦》里的贾宝玉爱的是林黛玉，他日思夜想的就是与林黛玉结成百年之好，可贾母、王夫人、贾政一句话，宝玉就得与宝姐姐成婚。

(二)不掩真情

中国传统婚姻基于父母之命、媒妁之言，而不是自由恋爱，但古人未必无动于两情之相感、两性之相悦。在古典诗词中，因所爱而带来的惊美、羞涩、誓愿、思慕、怜惜、欢愉、疯狂乃至抱憾、幽怨、痛楚，不胜枚举。

惊美：“梦笑开娇靥，眠鬟压落花。簟文生玉腕，香汗浸红纱。”——梁简文帝萧纲《咏内人昼眠》

羞涩：“和羞走，倚门回首，却把青梅嗅。”——李清照《点绛唇·蹴罢秋千》

誓愿：“衣带渐宽终不悔，为伊消得人憔悴。”——柳永《蝶恋花·伫倚危楼风细细》

思慕：“愁损翠黛双蛾，日日画阑独凭。”——史达祖《双双燕·咏燕》

怜惜：“韦郎去也，怎忘得玉环分付？第一是早早归来，怕红萼无人为主。”——姜夔《长亭怨慢·渐吹尽枝头香絮》

欢愉：“身无彩凤双飞翼，心有灵犀一点通。隔座送钩春酒暖，分曹射覆蜡灯红。”——李商隐《无题·昨夜星辰昨夜风》

疯狂：“娇痴不怕人猜，和衣睡倒人怀。”——朱淑真《清平乐·夏日游湖》

抱憾：“还君明珠双泪垂，恨不相逢未嫁时。”——张籍《节妇吟·寄东平李司空师道》

幽怨：“相见争如不见，有情何似无情。”——司马光《西江月·宝髻深深挽就》

痛楚：“山盟虽在，锦书难托。莫，莫，莫！”——陆游《钗头凤·红酥手》

(三)社会文化成因及社会文化价值

在传统社会，婚姻需要“父母之命”主要是为了“防淫佚也”。以传统的婚姻观而言，男女之间自由地恋爱、结婚，难免会发生越轨行为，一旦婚事不成，女子就是失节，并造成社会风气的败坏，这是绝对不允许的，所以要严加防范。防范的方式就是包办子女的婚姻大事。这样的结合使即将成为夫妻的青年男女甚至不知对方姓名,只有在进入洞房之后,新郎才能像揭开谜底一样把蒙在新娘头上的红巾挑起。

婚姻需要"父母之命"的更深层次的原因是文化价值认知。中国对婚姻的传统认识基于一种本体宇宙论。宇宙的秩序与法则不但通乎天文,亦通乎人文。如果说天文尚是一种自然存在的话,那么,正是通过婚姻这个桥梁,使得天文由自然存在转而为社会存在即人文。故婚姻乃引接天文而为人文之通道。

故婚姻乃承接天文以开人文之基点,所以《中庸》这样说:"君子之道,造端乎夫妇;及其至也,察乎天地。"从这个意义上讲,婚姻体现了宇宙之伦理法则。这个观点在西方哲学家黑格尔那里也有所体现。黑格尔认为,婚姻所体现的是世界精神,故以为婚姻建立在性与契约之基础上固然不对,建立在爱之基础上同样也应该被唾弃。他认为,爱即是感觉,所以在一切方面都容许有偶然性,而这正是伦理性所不应采取之形态。所以,应该对婚姻作更精确的规定:婚姻是具有法的意义的伦理性之爱,这样就可以消除爱中一切倏忽即逝、反复无常和赤裸裸的主观因素。

那么,什么是宇宙精神或法则?《易传·系辞传下》:"天地之大德曰生。"宋儒胡瑗解释道:"夫天地之大德者,惟是阴阳二气,上下相交,生成万物。周而复始,无有限极,故其德常大。若生之不常,运之有极,则所生之道不广也。"宇宙精神或法则既为生生不已之道,人作为宇宙之创造物亦必承接此种精神或法则,婚姻即是完成人性中之"生理",这是中国传统对婚姻之把握。这种"生理"具体到一家一姓中就是"上以事宗庙,下以继后世"。因而,婚姻绝不能只是男女之结合,其典礼意义绝不能少。《礼记·昏义》又云:"是以昏礼纳采、问名、纳吉、纳征、请期,皆主人筵几于庙,而拜迎于门外。入,揖让而升,听命于庙,所以敬慎重正昏礼也。"

为了婚姻之敬慎重正,一般禁止"不告而娶",而且《礼记·曲礼》曰:"男女非有行媒,不相知名。"在这里,有两点须强调:其一,"广家族繁子孙"不纯为生物学之意义,其宗法文化之价值不可忽视;其二,婚姻须有程序礼仪上之正当性,否则,不足以开婚姻宗法文化之源,既而担纲人文大道。中国传统婚姻的庄严在于:不苛求婚姻俗世之幸福,但一定求婚姻天道上的正当性与文化上的传承性。

"父母之命,媒妁之言"并非在原则上排斥两性之愉悦,只是不以此为唯一条件或首要条件。婚姻自有其于宗法礼俗上之严正庄重义在,自由恋爱亦并非于原则上即排斥婚姻的宗法礼俗上之严正庄重义。个人家庭因之而安稳,社会国家因之而和谐。

今天,当一个人选择自己的另外一半时,父母的态度仍然起着至关重要的作用,父母是否喜欢自己的另一半,是很多人的心结。父母认可的爱,往往会有更多祝福,而父母反对的爱,往往一波三折,甚至不欢而散。

二、媒妁之言

(一)基本概况

媒人在中国的婚姻嫁娶中起着牵线搭桥的作用。女性媒人又称媒婆或大妗姐。中国古时的婚姻讲究明媒正娶,因此,若结婚不经媒人从中牵线,就会于礼不合,虽然有两情相悦的,也会假以媒人之口登门说媒,受"父母之命,媒妁之言"方才会行结婚大礼。媒人自提亲起,到订婚、促成结婚都会起着中间人的作用,在男女双方间跑腿、联络,协调细节,搞气氛,说吉祥话，祝福新人幸福美满，直至婚礼结束，并从中收取媒人费。各地的风俗习惯会有所不同。

中国自古就称婚姻介绍人为“媒人”，如《孔雀东南飞》：“阿母白媒人：‘贫贱有此女，始适还家门。’”媒人除了这一俗称外，还有不少别称。唐代元稹作《莺莺传》，写张生与崔莺莺相爱，崔的侍女红娘从中设谋撮合，后人据以演为《西厢记》杂剧。此后，“红娘”便成了媒人的别称。

“媒”字最早见于《诗经·卫风·氓》这首诗：“匪我愆期，子无良媒。”媒：男方的媒人；妁：女方的媒人。另一解释为谋合二姓曰媒，斟酌二姓曰妁。媒妁即婚姻介绍者（媒人）。“娶妻如之何？匪媒不得。”《战国策》云：“且夫处女无媒，老且不嫁，舍媒而自炫，弊而不售。”《唐律》云：“为婚之法，必有行媒。”元典章也是如此规定。简而言之，如果没有媒人，男女双方不能交往。

其实，媒人是一种职业，专司婚嫁双方的联络、协商等事宜，大约在专偶婚制产生后，媒人就诞生了。从此，媒人在中国婚姻的舞台上跑前跑后、奔东奔西、摇唇鼓舌，甚至是信口雌黄，其成为中国婚姻舞台上重要的角色。《周礼·地官·媒氏》载“媒氏掌万民之判，凡男女，自成名以上，皆书年月日名焉”，说明了媒的社会职能。媒字的现代解释是媒介的意思，古代作谋字解释，即通过谋合而成的意思。妁，也有谋的含义，又有酌的含义。“媒妁之言”在古代与“父母之命”相提并论，构成婚姻不可缺少的条件，也是使婚姻合乎道德的一个楔子。《礼记》要求“男女非有行媒，不相知名”，“男女无媒不交”，这些说的都是没有媒人不能成婚。唐代，“媒妁之言”写进了法律条文中。《唐律·户婚》规定：“为婚之法，必有行媒。”从此以后宋元明清各朝都对媒人作了基本相同的规定，媒不仅具有道德价值，还具法的意义，并被视为世人公认的习俗。

（二）发展历史

前面已经提到，在中国神话传说中，最早的媒人是女娲。另外，周代还设有官媒，专司判合之事。

在各民族的历史上，媒人介绍是一种常见的择偶方式，目前也广泛流行于世界众多民族中。媒，按照现在的解释是媒介的意思，在我国古代媒则含有谋略的意思。

“不做中，不做保，不做媒人三代好。”由于媒人说的亲是世人的大事，如果成亲以后不能幸福美满一生，给男女双方造成的伤害是无法估量的。因此，做媒人也不是一件轻松的事。

媒人在旧式婚姻中是一个重要角色。在男女两家对婚事取得基本一致的意见之后，其要引导男方去相亲，代双方送换庚帖，带领男方过礼订婚，选择成亲吉日，引导男方接亲，协办拜堂成亲事宜，一直到“新人进了房”，才把“媒人抛过墙”。媒说得好，双方都满意，以后常来常往，成为故旧；媒说得不好，双方不满意，往往归咎于媒人，从此视为路人。

（三）媒人别称

伐柯。《诗经·豳风·伐柯》：“伐柯如何？匪斧不克。取妻如何？匪媒不得。”《中庸》：“执柯以伐柯。”后来，便称媒人为“伐柯”或“伐柯人”，称媒为“执柯”。如宋代吴自牧《梦梁录·嫁娶》：“其伐柯人两家通报，择日过帖。”这就肯定了媒人是必不可少的角色。

保山。保山指像山一样稳固可靠的保证人,如《红楼梦》第119回:"他说二爷不在家,大太太做得主的,况且还有舅舅做保山。"因此,旧时亦称媒人为"保山"。

冰人。说媒不是一件轻松事,这从媒人被人雅称为"冰人""冰斧"就可以知道。《晋书·索纨传》:"孝廉令狐策梦立冰上,与冰下人语。紞曰:'冰上为阳,冰下为阴,阴阳事也。士如归妻,迨冰未泮,婚姻事也。君在冰上与冰下人语,为阳语阴,媒介事也。君当为人作媒,冰泮而婚成'。"后来,便把媒人叫作冰人。白话注解:《晋书》记载,孝廉令狐策做了一个梦,梦见自己站在冰上,同冰下的人说话。索紞解释这个梦说:"你在冰上同冰下的人说话,这象征着你在调和阴阳,调和阴阳就是做媒介,你将会给别人做媒。但这媒不容易做,要用你的热情把冰融化了,男女双方才能成婚。"看来,做媒是需要热情和毅力的。

(四)月下老人与红娘

1. 月下老人

传说谁与谁能成夫妻,都是专管人间婚姻的月下老人事先用红绳系足选定的,所以民间多有人给他塑像立庙,以求佑护。

唐太宗贞观初年,有位名叫韦固的人,少年便丧父,总想着早点完婚成个家,然而多处求婚,没有一次成功的。有一回他来到宋城,住在南店。同宿的客人介绍他与前任清河司马的小姐议婚,讲好次日早晨在店西边的龙兴寺门前与对方碰头。韦固求婚心切,天刚蒙蒙亮就跑去了。这时,月儿将落,但月光还明亮,只见一位老人靠着背袋坐在台阶上,借着月光检视文书。韦固一瞧那文书,却是一个字也不识,便好奇地问:"老伯您看的是什么书呀?我小时候也曾下过苦学功夫,字书没有不认识的,就连天竺的梵文也能够读懂,唯有这书是从来没见到过的,怎么回事呢?"老人笑着说:"这不是世间的书,你哪有机会看到?"韦固又问:"那是什么书?"老人说:"幽冥界的书。"韦固问:"幽冥界的人,怎么会跑这儿来?"老人说:"并不是我不应当来,却是你出门太早,所以遇上了我。幽冥界的官吏,都各主管着人间的事,当然要常来人间了。"韦固又问:"那么您主管的是什么?"老人答:"天下人的婚姻簿子。"韦固听后大喜,忙问:"我韦固孤身一人,愿早日完成婚娶,生下子嗣,十来年中多处求婚,都没有成功的。今天有人约我来商议向潘司马的小姐求婚,可以成功吗?"老人答:"机缘还没到。你的妻子,现刚刚三岁,要十七岁才进你家门。"韦固大失所望,顺便又问一句:"老伯背袋中装的是啥?"老人说:"红绳子,用它来系该做夫妇的男女之足。当他们坐下时,我便悄悄地给他们系上,那么,即使他们原生于仇敌之家,或者一贵一贱像天地悬隔,或者一方跑到天涯海角当差,或者吴地楚国不同乡,只要这绳一系,谁也逃不脱。你的脚,已系上那位的脚了,追求别的人有什么用处?"韦固又问:"那么我那妻子在哪里?她家是干何营生的?"老人答道:"这店北边卖菜婆子的女儿。"韦固说:"可以见一见吗?"老人说:"那婆子姓陈,曾经抱她到这儿卖菜。你跟我走,可以指给你看。"

天大亮,想等的人不见来。老人便卷起书背上袋子走路,韦固赶紧跟上去,一路跟进菜市场,只见有个瞎了一只眼的婆子,抱着个大约三岁的小女孩,那女孩穿得破烂,模样儿也十分难看。老人指给他看说:"这就是你的夫人。"韦固一见不由大怒,说道:"我杀了她,行不行?"老人说:"这人命中注定将享受爵禄,而且是靠了她,你才能封为县君的,怎么可以杀得了?"说完老人便消失了。

韦固回店后,磨快一把小刀,交给他的仆人说:"你向来干练能办事,如替我将那女孩杀了,赏你一万钱。”仆人应允。第二天,仆人身藏小刀来到菜市,在人群中向女孩刺上一刀,整个集市轰动起来。仆人乘乱狂奔逃了回来。韦固问:“刺中了没有?”仆人说:“本来想刺她心的,不想只刺中了眉心。”此后,韦固又多方求婚,仍然没一次成功的。

十四年后,因为朝廷念其父生前有大功,任命韦固为相州参军。刺史王泰让韦固兼职治理刑狱,认为韦固有才干,便把女儿嫁给他。小姐年龄十六七岁,容貌美丽,韦固极是满意。只是她眉间常贴着块花钿,就是洗脸时也不取下来。完婚之后,韦固再三问戴花钿的缘由,夫人才伤心地说:“我只是刺史的侄女,不是亲女儿。以往父亲曾做宋城县令,死在任上,当时我尚在襁褓中,母亲、哥哥又相继亡故,只在宋城南剩有一处庄田,和奶妈陈氏住在那儿。庄田离旅店近,每天卖蔬菜度日。奶妈陈氏怜悯我幼小,一刻也不愿分别,所以常抱着我上菜市。一天,被一丧心病狂的贼子刺了一刀,刀痕至今仍在,所以用花钿盖上。前七八年,叔叔到附近做官,我才跟他来这里,如今他把我当亲生女儿嫁给您。”韦固问:“陈氏一只眼是瞎的吗?”夫人说:“是呀。你又怎么知道?”韦固坦白承认道:“刺你,是我指使的。”于是将前面发生的事,叙述一遍。夫妻二人经这番波折,更加相敬相爱,后来生下儿子韦鲲,做到镇守边关的雁门太守,王氏被封为“太原郡太夫人”。

韦固的故事传开后,人们都知道有位专管人间婚姻的“月下老人”。当地的人为了纪念月下老人的出现,便把南店改为“订婚店”。他的神祠、塑像便在各地兴建起来。这个故事的流传使大家相信,男女结合是由月下老人系红绳加以撮合的,所以,后人就把媒人也叫作“月下老人”,简称“月老”。

在民国及以前,各地多有月下老人祠,怀春的少女,慕偶的寡男,进去烧香、抽签、许愿的,络绎不绝。祠中的神签一般有七七四十九支,第一支是:“关关雎鸠,在河之洲。窈窕淑女,君子好逑。”末一支是:“愿天下有情人都成眷属。”这些都极为巧妙地点出了人们对月下老人祈求的主题。

2. 红娘

红娘的人物形象最早见于唐代元稹的《莺莺传》。后王实甫据此创作了《西厢记》,《西厢记》是我国古代爱情题材中成就最高、影响最深远的作品之一。它的故事梗概:书生张生和相国小姐崔莺莺在普救寺里一见钟情,他们不顾封建势力的阻挠,挣脱礼教的束缚,有火一样的热情,互相追求,经过曲折的斗争并消除种种误会矛盾,终于在侍女红娘费尽心力的帮助下,私自结合。崔母发觉后,恐家丑外扬,经红娘据理力争,只好承认婚事,但要求张生立刻上京应考。于是两人又被迫分离,直到张生中举归来,才和莺莺团聚。

(五)不要媒人的例外情况

《礼记·曲礼》认为,男女无媒不亲。俗谚说“天上无云不下雨,地下无媒不成亲”,但也有不要媒人的例外情况,主要有两种:两家主婚人自行订立私约,主要是娃娃亲和指腹为婚;另一种是抛彩(绣)球。

指腹为婚即双方家长在孩子出生之前,即立下婚约。为防止男女长成后互不相认或一方不守信诺,对方将衣襟裁为两幅,各执一幅为凭证,人们称之为“指腹裁襟”或“指腹割衿”。

在古代,有些地方有抛彩(绣)球的风俗,当姑娘到了婚嫁的年龄,就预定于某一天(这一天往往选在正月十五或八月十五),让求婚者集中在绣楼之下,姑娘抛出一个绣球,谁得到这个绣球,谁就可以成为这个姑娘的丈夫。

第 2 节 门当户对 郎才女貌

一、门当户对

(一)基本概况

门当户对是婚姻成立的必备条件。门当户对与创立于魏晋时期的“九品中正制”不无联系,就是在各州郡中设“中正”官,把被推荐的人分为九级,叫作九品,这加重了婚姻方面的等级制,“士庶之际,实自天隔”。

所谓门当户对,就是男女双方家庭的门第高低要大体相当。婚姻除了完成传宗接代的任务之外,还担负着一定的政治与经济使命,所以,中国的婚姻往往是强强联姻连横,弱弱联盟合纵,所谓的门当户对尽在其中。唐朝规定:奴、杂户不得与良人结亲。奴是指犯人及刑罚释放之人,杂户是指上一代有犯过罪的人。

低就固然不好,但高攀也未必就佳,此乃中庸思想在婚姻上的运用和体现。双方家庭的社会地位要大体相等,经济水准、文化素养要基本相当。门当户对并非一无是处,也有值得肯定的一面。

传统的“门当户对”有其合理性。恋爱是两个人的事情,但婚姻是两个家庭的事情。家庭氛围、家庭的生活方式和文化是家族一代一代沿袭下来的,即便周围的环境有变化也不会轻易改变。如果两个家庭有相近的生活习惯,对现实事物的看法相近,两个人在生活中才会有更多的共同语言,才会有共同的快乐,才会更长久地彼此欣赏,也才会让婚姻保持持久的生命力。门当户对亦指男女双方在思想上有共同的高度,在人生观、价值观、世界观上相互认同,在生活习惯、消费习惯方面也相似。这样有共同语言的夫妻更容易步入幸福美满的婚姻。但是在某些特殊情况下,门当户对的观念会把真正的缘分永远地分隔开来。

(二)演化

门当与户对本来为古民居建筑中大门建筑的组成部分,这种用于镇宅的建筑装饰现今已存留不多。

嵌在门楣上的正六角形的或者圆形的木头,俗称户对,其上按照品级涂以油彩或图画,或写上吉祥福寿等祝语。这些都是地位的彰显,耳熟能详的词汇“光耀门楣”,其实就是人们对于权力和财富的向往的一种直观表达。

门当,建筑学上为“门枕石”的一部分,俗称门墩,又称门座、门台、门鼓。因为鼓声宏阔威严、厉如雷霆,人们以为其能避鬼驱邪,故民间广泛用石鼓代门当。门墩主要以箱形和抱鼓形居多,也有狮子形、多角柱形、水瓶形门墩等。

有“门当”的宅院必须有“户对”,这是建筑学上的和谐美学原理。“门当”“户对”常常同呼并称,后演变成男女婚嫁衡量条件的常用语。

(三)现代观点

从梁山伯和祝英台到张生和崔莺莺,“门当户对”的观念往往以棒打鸳鸯的丑陋面目出现,被追求爱情自由的人们口诛笔伐。那么,现代婚姻还要不要门当户对?

爱情也许不需要门当户对,但是婚姻需要门当户对。爱情,哪怕是那种特别炽烈的爱情,终究会转化成一种平淡的情感。而婚姻恰恰就是这种平淡形式的延续。在生活中,往往会因为双方的价值观不同而产生矛盾,继而造成彼此之间的误会与吵闹。但是在爱情中,特别是热恋中,人们往往会为对方考虑,那时只在乎爱情的甜蜜,很少去想生活与现实是不是有很大的差距。

作为和谐美满的婚姻,以下几个方面必不可少。

(1)经济上相当。现代人个性鲜明,经济独立,男女双方的家庭都在婚姻中起着举足轻重的作用,门当户对既是交流顺畅的保障,也是家庭和睦的重要因素。

(2)心理上相近。人与人之间总是有各种差距,包括性格的差距、年龄的差距、文化的差异等。男女两种性别之间本身也存在很大不同,观察和处理事情的方式很不一样。良好的婚姻必须跨越这些差距。从这个角度来看,"门当户对"无疑是有利于婚姻生活和谐的。小到吃饭口味、起居习惯,大到对事业的选择、孩子的教育,如果两个人的价值观、行为方式、语言和习惯相似,相处起来自然比较融洽默契。

(3)语言上相通(有共同语言)。找对象的关键是两个人要有共同的语言、共同的爱好和共同的兴趣,相互理解关心,让爱在平淡的生活中得到升华,得到充实。

爱情会在不同的人群中产生,良好的婚姻更多地在相似的人中间产生。物以类聚,人以群分。婚姻亦是如此。背景和出身类似的人更容易找到共同语言,更容易走得长远。

如果两个人的教育背景、家庭背景,各自的文化水准、修养、财富、朋友、社交圈子都不一样,两个人想和和美美、白头偕老地走完一生,实在不容易。没有共同语言,分手在所难免。

两个人相爱,可以什么物质条件都没有,互相满意、一见钟情就足够了,但是婚姻不行。爱情是两个人的事情,而婚姻却是两个家庭甚至两个家族的事,所以婚姻必须满足两个人基础生活的需要,因为婚姻不是两个人在一起待一阵子,而是要过一辈子。那过一辈子就得把一辈子的一些现实的事挪到婚姻中考量。

二、郎才女貌

郎才女貌、珠联璧合是无数青年梦寐以求的婚恋组合。所谓郎才女貌,就是把男女双方的德才品貌作为衡量二人是否适合缔结婚姻的重要尺度和标准,即男女双方个人条件也应基本相等。通常情况是男方对女子品德容貌的要求更高一些,女方对男子才学品德的要求更高一些。

(一)郎才

郎才主要指男方的才华,即读书做官。衡量的标准就是看其在官场中的表现和发展,能否加官晋爵、仕途得意、飞黄腾达。因为中国古代社会在大多数情况下都重文轻武,故一般未将武艺高强作为考核评价标准,虽然也有女方比武招亲的情况。

在普通百姓眼里,"郎才"更多体现为生产技能是否达标或优秀,比如是否擅长农业耕种、捕捞、放牧、狩猎,是否擅长木工石匠等手工技术,是否擅长经营等。如果男子在这些方面突出,女方及家人会更放心,因为这样一般不会受冻挨饿,甚至还有飞黄腾达的一天。

(二)女貌

在中国婚姻观念中,对女子容貌的要求远远高于对男子容貌的要求。《诗经》开篇《关雎》就曾写道:"关关雎鸠,在河之洲。窈窕淑女,君子好逑。"诗句描写了古代男子对美貌女子的向往和追求。不过,"女貌"不仅仅是指外貌,也指洁静、淡雅、端庄、大方,也就是说不仅是相貌,更有言谈举止、风度、气质及品味等因素。

三、重感恩,轻爱情

既然传统社会的婚姻是基于父母之命、媒妁之言,婚姻更多的是双方家庭的事,那么对于婚姻当事人,那就只能感恩,而不能突出爱情。

典型的例子是宋朝的陆游与唐琬,陆游20岁与唐琬结合,不料唐琬的才华横溢及其与陆游的亲密感情,引起了陆母的不满,陆母担心儿子留恋闺房而惰于学业,最后竟逼陆游休妻。事隔七年,竟在绍兴二十年的春天,唐琬与后夫赵士程在会稽城南禹迹寺的沈园与陆游邂逅,陆游题了一首《钗头凤》,怆然而别。唐琬读此词后,和其词,不久就郁闷愁怨而死。另外,《孔雀东南飞》中的男女主人公以及梁山伯与祝英台的故事也是以悲剧结束。

第3节　结婚仪程

一、三书六礼

(一)三书

"三书"是传统社会在结婚过程中所用的文书,可以说是古时保障婚姻有效的文字记录。三书指聘书、礼书、迎书。

1. 聘书

聘书即定亲之文书。在纳吉(男女订立婚约)时,男家交予女家之书简。

2. 礼书

礼书即在纳征(过大礼)时所用的文书,列明过大礼的物品和数量。

过大礼即现代人的订婚,是男家对女家的一种承诺,并送上贺礼给女家以表诚意。过大礼要注意很多事项,因中国人注重讨吉利,故聘礼中的物品数量必须成双,忌用单数。聘礼需用五个中式礼盒装,为一担礼品。为了取双数,需另附一盒,共六个礼盒。古时一般于婚前十五至二十日,男家便择良辰吉日,将礼金和过大礼礼品送到女方家里。

3. 迎书

迎书即迎娶新娘之文书,是亲迎新娘过门时,男方送给女方的文书。

(二)六礼

随着人们日益重视婚姻,于是对完成婚姻关系的过程就逐渐有了一套约定俗成的礼仪,就是我们常说的"六礼",包括纳采、问名、纳吉、纳征、请期、亲迎六个步骤。六礼的另一个说法为人之六礼,即冠、婚、丧、祭乡、饮酒、相见。其中的"冠"为"成年礼";没到成年、没举行过"成年礼"就结婚,那就是"非礼"。

1. 纳采

纳采即说媒,意思是男方如果看上女方家的一个女孩,派媒人上门提亲。中国传统社会特别注重礼节,第一次见面不能空手,必须带点礼品,中国人很含蓄,让别人接受礼品叫笑纳,所以叫作“纳采”。“纳采”为六礼之首。

2.问名

问名即男方家请媒人问女方的名字和出生年月日。如果女方认为“门当户对”,尚合“东床之选”,则开具女子的年庚八字,交给媒人带回男家去合算。名有两种,一为名字之名,即女子出生三月时所命之名;二为名号之名,即以姓氏为名之类。至于男子之问名,在纳采时先已通报,故问名只问女名而不及男者。问名礼物仍用雁,礼序为“宾执雁,请问名,主人许,宾入授,如初礼”。

问名之目的除防止同姓近亲婚姻外,更是利用问名得来的生辰年、月、日,占卜当事人之婚姻是否适宜,包含两项内容:一是卜女德;二是卜吉克,即卜测欲婚配的男女命相是合还是克。

占卜源于人类蒙昧时代,那时人们没有科学知识,对大自然充满敬畏。一切大的活动都要求吉占卜,诸如生产、打仗、联姻等。现在出土的一些商周青铜器上,就有占卜的记载。《诗经·卫风·氓》:“尔卜尔筮,体无咎言”,则是关于女子谈婚论嫁时盼望卜得吉兆的形象描述。此风俗一直沿袭到民国时期。只是后来的卜吉内容不断简化,形式也不再那么郑重,在民间只剩下合八字、配属相了。

3.纳吉

在古时为卜吉,是男方向宗庙问卜于祖先,以判断婚姻适合与否。卜得吉兆后,男方备礼通知女方家,决定缔结婚姻。后来演变成小聘,指男方送女方订婚礼物,女方既已纳吉,则必答以冠履及文房用品,婚约即成。郑玄注:“归卜于庙,得吉兆,复使使者往告,婚姻之事于是定。”

一般来说,在这个过程中,有一个重要的事项——庚帖互换。庚帖,又称龙凤帖,旧时婚俗把写有男女双方姓名、籍贯、生辰八字及祖宗三代姓名的红色柬帖称为“庚帖”,有的也称为“年庚帖子”,例如元代高明《琵琶记》第六出中写道:“合婚问卜若都好,有钞;只怕假做庚帖被人告,吃拷。”

男家经过问名这个程序,求得女方的生辰八字,请算命先生推算,看与男方的八字是否相合。若相合,谓之吉兆,则将喜讯告知女家,并送去财礼清单,此谓纳吉,谈婚论嫁开始进入实质性阶段。若不相合,婚事至此结束。

“六礼”中,“纳吉”是颇为关键的一项,“卜若不吉,便止婚”,古人对“天作之合”“姻缘天定”十分重视,后代也十分信奉“有缘千里来相会,无缘对面不相逢”“千里姻缘一线牵”。

4.纳征

纳征亦称纳币,指男方家把聘礼送给女方家,即下财或过大礼,就是男家依论婚时所议定的礼物由女家收受后,必分赠亲友及邻居,以示女儿出嫁有期。“纳吉”和“纳征”这两项礼目往往并在一起进行。这是订婚的主要手续,也就是男方向女方送聘金,一般都使用实物和代金。这一礼目中双方都用红绿描金书帖,也叫“龙凤书帖”。帖上写的都是一些吉利话,但有一定的程式,男方写“素仰壶范,久钦四德,千金一诺,光生蓬壁”;女方回帖则写“一枝幸附,三生契合,七襄愧极,九如庆祝”等话。

5.请期

请期即近代意义上的择日,就是男家择定迎娶吉日,备礼告知女方家,求其同意。"请吉日将迎亲,谓成礼也。"《仪礼·士昏礼》云:"请期,用雁。主人辞,宾许,告期,如纳征礼。"男家通过卜问神灵,确定了娶亲吉日后,即派人告之女家,征求女家的意见。

6.亲迎

亲迎为六礼的最后一道程序,即男方到女家把新娘迎回,并举行婚礼。亲迎的意义表现为从妻居制向从夫居制转变以后,母系风俗的传承。男子亲自去女家迎接新娘,表现出对女子的尊重。但同时,它也含有从夫居这一婚制的到来是不可扭转的事实,表现出男子要求从夫居的强烈愿望。

六礼虽几经变迁,但基本上没有脱离原有的范围,这些在唐律、明律中都有类似的规定。这种婚姻程序是中华民族特有的一种风俗习惯和传统文化。

二、婚礼

婚礼程序一般依次有上头、哭嫁、上轿、花轿迎亲、转席、传袋、铺毡、跨马鞍、拜堂、喝交杯酒、揭盖头、闹洞房、回门等。下面介绍其中主要的几种。

(一)上头

上头指出嫁前新娘梳妆,梳妆除了要打扮得更漂亮外,主要是把发式梳成成年妇人型,以示婚礼这天起将完成从一个未婚女孩到已婚女人的转变。

(二)哭嫁

哭嫁指姑娘出阁时大都啼哭,以示别亲之痛,不以出嫁为乐事(也有的说为了蒙骗邪魔,不使之侵害大喜中的新娘,还有的说是古掠夺婚之遗俗)。更有甚者,一边哭一边唱"哭嫁歌",歌词委婉凄凉,悲切感人。

(三)上轿

新娘上轿大都由新娘的父兄或抱或背送进花轿。有的地区则是新娘脚穿自己的红缎绣鞋,外套父兄大鞋,走着上轿,上轿之后再将大鞋脱掉。按迷信说法,女子出嫁时,双脚万不能踏地,否则会冲犯地神。

(四)花轿迎亲

结婚之日,男女两家张灯结彩,准备丰盛的宴席招待宾客。新郎衣饰一新,由亲人陪同,抬着花轿(或赶着彩车)前往女家迎娶新娘。民间娶妇嫁女的"坐花轿"习俗始于宋代,过去人们把结婚叫作"小登科",看作和考取举人、进士一样光彩。有的地方花轿到了门前,女家关门闭户,讨过喜钱之后方才开门迎纳。有的地方要迎亲人多次催促,新娘始盛妆上轿。

(五)传袋、跨马鞍

新娘下轿要用红毡或草席或布袋铺地,新娘在伴娘搀扶下缓缓举步行进之时,有专人前后传递接铺传袋,意即"传种(宗)接袋(代)"。新娘一进大门,先跨马鞍,"鞍者安也,欲其安稳同载"。

(六)拜堂

新娘登堂之后举行拜堂仪式。拜堂又称拜天地,是婚礼过程中最重要的大礼。因为男女结合延续了人类,所以要拜天神地祇;从结婚开始,女子成了男方家族的正式成员,所以要拜高堂;结婚之后,男女结合为一体,所以夫妻要交拜。近代有的地方还要拜亲戚宾朋,拜列祖列宗,拜街坊邻居等。

(七)喝交杯酒

喝交杯酒即最初的合卺,以示永结同好。合卺并非喝交杯酒,而是指破匏为二,合之则成一器,故名合卺。匏就是匏瓜,剖分为二,就可以盛酒,因此"合卺"亦称"匏爵"。匏瓜剖分为二,象征夫妇原为二体,而又以线连柄端,则象征由婚礼把两人连成一体,所以分之则为二,合之则为一,"匏"苦不可食,盛酒,酒也就成了苦酒,有"同甘共苦"的意思。交杯酒在宋代已成为通行名词。

(八)揭盖头

婚礼中要用到盖头,盖头的作用主要有二:第一是遮羞,第二是避邪。新娘将与异姓结合,难免不好意思,便蒙头盖面以遮羞。遮面之物俗称"盖头",大都是一块红巾,也有丝穗下垂的凤冠和手帕纸扇等。新娘一定要在出阁上花轿前盖好,在花轿内也不能揭去,要到婆家举行婚礼时,才能由新郎亲自揭去,一般用扇揭,让贺客亲友得瞻新娘的风采,揭盖头又称"挑盖头""揭头纱"。如果是在洞房,则一般用手。

(九)闹洞房

闹洞房最初叫"听房",相当于窃听,主要是父母,然后发展到亲戚,到后来父母反而要回避,主要由亲朋好友参与。

三、独具特色的婚嫁礼俗

(一)重行花烛——儿子女婿迎接"新娘"

老夫妻结婚满60年时,再举行一次婚礼,俗称"重行花烛",又称"再行金婚"。但该习俗必须具备一定条件才有资格"重行",除结婚满60年这个基本条件外,还必须具备以下条件:妻子原配;儿子、媳妇、女儿、女婿、孙子、孙女、外孙子、外孙女须齐全;老夫妻身体硬朗;家庭经济宽裕。因具备这些条件的人实在不多,所以显得特别珍贵,其礼仪办得比初婚还要隆重。

重行婚礼前,老太太先回娘家小住数日。到重行婚礼那天,老太太如新娘一样打扮,头戴凤冠,身穿大红褂,从娘家坐花轿到达夫家时,出门迎接的不是"新郎",而是儿子和女婿。老夫妻拜过天地、祖宗后,再行入席,二老面朝大门,坐在两张八仙椅上。此时堂前鼓乐高奏、喜炮齐鸣,儿子、媳妇、女儿、女婿、孙子、孙女、外孙子、外孙女上堂叩拜。最后由孙子、孙女送二老进"洞房"。

(二)公鸡代婚——替未归新郎拜堂成亲

明清以来侨居海外的广东人尤其是男性人口不断增多,但这些人到了结婚年龄,又多希望在故乡寻找配偶,以方便照顾家中年迈的父母。他们多由父母做主,在家乡物色一中意女子,然后按照婚礼的所有程序进行。若新郎不能归来,则整个过程全部由公鸡来代替新郎,即用公鸡代替新郎与新娘拜堂成婚。

(三)自梳女——梳髻后从此不谈婚嫁

未婚少女束辫,婚期始结髻。自梳女则通过一种特定仪式,自行易辫而髻,以表示决心不嫁,独身终老,这种方式称为"自梳"或"梳起"。1925年到1935年,此俗在广州附近最为盛行，直至20世纪五六十年代，许多村子还保留着由自梳女共同筹款兴建、共同居住的“妹仔屋”和“姑婆屋”。

自梳程序有三。第一步，选择良辰吉日。良辰吉日当日，“女子”一早便离家，由两三个姐妹陪同，到东圃万里亭（码头），有的人到广州长堤，租用一只小艇，划到珠江河心，由姐妹帮忙梳髻，然后鸣放鞭炮。第二步，担酒回门。酒担内有松糕两盆、煎堆若干，还有猪肉、鲮鱼、烧酒、生果等，此外，要为弟妹每人买一条长裤，为嫂嫂每人买一条长裙。父母、兄弟、侄儿、侄女在门口恭迎。自梳女送上酒担礼物，拜完祖先后，还要给侄儿、侄女们派红包。第三步，宴请亲人。晚上还要摆酒席，宴请亲人和族中父老，宣布“梳起”，从此再不谈婚论嫁，以后逢年过节，自梳女也要像出嫁女一样，给家中送礼，给晚辈派利市。

（四）不落家——三朝回门后不返夫家

不落家是自梳女的一种形式，女性想自梳独身，但又无法拒绝父母，只好采取婚后不落夫家的做法。结婚仪式与正常婚姻一样，但新婚之夜绝不与新郎同床，出嫁之夜，穿着由自梳姐妹们特制的防卫衣服，并自带剪刀自卫，以防止新郎暴力同房。“不落家”妇女在夫家住满三朝后回门，回门后就不返回夫家，但其在夫家仍是主妇名分。遇到夫家出现红白喜事，妇女必须回夫家参与；年老病重之际，则回夫家，死后的丧礼也按照主妇礼举行。中华人民共和国成立后，“自梳女”与“不落家”现象在贯彻落实《中华人民共和国婚姻法》（以下简称《婚姻法》）的过程中逐渐消失。

（五）政府倡导的集体婚礼

在政府倡导的集体婚礼上，由政府、社会组织向新婚夫妇颁发结婚证书和结婚纪念品。这一形式得到推广，显示了新时期年轻人追求浪漫的心态。

小资料

“郎才女貌”也可能是最糟糕组合

郎才女貌、天作之合，是无数青年梦寐以求的婚恋状态，千百年来经久不衰，并且演绎了无数才子佳人的佳话。我们少年读书时接触到的，无论是柳梦梅与杜丽娘，张生和崔莺莺，抑或宁采臣遇上聂小倩，都是一个郎才，一个女貌；一个满腹经纶，一个美若天仙。其中最有影响力的便是三国周瑜娶了倾国倾城的小乔。他们“有情人终成眷属”，真是如花美眷、羡煞旁人。

到了现代，郎才女貌、才子佳人仍然是很多年轻人选择伴侣的首要标准。不过，随着时间的推移，这样的搭配和选择已经没有多少优势了，甚至在转化成劣势。这些年，光是娱乐圈中就不断上演着才子佳人的分分合合，罗大佑和李烈、李敖与胡因梦，等等，哪一对当初不是比翼双飞、鸳鸯戏水，可到头来，不全都“同林鸟”变成了“分飞燕”？连全世界影迷当初都羡慕得直流口水的“世纪情侣”劳伦斯·奥利弗和费雯丽，在二十年的相濡以沫之后都不得不上演一出“哈姆雷特诀别奥菲莉亚”的爱情悲剧，更遑论他人。

如今这种选择和搭配已经成了埋藏着婚姻危机的诱因，屡屡出现的婚姻“中年危机”，就是这种组合的直接反映。我们知道，郎才、女貌是两个独立于婚姻双方的不同主体身上的显性标识，郎才一般通过男人的事业、金钱和地位反映出来，而女貌就无须多说了。

但是，很久以来，我们都忽略了这两个因素的基本属性，这就是郎才是一个人的智力水平外加努力的体现,它的一个重要特征就是,随着时间的推移而越发增加,与时间成正比关系;而女貌的貌,是基因决定的,容貌之美的一个最大特征是随时间推移而日益衰减,直至最终消失。民间有一句笑话说“50 岁女人美丑都一样”,就是说,女人到了一定的年龄就没有美丑之分了。

才和貌,随着时间推移,向着两个方向发展,一个向高处发展,一个日渐衰退,一般到了 45 岁左右,这样的剪刀差就达到高峰了。

虽然任何一种搭配都有不稳定的婚姻出现,但是,相对来说,两人的条件差距越小,其婚姻的稳定性就越强。差距越大,特别是随着时间的推移差距不断扩大的话,就肯定潜伏着危机。相对于其他的组合,“郎才女貌”可能是一种最糟糕的组合了。

(资料来源:http://www.sohu.com/a/30946148_111008)

思考题

1. 如何理解“父母之命,媒妁之言”的含义?
2. 如何理解中国传统婚嫁条件与现代婚嫁条件的关系?
3. 简述“六礼”的内容和含义。
4. 简述中国传统婚礼的程序。

第3章 中国传统家庭制度

学习目标

1. 理解并掌握有关“家”的内容。
2. 理解并掌握家谱、家训的内容。
3. 理解并掌握个人、家庭和国家的关系。
4. 理解并掌握三纲五常的内容。
5. 了解五服的内容。

导入案例

钱学森与蒋英，相守人生六十载，儿时却险成兄妹

钱学森与蒋英，一位是功勋卓越的科学家，一位是桃李满天下的艺术家，两人无疑是天造地设的一对，羡煞旁人。这对令人羡慕的伉俪有着怎样的故事呢？

1923年的一天，在北洋政府教育部任职的钱均夫家里显得很热闹，他正在等待一位好朋友带着家人来做客。蒋百里，赫赫有名的军事家，因为对政治的失望，他当时正在北京创办一个文学社。这次聚会他和夫人带来了5个漂亮的女儿，这让钱学森的妈妈很羡慕。

钱家这边呢，只有钱学森一根独苗，钱妈妈当然希望家里有个女儿，这样就能和谐温暖一些，都说女儿是父母的小棉袄，所以就看中了活泼可爱的蒋英。于是只有一个儿子的钱妈妈恳请蒋百里夫妇能把蒋英过继给钱家抚养，蒋家一看也没反对，毕竟家里有五个女儿。另外钱家也是知根知底的人家，过继去必然会好好照顾，就这样，蒋英就成了钱家的干女儿，还取了名字钱学英，这一年，蒋英四岁，钱学森十二岁。

1929年，钱学森在北平上完中学考上了上海交通大学，毕业后去了美国留学，在美国著名的麻省理工学院学习航空工程，一年后去美国加州理工学院攻读航空理论博士学位。

而一年后蒋英跟随父亲蒋百里游历欧洲，开始了自己的艺术求学之旅，先是去了德国学习钢琴，后来又去了比利时学声乐。有意思的是当时蒋介石的二公子蒋纬国也路过比利时，还有人为蒋纬国与蒋英牵线搭桥，最后当然是没成，主要是蒋纬国当时考虑到自己将要回国抗战，不愿让男女关系牵绊自己。

青梅竹马，两小无猜，钱学森与蒋英终究要结为秦晋之好。1947年，钱学森归国，这时的他已是麻省理工学院最年轻的终身教授，意气风发。钱学森与蒋英邂逅，一切似乎冥冥中都有安排。但这时他们已经十二年不见，彼此的生活已然不同，中间也无多少联系，儿时的戏言如今能否兑现？

当时钱学森的母亲还去蒋家探了口风问蒋英有没有交男朋友，身边的人还希望蒋家的女孩子们能给钱学森介绍女朋友，调皮的蒋英还真为钱学森安排了一次相亲约会，不过在酒会上，钱学森却拒绝了蒋英给自己介绍的女朋友，因为他对儿时的干妹妹蒋英有了超越兄妹之情的特殊感情。

几天后，钱学森应邀在母校上海交通大学举行一次学术讲座，蒋英一个人去听了。讲座结束后，钱学森突然提出送蒋英回家。回去的路上，钱学森向蒋英告白："你跟我去美国好吗?"蒋英自然很是吃惊，虽然心里也对钱学森有好感，但毕竟自己也已经有了男朋友，于是只能说："不行，我有男朋友了。"钱学森说："我也有女朋友，但从这儿就开始，你的男朋友不算，我的女朋友也不算，我们开始交朋友。"

这年 9 月 26 日，钱学森与蒋英赴美国波士顿。他们先在坎布里奇麻省理工学院附近租了一座旧楼房，在新家的起居室里摆了一架黑色大三角钢琴，为这个家平添了几分典雅气氛。这架钢琴是钱学森送给新婚妻子的礼物。

异国他乡的日子，蒋英自然有些不适应，除了饮食方面就是语言，这些钱学森都看在眼里，他时常用英语与蒋英对话提高她的口语能力，还自己包揽了家务事。最让人感到欣喜的是钱学森还烧得一手好菜。蒋英对上门拜访的朋友说："我们家钱学森是大师傅，我只能给他打打下手。"钱学森则开玩笑说："蒋英是我家的童养媳。"蒋英的到来给钱学森枯燥的学术生活带来欢声笑语，一年后，他们的长子钱永刚出生，一家三口的生活甚是温馨。

1955 年 10 月 8 日，周恩来总理亲自过问，美国政府终于准许钱学森夫妇回国。但当他们在机场最后登机时，美国政府又无理扣留，没收了钱学森在美国 20 多年间积累下的研究笔记。而他们的结婚"信物"——黑色三角钢琴，在蒋英的据理力争下，最终与他们一起回到了祖国。这架三角钢琴也因此成为钱学森和蒋英历经风雨、沐浴幸福的见证。

（资料来源：https://www.sohu.com/a/121965029_114825）

引　言

中国古代强调以家庭为本位的思想观念。任何人都无法脱离家庭而生活，家庭是人们物质生活的保证，家庭不仅为其成员提供全部生活资料，而且直接生产其中的绝大部分，这使人们产生了对家庭的强烈依赖。家庭是人们主要的生活场所，绝大多数人的大部分活动都限制在家庭或者家族范围内，很少与外界进行沟通。

第 1 节　家与家庭

一、关于"家"字

"家"是人们避风挡雨、团聚栖息的港湾，是供人居住的地方。在远古的时候，人们把家写作"冢"，上面代表房子，下面代表猪、牛、羊等家畜，即代表财富。家为什么会这样写？这与汉字的象形特点以及古人的生活有关。汉字不同于其他文字，在"形""音""义"三个要素中，"形"是最为重要的，"形"容易记住，文字的意义也就集中在字形里面。比如"囚"字，看上去就像筑起的围墙困住一个人，而"男"字就是田间耕作的高手，"休"是一个人靠着树木休息。"家"是会意字，它的外部像房子的形状，中间的部分像"豕"形，"豕"就是猪。上古时代生产力低下，打猎捕食的偶然性很大，生活没有保障。因此人们多在屋子里养猪备食，以防饥荒，房子里有猪就成了人家的标志。猪也是很早被驯化的动物之一，在古人看来，光有栖身之处还不算真正有家,还要加上猪才行,有猪的家,才算富足安定,这就是古人造"家"字的现实依据。古人与动物的关系相当密切,动物可以说是人类重要的衣食来源,皮毛穿在身上轻巧暖和,肉食可口且富有营养。因此,早在原始社会时期,人类便开始驯养野生动物,随着文明程度和狩猎水平的不断提高,人类驯养的动物种类也逐渐增多。除了猪以外,还有很多被人类豢养和驯化的动物,如马、牛、羊、鸡、鸭、狗、猫等。

有了房子,有了财富,还缺少一个最不可缺少的因素——"人",所以家就有了一个新的写法:上"宀"下"亥"。许慎《说文解字》:"古文亥为豕,与豕同。""亥"就是一男一女合而生子的意思。房子底下有一男一女,这才是真正的家。

二、居住建筑

中国古建筑和古老的中华文化差不多是同步发端与发展的,其有着极悠久的历史和极稳定的系统,与变幻不断、风格各异的西方建筑文化形成鲜明的对比。"祖宗之法不可变"是中国古人的行为准则。尊重祖宗、恪守祖制的思想,要求对先前的建筑形式、结构技术不作过多改动,所以我国古建筑没有产生西方那种风格的变化和技术手段的更新。在建筑立面形象上,从秦代到清代的两千余年中,台基、柱子加斗拱、大屋顶这三段式的基本造型依然如故,在平面组合上也往往不分使用要求,都以单体和院落形式沿地面向外扩展。

我国传统的建筑文化,由于受到"天人合一"观念的影响,历来主张顺应自然,讲究协调,中国建筑以群体取胜,注重虚实结合,以内收的凹曲线与依附大地、横向铺开的形象特征表达出与自然相适应、相协调的艺术观念。房屋的设计也尽量体现与自然一致的思想。由于木结构框架系统的优点,使墙不用承受上部结构的压力,可以任意开窗,特别是在南方,通向庭院的一边,常常开满一排落地长窗,一打开,室内外空间便完全融合在一起。在传统庭院中,主要建筑多用廊子相绕,廊实际上是室内建筑空间与室外自然空间的一个过渡,是中国建筑与自然保持和谐的一个中介和桥梁。我国古建筑的外部造型也尽量表现出与自然协调的意念。它不像西方建筑那样是实体一块的庞然大物,而是有虚有实、轮廓柔和、曲线丰富,在稳重中呈现出一定的变化。台基除了加强木结构的防水、防腐功能之外,还可以增加古建筑的稳定感。柱、梁、斗拱等组成的木构架,轻盈通透,给人以灵动的观感。硕大的屋顶辅以漂亮的反曲线和轻巧多姿的翼角,给予建筑一种柔性的适应感,使之与山水、林木等自然环境取得了和谐。中国建筑适应、顺从自然,还表现为对房屋基地和方位选择的高度重视,这便形成中国古代的堪舆风水学说。

(一)居住方式

人类在产生之初主要是依靠天然洞穴作为防风御寒的栖息之所,后来,住所逐渐演变为土木结构的建筑物。地穴—草屋—砖瓦房—钢筋水泥楼,居住方式的变化反映了人类的创造历程。

居住方式的选择与自然条件有直接关系。我国传统的居住用房主要有五种形式:半穴式、井干式、干栏式、石室、土木结构或木石结构式。南方的气候潮湿多雨,故南方各民族多采用干栏式建筑,如分布很广的吊脚楼。北方的气候干燥寒冷,故多采用土木结构或木石结构的房屋,比较普遍的是四合院。

(二)居住建筑格局

中国从西周时期起,就形成了前院后屋或前园后室的居室风格,既方便生活,也方便生产。

我国居室的室内格局，大体分睡处、神位、照明、取暖、贮藏几部分。

1. 院墙

院墙是居室的外边界，一般由土、石或砖砌成，用木桩、竹子、芦苇搭建的围墙又叫篱笆墙。在南方，还有以树为墙的，屈原《离骚》中的“余既滋兰之九畹兮，又树蕙之百亩”，就记录了楚地以树为宅界的古俗。

2. 院门

院门是居室的入口，标志着一个家庭的全体成员的内部认同，也是家庭与社会连接的正式通道，特别是亲友往来、婚丧嫁娶，必走正门。至于翻墙越脊而入，或从他处穿堂入室，则是“不走正道”。

院门也是神灵的把守口，古往今来，我国一直盛行着在院门上贴门神画的习俗，传说画上的神灵立于门外，可令邪祟止息。门神是道教和民间共同信仰的守卫门户的神灵，旧时人们都将神像贴于门上，用以驱邪避鬼、卫家宅、保平安、助功利、降吉祥等，是民间最受人们欢迎的保护神之一。道教因袭这种信仰，将门神纳入神系，加以祀奉。岁末年尾，家家户户都要贴门神、对联。每当大年三十(或二十九)日，家家户户纷纷上街购买春联，有雅兴者自己也铺纸泼墨挥春，将宅子里里外外的门户装点一新。

3. 庭院

庭院是院墙和居室之间的空地，泛指院子。《礼记·曲礼下》曰：“君子将营宫室，宗庙为先，厩库为次，居室为后。”这规定的是上层礼俗，但就其对地块空间的分割利用而言，民间也如此。我国居住院落的用途：一是迎神祭祖，人神相处；二是用于日常生活，人与自然(动物、植物、阳光、空气、水)和谐相处。二者缺一不可，于今亦然。

4. 居室及人伦联系

在建造和使用居室时，遵循两种原则。一是以睡处为家庭中最为内聚的地方，如古人说：“男女居室，人之大伦也。”二是以正房为公共空间，其被用来远接神祖、近待友朋。居室的这两个建筑原则，虽然是观念，但带有强制性，它维护家庭繁衍和家族的社会利益。

正房，是最有中国特色的地方。以四合院为例，正房的建筑通常高于侧房，一般由家长居住。正房又称堂屋，其作用犹如中国古代的明堂。明堂是古代天子宣明政教的地方，凡朝会、祭祀、庆赏、选士、养老、教学等国家大典，都在明堂举行。

5. 其他

采光照明设施，分窗和灯两类。取暖处，因地理环境、自然资源的不同，有地方差异。贮藏工具，分家具、粮仓等。

(三)居住建筑仪式

房屋寄托着人们的幸福、人生希望和生命安全感，于是各种住房仪式应运而生，其主要包括选址仪式、上梁仪式、使用家具的仪式、祭灶仪式、搬迁仪式等。

三、家庭成员的作用与人生仪礼

(一)家庭成员的作用

家庭成员的作用由血缘家庭关系决定。在血缘家庭关系中，以男性为中心，进行权力的传递和财产的继承。家长的社会地位及权力由长子继承。历代封建王朝以此为正统，民间也大体如此。虽然也有幼子继承的事例，但往往伴随着权力纷争。《左传》所记的郑伯克段于鄢的史实，讲的就是兄长打败了继位的弟弟的故事。

（二）人生仪礼

人生仪礼又称个人生活仪礼，国际上称“通过仪礼”。每个人在一生中必须经历几个生活阶段，人的社会属性是通过这些重要阶段而不断确立的。进入各个阶段时，总有一些特定的礼仪作为标志，以便获得社会的承认和评价。

按照中国民间的传统习惯，在一个家庭成员的幼年、成年和老年等不同人生阶段，要分别举行诞生礼、成年礼、婚礼、寿礼和葬礼等予以纪念。人生仪礼既是社会物质生活的反映，也表现了一个民族的心理状态。人生仪礼在实践时往往与信仰、民俗有极大的关联，仪式所包含的社会特征与信仰特征交织在一起，形成复杂、多样的民俗结构，这种情况在我国的人生仪礼习俗中表现得十分突出。如传统的人生观念总是和人生的吉凶祸福观念联系在一起；佛教的轮回观念长期以来一直支配着人生仪礼的方方面面等。因此，各种人生仪礼反映着人民趋吉避凶的合理愿望，也往往带有很多封建、迷信、落后的因素。

四、家谱、字辈诗、认宗诗

（一）家谱

家谱又称宗谱、族谱，是记载一个以血缘关系为主体的家族世系繁衍和重要人物事迹的特殊图书体裁，是一个家族的历史教科书和本家族英雄人物的传记。这是中国传统社会保存和延续辈分等级的一种文化方式。它大致包括谱名、像赞、祖训、世表、世系表、字辈派语、家谱传记、祠堂制、坊墓、余庆录、五服图和义谱等。我国的家谱藏量丰富，据说达百万余部。它们散落在国内国外、城市乡村，产生了不可低估的文化能量。它是维系家庭文化的经典，被称为民间的“二十五史”。玉牒专指皇帝的家谱。

（二）字辈诗

中国人在三皇五帝以前，就有了姓。那时是母系社会，只知有母，不知有父。所以，“姓”是“女”和“生”组成的，说明最早的姓是跟母亲的姓。夏、商、周的时候，人们有姓也有氏。“姓”是从居住的村落或者所属的部落名称而来，“氏”是从君主所封的地、所赐的爵位、所任的官职或者死后按照功绩追加的称号而来。所以贵族有姓、有名也有氏；而平民则只有姓、有名，却没有氏。古时候也有法律规定：同“氏”的男女可以通婚，而同“姓”的男女则不可以通婚。因为中国很早就发现这条遗传规律：近亲通婚对后代不利。

字辈诗，又称排行、派语等。常见的字辈诗多为四言诗、五言诗或七言诗，可以用来探本溯源、寻根问祖。如山东曲阜孔子家族的孔姓字辈诗有50字：希言公彦承，宏闻贞尚衍；兴毓传继广，昭宪庆繁祥；令德维垂佑，钦绍念显扬；建道敦安定，懋修肇彝常；裕文焕景瑞，永锡世绪昌。目前，不但孔子的后裔按此字辈谱起名，而且孟子、曾子和颜回的后裔也一律使用这个字辈谱。这样，只要看到四大“圣裔”后代姓名中间的字，就可知道他们的辈分。

（三）认宗诗

认宗诗是人们为探本溯源、寻根问祖而创作的诗句。传统社会不少姓氏都有自己的认宗诗。目前在海内外黄姓家族中，极为广泛地流传着一种黄姓宗族特有的认宗诗。这种诗犹如一组特殊的文化密码，凡黄姓族人，无论身处何方，只要能背得这一“密码诗”，便可认祖归宗,会被视为同宗兄弟,得到本族姓的关照。

五、家训

家训,是对子孙立身处世、持家治业的教诲。一般记录在家谱上,也有单行的。家训是形成文字的家族的道德规范和行为准则。内容包括以下五部分:修身养性、勉学成才、交友处世、夫妻关系、家族关系等。

纵观中国传统社会,影响较大的家训当属南北朝时颜之推的《颜氏家训》。《颜氏家训》共七卷二十篇,是我国南北朝时北齐文学家颜之推结合自己的人生经历、处世哲学写成的传世代表作,是记述其个人经历、思想、学识以告诫子孙的著作,是我国历史上第一部内容丰富、体系宏大的家训,也是一部学术著作。《颜氏家训》主要阐述了立身治家的方法,其内容涉及许多领域,强调教育体系应以儒学为核心,尤其注重对孩子的早期教育,并在儒学、文学、佛学、历史、文字、民俗、社会、伦理等方面提出了自己独到的见解。文章内容切实,语言流畅,具有一种独特的朴实风格,对后世的影响颇为深远。

第 2 节　中国传统家庭关系

一、三族、五族、九族

关于三族、五族、九族,历史上有多种说法。一般认为,三族包括父族、母族、妻族。《史记》中有夷三族的情况,如《史记·李斯列传》记载:“父子相哭,而夷三族。”五族一般是指五服,或者说是按祖、父、己、子、孙辈加以排列的所有亲属。北魏太武帝时有杀五族的记载。九族一般是以一个人自身为中心上溯四代(父、祖、曾祖、高祖),下推四代(子、孙、曾孙、玄孙),再旁推四层(即自身一代的兄弟、堂兄弟、从兄弟和族兄弟)的亲属。

二、五服

(一)五服的含义

中国封建社会是由父系家族组成的社会,以父宗为重。其亲属范围包括自高祖以下的男系后裔及其配偶,即自高祖至玄孙的九个世代,通常称为本宗九族。在此范围内的亲属,包括直系亲属和旁系亲属,为有服亲属,死为服丧。亲者服重,疏者服轻,依次递减,《礼记·丧服小记》所谓“上杀、下杀、旁杀”即此意。服制按服丧期限及丧服布料粗细的不同,分为五种,即所谓五服。

五服是测量亲属相互间亲疏远近的尺度,也指古代的五种服色,即斩衰、齐衰、大功、小功和缌麻。斩衰一般服三年。齐衰服期不等,分杖期和不杖期。杖:居丧时拿的木棒,俗称哭丧棒;期,指穿一年期限的丧服。大功一般长殇九个月,中殇七个月。小功一般是五个月。缌麻一般是三个月。

根据《仪礼·丧服》,五服的具体应用如下。

(1)斩衰。凡诸侯为天子、臣为君、男子及未嫁女为父母、媳对公婆、承重孙对祖父母、妻对夫,都要穿“斩衰”,是最重的孝服。

(2)齐衰。自此制以下的孝衣,凡剪断处均可以缝边;下摆贴边都要砸边际。

(3)大功。为伯叔父母、为堂兄弟、未嫁的堂姐妹、已嫁的姑和姐妹以及已嫁女为母亲、伯叔父、兄弟服丧都要穿这种"大功"丧服。

(4)小功。这种丧服是为从祖父母、堂伯叔父母、未嫁祖姑、堂姑、已嫁堂姐妹、兄弟之妻、从堂兄弟、未嫁从堂姐妹和为外祖父母、母舅、母姨等服丧而穿的。

(5)缌麻。凡为曾祖父母、族伯父母、族兄弟姐妹、未嫁族姐妹和外姓中为表兄弟、岳父母穿孝都用这种丧服。

五服之外,还有一种亲属关系——袒免亲。袒是袒露左肩,免是不戴冠,用布带缚髻。这种亲属比缌麻亲还远一等,也称无服亲。如果亲自前去奔丧,在灵堂或殡葬时也要披麻;如果在他乡,那"袒免"就可以了。

五服规定是晚辈对长辈的丧服规定。《仪礼·丧服》所载亲属间各种服制被后世奉为权威性的准则,历代遵行,但也有所变通。

(二)五服的区别

1. 材料质地和做工

材料质地和做工粗糙的丧服是重服,质地和做工细致的为轻服。

2. 五服材料质地和做工的区别

斩衰,衰音摧,通"缞"。古代将上衣称衰,斩衰是五服中最重的丧服,用最粗的生麻布制作,断处外露不缉边,表示毫不修饰以尽哀痛,为父母穿的斩衰,也叫斩裳。斩,是裁割后不加缝合,寓意为悲伤之极。齐衰,丧服名。齐,下衣的边。齐通"纃",衰通"缞",是次于"斩衰"的丧服,用粗麻布制作,断处缉边,即指把丧服的边角加以缝合,故称"齐衰"。

大功,亦称"大红",是次于"齐衰"的丧服,用粗熟麻布制作,大功也是比细布粗些的布的名称。小功,亦称"上红",是次于"大功"的丧服,用稍粗的熟麻布制成,小功也是细布的名称。缌麻(缌音思),是次于"小功"的丧服,是"五服"中最轻的一种,用较细的熟麻布制成,做工也较"小功"为细,用麻绳束腰。

(三)"五服制罪"的原则

《晋律》第一次把"五服"制度纳入法典之中,作为判断是否构成犯罪及衡量罪行轻重的标准,这就是"准五服以制罪"原则,它不仅适用于亲属间相互侵犯、伤害的情形,也用于确定赡养、继承等民事权利义务关系。

"五服制罪"实质上是"同罪异罚"的原则在家族范围内的体现,它在刑法方面的适用原则如下。亲属相犯,以卑犯尊者,处罚重于常人,关系越亲,处罚越重;若以尊犯卑,则处罚轻于常人,关系越亲,处罚越轻。亲属相奸,处罚重于常人,关系越亲,处罚越重;亲属相盗,处罚轻于常人,关系越亲,处罚越轻。在民事方面,如财产转让时有犯,则关系越亲,处罚越轻。

"五服制罪"原则的确立,使得儒家的礼仪制度与法律完全结合在一起,这是自汉代开"礼律融合"之先河以来封建法律儒家化的又一次重大发展,它不仅体现了晋律"礼律并重"的特点,也是中国封建法律伦理法特征的集中表现。自西晋直至明清,"五服制罪"一直是封建法律的重要组成部分,并在实践中不断地充实与完善。

三、家族、家长(族长)、家族成员的关系

家族是中国传统社会所特有的现象。所谓家族,是指有着同一祖先,靠祠堂、家谱、族田等因素联系起来,在一起居住的众多以夫妻为核心的小家庭。家长一般是家庭中的年老男性,如果没有上一辈的老人,同辈中就以年长者为尊,为家长。女性一般不可能有多大的发言权,但女性也有成为事实上的家长的,如《杨家将》中的佘太君,《红楼梦》中的贾母,但年轻女性是不行的。

中国有“鸡犬升天”与“满门抄斩”这种现象,即家庭乃至家族成员一荣俱荣、一损俱损,那么理所当然地,家族就要推选出族长,与家长一道共同管理好家族。

家长与成员的关系是领导与服从的关系。女的听从男的,少的听从老的,核心家庭服从房、支,房、支服从家族,环环相扣,形成一个金字塔形的关系。

四、个人、家庭与国家的关系

中国的传统思想是家国不分,把个人、家庭和国家的命运紧紧联系在一起。中国传统文化讲求修身、齐家、治国、平天下,以天下为己任,为了中华之崛起,保家卫国,等等,不一而足。

五、三纲五常

三纲、五常来源于西汉董仲舒的《春秋繁露》一书,但最早源于孔子。《论语·为政》:“殷因于夏礼,所损益,可知也。”何晏《论语集解》:“马融曰:‘所因,谓三纲五常也。’”

三纲,即君为臣纲、父为子纲、夫为妻纲。这里的纲,有表率、模范和示范的意义,说明在“三纲”的伦理关系中,主导方应该承担起更多的道德责任和社会义务,“当家做主”既是一种权力更是一种责任。在生产效率低下的封建社会,“三纲”体现了整体性、主导性和有效性,如果没有这个“纲”,就难免出现互相推诿、彼此扯皮、责任纠缠不清的问题。有了“三纲”,复杂的社会、家庭关系就会有一个简单有效的处理方法,纲举目张,事半功倍。

三纲的另一种说法(见《三字经》):君臣义(君臣之间要讲信义)、父子亲、夫妇顺(夫妻和顺)。

五常是指仁、义、礼、智、信,是用于调整、规范君臣、父子、兄弟、夫妇、朋友等人伦关系的行为准则。五常又称“五典”,即五种行为规则。唐孔颖达另一种解释:“五常即五典,谓父义、母慈、兄友、弟恭、子孝。”五常也指五行所代表的五类事物,即木、火、土、金、水的正常运动。

“五常之道”实际上是“三纲”的具体化。董仲舒认为,仁、义、礼、智、信是处理君臣、父子、夫妻、上下尊卑关系的基本法则,治国者应该给予足够的重视。在他看来,人不同于其他生物的一个重要特点在于人类具有与生俱来的五常之道。坚持五常之道,就能维持社会的稳定和人际关系的和谐。

三纲五常的消极作用:用三纲五常维系专制统治,压抑、扼杀了人们的自然欲求,产生了消极影响。三纲五常的积极作用:对塑造中华民族性格起到了积极的作用,如重视主观意志力量,注重气节、品德、自我节制、发奋立志,强调人的社会责任和历史使命等。

小资料

祠　堂

祠堂是一个家族进行祭祖、议事等重大活动的地方。在中国古代封建社会里,家族观念相当深刻,往往一个村落就生活着同一姓氏的一个或者几个家族,他们多建立自己的家庙祭祀祖先,这种家庙一般称作“祠堂”,在日本祠堂也经常出现。祠堂有宗祠、支祠和家祠之分。“祠堂”这个名称最早出现于汉代,当时祠堂均建于墓所,曰墓祠;南宋朱熹《家礼》立祠堂之制,从此称家庙为祠堂。当时修建祠堂有等级之限,民间不得立祠。到明代嘉靖“许民间皆联宗立庙”,后来倒是做过皇帝或封过侯的姓氏才可称“家庙”,其余称宗祠。

祠堂除了用来供奉和祭祀祖先,还有多种用处。祠堂是族长行使族权的地方,凡族人违反族规,均在这里被教育和受到处理,直至驱逐出宗祠,所以它也可以说是封建道德的法庭;祠堂也可以作为家族的社交场所;有的宗祠附设学校,族中子弟就在这里上学。正因为这样,祠堂建筑一般都比民宅规模大、质量好,越有权势和财势的家族,他们的祠堂往往越讲究,高大的厅堂、精致的雕饰、上等的用材,祠堂成为一个家族光宗耀祖的一种象征。祠堂多数都有堂号,堂号由族人或外姓书法高手所书,制成金字匾高挂于正厅,旁边另挂有姓氏渊源、族人荣耀、妇女贞洁等匾额,讲究的还配有联对。如果是皇帝御封,可制“直笃牌匾”。祠堂内匾额的规格和数量都是族人显耀的资本。有的祠堂前置有旗杆石,表明族人得过功名。一般来说,祠堂一姓一祠,旧时族规甚严,别说是外姓,就是族内妇女或未成年儿童,平时也不许擅自入内,否则要受重罚。

1949 年以后,全国各地的祠堂基本都被推倒砸烂或改造成了办公场所等。祖宗牌位包括有些藏于其中的家谱等皆被焚烧破坏,如今北方已难见祠堂,不知祠堂是什么、有什么作用者比比皆是。而南方浙江、江西、安徽、广东、福建等较为重视传统的地区则有较多的祠堂得以保存。

(资料来源:《中国古代的家族与身分》,史凤仪著,社会科学文献出版社, 1999 年 9 月第 1 版)

思考题

1. 谈谈“家”字的演变与人们对家庭认识的演变。
2. 简述家谱、家训的内容。
3. 简述三纲五常的内容及影响。
4. 简述五服的内容。
5. 简述个人、家庭和国家的关系。

第 4 章　中国传统离婚制度及其他婚姻家庭习俗

学习目标

1. 理解并掌握中国传统离婚的条件。
2. 理解并掌握三从四德。
3. 理解并掌握传统婚姻的禁忌。

导入案例

什么原因让陆游休了他挚爱的妻子唐琬?

绍兴十四年(1144 年)的绍兴城里，19 岁的士家子弟陆游迎娶了唐琬为妻。两人是“娃娃亲”,陆家很早就用家传凤钗作为信物,订下了唐家这门亲上加亲的婚事。现在好事成真,不仅是双方父母,就是整个绍兴城都看好这桩婚姻。新郎陆游出生于“靖康之乱”时期,襁褓中即随在汴梁为官的父亲南迁。他目睹乱世,立下了抗金复国的志向,小小年纪就书写了“上马击狂胡,下马草军书”的志向,年纪轻轻就凭不凡的志向和卓越的文才扬名东南文坛。新娘唐琬也出身官宦世家,人长得漂亮,而且知书达理、才华横溢,与丈夫可谓是情投意合,令人羡慕。

婚后小夫妻恩爱异常,鱼水情深。外人看来,这必将是千古爱情佳话的开始——事实上,陆唐两人的确缔造了千古爱情绝唱,不过是采用了“另类”的方法。

陆游出身好,志向又很高,一心收复故国,因此家里人和他自己都有很强的政治雄心。依靠祖辈的官勋,陆游很小就荫补登仕郎,取得了仕途的通行证。如果想要接受实职,陆游还要赴临安参加“锁厅试”以及礼部会试,通过后才能正式为官。新婚燕尔,陆游对应试的准备多多少少受到了影响。安排这桩婚姻的陆母唐氏对儿子的期望值很高,看到儿子和媳妇终日卿卿我我,不禁皱起了眉头。

第二年(1145 年),唐琬就被逐出陆家！一段爱情神话才开始不久便夭折了。

唐琬被休的原因据说是“不当母夫人意”,“二亲恐其惰于学,数谴妇,放翁(陆游号放翁)不敢逆尊者意,与妇诀”。意思是说,唐琬在陆家和自己的婆婆不合;而且陆游的父母怕儿子和儿媳太过恩爱,可能会妨碍陆游的上进心,所以常常训斥唐琬。可惜,儿女私情并非想断就能断的。陆游和唐琬泪眼相对,想收敛情丝,不料徒增忧伤,空费时间而已。陆游只走出了仕途第一步,不可懈怠,加上又是个孝子,在母亲的压力下,最后不得不将心爱的唐琬休掉了。陆游“因母休妻”的说法从此成为他和唐琬分开的主流说法。

(资料来源:https://www.lszj.com/lishigushi/26143.html)

引言

中国古代婚姻制度存在五大弊端：无自主性，承嗣性，抑女性，买卖性，繁缛性。无自主性指的是毫无自主选择权；承嗣性指的就是男女双方结为夫妻关系的目的就是繁衍后代；抑女性指的是古代婚姻制度对于女性的束缚；买卖性指的是父母把儿女的婚姻当成买卖来做；繁缛性指的是婚前、婚时、婚后繁重的礼节。

当然，中国古代婚姻制度的内容更多是追求稳定的婚姻关系，追求婚姻幸福和家庭和睦。婚姻具有维系家庭稳定与社会稳定的功能，如果婚姻出现了不稳定的因素，离婚或许是一种无奈的选择。

第1节　中国传统离婚制度

我国古代社会实行许可离婚、专权离婚、限制离婚的制度，反映在离婚方式上，以“出妻”为主，以“义绝”“和离”和一定条件下的“呈诉离婚”为补充。

一、出妻

传统社会，一般情况下离婚只能由丈夫提出，也就是出妻。到了汉代，出妻的理由逐渐归纳为七条。

(一)七出

七出(也称七去、七弃)，是在中国古代的法律、礼制和习俗中，规定夫妻离婚时所要具备的七种条件，当妻子符合其中一种条件时，丈夫及其家族便可以要求休妻(即离婚)。

1. 无子

无子亦即妻子生不出儿子来，理由是“绝世”。孟子说：“不孝有三，无后为大。”在古代，家族的延续被认为是婚姻最重要的目的，因此妻子无法生出儿子来便使得这段婚姻失去意义。

2. 淫佚

淫佚就是女子不信守贞节，和丈夫之外的男子发生性关系，理由是“乱族”，也就是认为淫会造成妻所生之子女来路或辈分不明，造成家族血缘的混乱。

3. 不顺父母

不顺父母亦即妻子不孝顺丈夫的父母。《大戴礼记》中所说的理由是“逆德”，在中国古代，女性出嫁之后，丈夫的父母的重要性更胜过自身父母，因此违背孝顺的道德被认为是很严重的事。不只是不孝顺父母，只要没有让父母顺心，就会被出。汉名臣姜诗，其母喜食江水，媳常去离家六七里处取，一次媳晚归，母觉渴，姜诗因之责骂且休之。《孔雀东南飞》里的焦仲卿妻刘兰芝也属于这种情况。

4. 口舌(口多言)

口舌(口多言)指妻子太多话或说别人闲话，理由是“离亲”。在传统中国家庭中，女性尤其是辈分低的女性，被认为不应当多发表意见，而妻子作为一个从原本家族外进来的成员，多话就被认为有离间家族和睦的可能。汉代陈平，早年居哥陈伯家，陈伯妻不满，说了牢骚话被出。

5. 盗窃

所谓"盗窃",不一定非得要偷别人的东西,顺手牵羊也不行。汉代王吉妻因摘邻居家院里枣树的枣子而被出。邻居不忍要砍树,经许多邻里劝,王吉才将妻接回。盗窃亦指妻子拥有自己的个人财产,即存有私房钱,理由是"反义",即不合乎应守的规矩。

6. 嫉妒

嫉妒指妻子好忌妒,理由是"乱家",即认为妻子的忌妒会造成家庭不和以及"夫为妻纲"这样的理想夫妻关系的混乱。有许多有关"嫉妒"的观点中,妻子对丈夫纳妾的忌妒有害于家族的延续,因此,妻子不能"嫉妒"丈夫纳妾。汉代冯衍妻任氏,泼辣且嫉妒,不许冯纳妾而被出。

7. 恶疾

恶疾指妻子患有重病或恶性传染病。理由有二,一是不能一起参与祭祀,在传统中国,参与祖先祭祀是每个家族成员重要的职责,虽然妻有恶疾造成夫家的不便必定不只是祭祀,但仍以此为主要的理由。二是由于传统社会生产力低下,再加上医疗技术低下,遇到家庭成员(不限男女老少)患有重病或恶性传染病,两害相权取其轻,亦属不得不为的无奈之举。

整体来看,七出的内容大多是以夫家整个家族的利益为考量,凡是妻子的言行或身体状况不符合这个考量,夫家或丈夫就可以提出离婚。相较而言,妻子要主动提出离婚,条件就严苛得多了。

(二)三不去

在传统中国,一般而言,妻子若符合七出的条件,依照礼制及法律,丈夫便可以要求休妻。但七出所包含的范围甚广,可资夫家利用为借口的可能性甚大,因此又订立了"三不去",用于保障妻子不被任意休掉。三不去是规定丈夫不得任意要求与妻子离婚(即休妻)的三种情况,可保障妻子不被随意休弃,《唐律疏议》中有较详细的规定。也就是说,在这三种情形下,即使妻子符合七出的条件,丈夫也不能任意要求离婚。三不去最早见于汉代的《大戴礼记》,包括以下三种情况。

1. 无所归

无所归指妻子的家族散亡,已没有父母等亲人,也就是走投无路,假如妻子被休则无家可归。

2. 与更三年丧(守孝满三年)

与更三年丧也就是与夫共同守过公爹公婆三年丧期,为的是不忘恩德。

3. 先贫贱后富贵

先贫贱后富贵指丈夫娶妻的时候贫贱,但后来发达富贵了,这是为了不悖德行,如陈世美与秦香莲的故事。

二、和离制度

和离制度是我国封建社会一种允许夫妻通过协议自愿离异的法律制度。但在男尊女卑的封建社会里,妇女受着传统的"三从四德"和贞操观念的严重束缚,很难真正实现其离婚的愿望。所谓和离,大多是一种协议休妻或"放妻",常常成为男方为掩盖"出妻"原因,以避免"家丑外扬"而采取的一种变通形式。

三、义绝制度

如果夫妻之间、夫妻一方与他方的亲属间,或者双方的亲属间发生了如殴斗、相杀等犯罪事件,在追究刑事责任的同时,夫妻关系必须解除。义绝具有强制性,合当义绝而不绝者要受到处罚。

四、呈诉离婚制度

呈诉离婚制度即发生特定事由时由官司处断的离婚。如果"妻背夫在逃""夫逃亡三年""夫逼妻为娼""翁欺奸男妇"等,男女双方都可以呈诉要求解除婚姻关系。例如明、清律均规定,受财典雇妻妾与人者,除处以刑罚外,并勒令离异。

第2节 中国传统婚姻家庭的其他习俗

一、婚时、期日、吉时

(一)婚时

在中国古代的很长一段时间内,对于是否成年并无明确的年龄规定。发展到后来,是否成年逐渐有了一个年龄上的标志:男满20周岁即成年,行弱冠礼,女满15周岁即成年,行及笄礼。男过30周岁,女过20周岁,则称"失时",其间为适婚年龄。"不违民时"是儒家思想中仁政的一大原则。

(二)期日

周时嫁娶多在春夏之间,因为春天是天地交泰之际,万物化育之初,阴阳交接之时,故嫁娶以仲春为最佳。《夏小正》以二月为媒月,"冠子娶妇之时也",媒官有权组织适婚男女,使各择其偶。不听命者罚之。汉时亦以二月为"昏月",但逐渐改为秋冬嫁娶,因为此时是"秋收冬藏"的季节,物质富裕,又是农闲,尤其是腊月二十三至除夕,灶王被送走,这段时间成了没有任何神鬼主宰的真空,加之新年在即,便可以毫无禁忌、欢天喜地地举行婚礼了。所以俗称:"不管有钱没有钱,娶个媳妇过新年。"

(三)吉时

古人对天地都很崇拜,相信天地运行的时候也有一定的规律,有的时候很吉利就叫吉时。结婚的吉时一般选在日出前后,就是在这个时间段把新娘娶回来,准确时间由相士定,但寡妇再婚必须在晚上。

二、荒娶及悔婚等

(一)荒娶

荒娶又称荒亲,即趁父母病危之际赶快迎娶,借亲事挽救父母的垂危,即"冲喜",有时甚至是故意的,但求父母在死之前,能看到子女完成终身大事,也可含笑而逝,青年男女又可免因服丧期长而耽误了婚时。也有"服内"成亲之风,但须在戴孝百日以内完婚,此风大约起于宋元。

(二)悔婚

唐律规定,如果女方家已经许婚,并订立了婚约或者有私约而悔婚的,杖六十。虽然没有婚约,但女方家已接受了聘礼,如果悔约,同样受罚。如果将女子再许给他人,则杖一百。宋朝法律与唐律规定大体相同。元律定罪量刑比唐律轻。明清律法补充了唐律的不足,采取了一些新的惩罚措施。规定如果又许他人,没有成婚的则杖七十,已成婚的则杖八十。如果第二个定聘的男方家知道所聘之女早已与人有约,则与女方家同罪,没收聘礼入官;如果不知情,则追回聘礼,女方归前夫,前夫如果不要,可以加倍索回聘礼,女子则归后夫。男方家如果悔婚的,处罚相同,不能索回聘礼。

我国古代法律关于订婚纠纷的处理表明:女家一许再许,男家一聘再聘,是计较利害得失的必然产物,法律措施可以止讼,但不能根除弊端。

(三)妄冒

古代的妄冒有两种情况:本人妄冒,如幼小诈说长大;他人妄冒,如已有残疾,令姐妹冒充本人。如果妄冒,没有成婚的,则取消婚约;如果已成婚的,则可离异。

(四)男女订婚后犯奸盗

如果男女订婚后犯奸盗,他方可以别嫁别娶。但“男止言盗,女兼奸盗”,也就是说,男犯奸对成婚没有影响。按元律,如果女子犯奸,夫家不嫌弃,可以减去一半聘礼。这些规定反映了男女不平等。男女在订婚之后、成婚之前发生性关系,也属于犯罪行为,但是否离异,实践中做法不同。

三、聘礼、催妆、铺房

(一)聘礼

《仪礼·士昏礼》记载,昏礼有六,五礼用雁,纳采、问名、纳吉、请期、亲迎是也。纳采以及其他婚礼用雁,其含义一是取阴阳往来,妇人从夫之义。二是不失时,不失节。雁为候鸟,秋去春来,从不失信。三是雁对爱情忠贞,先偶后不另配,表示男女如能结合,当矢志不渝。四为行止有序之义。雁以转徙飞行,率以老而壮者居先引导,幼而弱者尾随其后,从不逾越。而长幼有序是儒家礼法的重要原则之一,把这个原则用于婚娶,使长幼有序而行,非万不得已,不使叔季跨越伯仲而成婚,符合儒家精神。而这种行止有序的行为,除雁以外,其他候鸟是没有的,故用雁为五礼之贽。除以上含义之外,用雁在当时还有喻其从一而终、不再醮之义。周朝时期,从一而终的婚俗已为社会所提倡。当然,从一而终不仅仅是指女子对男子的忠贞不渝,对于男子来说,同样有意义。在一夫一妻制的农业社会里,要求小农家庭保持一定的稳定性,这不仅是社会的需要,也是小农家庭本身的需要。这类情况在《诗经》中有不少反映。《诗经·郑风·女曰鸡鸣》:“宜言饮酒,与子偕老。”诗歌强烈地反映了人们要求配偶永不离异、白头偕老的美好愿望。为了强化社会需求,或者时刻提醒人们在家庭生活中的行为观念,故把具有“从一而终”属性的鸿雁引进婚礼。因此,五礼用雁,其原因就在于“雁”这种候鸟兼具社会需求及个人对婚姻需求的引义。由于雁是候鸟,不容易猎取,后以鹅或鸡代之,不过仍称“奠雁”或“委禽”。

(二)催妆

婚姻六礼,进行到纳征、请期,便开始进入高潮,但还有一些准备手续,其中最重要的节目是男家打发人到女家“催妆”,和女家送嫁妆到男家“铺房”。佳期将届,婚礼临近,男家使人通知女家,及早为新娘置妆,以便及时亲迎成婚。男家催妆,除嫁衣脂粉送给新娘添妆外,更备酒果两席,致送女家,薄暮,新郎还亲赴女家敦促新娘理妆。

（三）铺房

女家备办新房应用的家具器物，在吉期之前送到男家，一一布置妥善，以助男女成家立室，尤以新房内所需器物为最重要，这一事项俗称“铺床”，盖以床代表新房一切设备。床为男家所备，必须是新床。为取吉利，请有福气之人（富贵婆）铺之，谓“安床”。边铺边说吉利话：百年好合，早生贵子。有些地方称铺房为“送嫁妆”，女家所送的陪嫁妆奁，统称为嫁妆，特备“奁仪录”，送嫁妆队伍浩浩荡荡，抬着嫁妆尽力炫耀。

四、配偶人数

从周代开始，在礼制和法律上开始承认一夫一妻制为婚姻的正型，但允许纳媵、妾。最初是为了传宗生子，丈夫满40岁仍无子才可另娶。

五、婚姻的禁忌

（一）干分嫁娶

干分嫁娶是指干犯辈行和亲属关系名分的婚姻。

1.同姓不婚（始于周）

《礼记》记载，娶妻不娶同姓。姓原是氏族的标志，同姓则同族。“男女同姓，其生不繁”；“同姓不婚，惧不殖也”。族外婚还有政治目的：“取于异姓，所以附远厚别也。”

附远就是与血缘关系远的异姓建立姻亲关系，将各异姓紧密联合起来。厚别就是严格别于同宗，男女应有所回避。“男女不同席，不同食”“男女授受不亲”等礼仪的要求即是从此而来。

2.宗亲不婚

宗即祖宗。同宗即同一祖先繁衍下来的后代，在血缘上比同姓更近。在汉族，是否同宗，以家庙或祠堂为依据。

所谓宗亲婚，指妻妾亲属与夫家亲属之间的婚姻关系，妻妾的亲属与夫家亲属是不允许结婚的。但现实生活中兄收弟妇、弟收嫂的事时有发生。

3.尊卑不婚

尊卑不婚始于唐。尊卑结婚是最典型的乱伦行为，必在禁忌之列。有直系血亲关系的，忌之最甚。这是符合科学道理和社会道德的。汉族、满族、达斡尔族、鄂温克族、鄂伦春族、侗族等中国绝大多数民族都禁止不同辈行间通婚。

4.中表不婚

姑表、姨表等兄弟姐妹间禁止结婚。“骨血不倒流”是传统社会针对单向舅表婚的一种禁忌习俗。舅表婚又称中表婚，中表即内外，舅子为中、为内，姑子为表、为外，传统社会认为姑母和父亲的血脉相同，娶姑家的姑娘为媳妇便是“回头婚”。

中国许多地区的民间曾经热衷于表亲婚，并称之为“亲上加亲”，认为是喜中之喜。后来，婚姻法有了近亲不得结婚的规定，才逐渐改变了这种习俗。

除上述四种外，还有其他亲属不婚，如异父同母、同父异母、异父异母兄弟姐妹禁止结婚。

（二）非偶嫁娶

非偶嫁娶指根据礼法不应匹配的婚姻。

1．良贱不婚与士庶不婚

良贱不婚指禁止良民与贱民之间通婚。古代奴隶、百姓平民与贵族互不通婚。秦、汉以后，齐民（平民）与贱民虽有区分，通婚受到影响，但限制仍属礼的约束，法律上尚未有明确规定。汉代帝王后妃中出身微贱者为数不少，如汉武帝皇后卫子夫、汉成帝皇后赵飞燕、汉末曹操夫人卞氏，皆出身歌舞娼。北魏文成帝拓跋濬发布诏书，始明文禁止良贱通婚。唐以后，法令更为完备，严厉规定良贱婚娶为犯罪行为。明代沿之。历代贱民的范围包括官私奴婢、僮仆、官户、杂户、部曲、工乐百户、倡优、隶率、伴当、世仆、惰民、丐户、浙江九姓渔民、广东等地疍民等。雍正初，陆续废除良贱之分，不再禁止通婚，但积习难于骤改，直至1911年后，才有所转变。这种不平等的习俗制度，曾造成男女之间无数悲剧。妓女身在乐籍，属于贱民，非脱籍为良，不能嫁人。

在魏晋南北朝的时候，当时地主阶级中高门望族是士族，小地主是庶族，他们结婚讲究门当户对，士族是不会和庶族之间相互通婚的，因此称士庶不婚。

2．官民不婚

官民婚姻的限制始于汉代。官民不婚就是指监临官不得同所监临部民相婚。它既是封建官吏的一种婚姻等级特权，也是一项封建吏治措施。

3．僧道不婚

僧侣、道士、尼姑不但不许结婚，而且不许与人发生性关系。

4．奸逃不婚

有通奸关系的男女不许结婚；男子不许与在逃的女子结婚。

（三）违时嫁娶

近亲属死亡，守丧期间禁止嫁娶；另遇帝王之丧或父母被囚期间，也禁止嫁娶。内容包括：居尊亲丧不得嫁娶；居配偶丧不得嫁娶；值帝王丧不得嫁娶；直系尊亲属被囚期间不得嫁娶。

同时，有妻禁止再娶妻，但有妻者可以纳妾，正妻只许有一人。

六、节孝牌坊

汉代开始由官府出面表彰守节的妇女，符合条件的为其树立节孝牌坊。

（一）树立节孝牌坊条件

树立节孝牌坊的条件在各朝各代虽略有变化，但主要包括以下五类人。节妇，三十前守寡，至五十不改节者。烈女，包括殉家室之难者和拒奸致死者。孝妇，有孝舅姑之行者。孝女，终身不嫁以事父母者。贞女，包括两种情况：未婚夫死，闻讣自尽者；未婚夫死，哭往夫家守节者。

明清免除树有节孝牌坊家的徭役。另外，民间普遍相信，死了丈夫的女子定是命中犯了披麻星，再嫁，新夫还会被克死，所以，死了丈夫的女子守寡，在很大程度上是出于无奈，如祥林嫂。

（二）相关情况

吴敬梓《儒林外史》第四十八回的那场《徽州府烈妇殉夫》，王三姑娘死了丈夫，她决心要殉节，王三姑娘绝食求死，到了第八天，终于饿死了。最后王三姑娘被报上官厅，结果为“送烈女入祠”。

明代冯梦龙在《情史》中记载了这样一个故事:唐朝的歌伎关盼盼是张建封的妾,建封死后,她在燕子楼中独居守志,凡十余年。白居易讽刺她“一朝身去不相随”,不肯殉情。她解释道:“妾非不能死,恐千载之下,以我公重色,有从死之妾,是玷我公清范也!”后来她绝食十天而死。

七、三从四德

三从四德是传统社会女子必须遵守的基本道德标准和行为规范。

(一)三从

“三从”出自《仪礼·丧服》,《仪礼·丧服》有云:“未嫁从父,既嫁从夫,夫死从子。”就是未出嫁的女子跟随父亲生活,已出嫁的女子跟随丈夫生活,丈夫死后跟随儿子生活。

(二)四德

“四德”是对女子言行举止的要求,出自《周礼·天官·九嫔》,主要包括妇德(品德)、妇言(辞令)、妇容(仪容)、妇功(女工)。

《周礼·天官·九嫔》:“九嫔掌妇学之法,以教九御妇德、妇言、妇容、妇功,各帅其属,而以时御叙于王所。凡祭祀,赞玉粢,赞后荐,彻豆笾。若有宾客,则从后。大丧,帅叙哭者亦如之。”

在中国古代,人们把夫妇之义看得很重。故《中庸》云:“君子之道,造端乎夫妇;及其至也,察乎天地。”而《易传·序卦传》更是申明夫妇之大义,云:“有天地,然后有万物;有万物,然后有男女;有男女,然后有夫妇;有夫妇,然后有父子;有父子,然后有君臣;有君臣,然后有上下;有上下,然后礼义有所错(措)。夫妇之道,不可以不久也。”

八、缠足

缠足是把女子的双脚用布帛缠裹起来,使其变成又小又尖的“三寸金莲”。“三寸金莲”也一度成为审美的标准,这在当时是一种时尚,与我们今天打耳洞、烫染头发、整形美容等类似。但是,古代妇女缠足始于何时,裹足小脚为什么被称为“金莲”,却说法不一。

有人说始于隋朝,有人说始于唐朝,还有人说始于五代。有人甚至称夏、商时期的禹妻、妲己便是小脚。可谓众说纷纭,莫衷一是。传说大禹治水时,曾娶涂山氏女为后,生子启。而涂山氏女是狐精,其足小;又说殷末纣王的妃子妲己也是狐精变的,或说是雉精变的,但是她的脚没有变好,就用布帛裹了起来。由于妲己受宠,宫中女子便纷纷学她,把脚裹起来。当然,这些仅仅是民间神话传说,含有较多的演义附会成分,不足以成为当时女子缠足的凭证。

缠足始于五代之说,则是源自南唐李后主的嫔妃窅娘(一说睿娘),窅娘美丽多才,能歌善舞,李后主专门制作了高六尺的金莲,用珠宝、绸带、缨络装饰,命窅娘以帛缠足,使脚纤小屈上呈新月状,再穿上素袜在莲花台上翩翩起舞,从而使舞姿更加优美。宋代缠足之风盛行。明朝由于朱元璋之后马氏是大脚,曾一度令宫女放脚。清代旗人不缠足,康熙曾下令禁缠,终弃。辛亥革命后才禁止女子缠足。

九、避邪之物与厌胜之术

(一)避邪之物

在中国古代,避邪之物主要包括火盆、宝镜、方斗和斗内所装的谷豆等物,另有弓箭、镜子、熨斗、筛子等。

（二）厌胜之术

为图吉利和预防新娘给娘家或婆家带来贫穷和不安定因素，在婚嫁过程中逐渐形成了一些厌胜之术。如忌讳新妇履地出门，谓“不带娘家土”，恐带走娘家“福气”；上轿时或足踏毡毯、麻布之类，或由父兄背至轿中，或让轿门与大门对接。新娘嫁衣忌缝口袋，以防装走娘家的财气和福气。新娘上花轿前要喝一碗汤，喝这汤颇有讲究，喝光了会穷娘家，不喝又会穷婆家，聪明的新娘则“喝一半，留一半，两头都好过生活”。在彩轿起身时，娘家人要泼一盆水，所谓“嫁出去的女，泼出去的水”。对此习俗有两种解释：一是认为娘家祈祷女儿在婿家生活得好，永不被“休”返回；二是认为人们视女儿如一盆水，一泼了之，以免给家中增添麻烦。另外，新娘入门时要从置于门槛上的马鞍上跨过，取“平安”之义。

十、冥婚

冥婚，是为死去的人找配偶。这是一种封建落后的习俗。冥婚包括两种形式：迁葬和嫁殇。

（一）迁葬

迁葬指未婚先死者，在男女双方都下葬后再举行的冥婚。有的少男少女在订婚后，未等迎娶过门就因故双亡。老人们认为，如果不替他们完婚，他们的鬼魂就会作怪，使家宅不安。因此，一定要为他们举行一个阴婚仪式，最后将他们埋在一起，成为夫妻，并骨合葬，免得男、女两家的茔地里出现孤坟。

（二）嫁殇

嫁殇指已订婚的男女，在成婚前一方去世，而举行的活人与死人的冥婚。如有长子、长女在婚前逝去，在世的弟妹在结婚之前，要先为亡兄、亡姐办理冥婚。办冥婚也与生者办婚礼一样，托“鬼媒人”查明某处某家有亡男或亡女后，经对照亡男、亡女的年龄，如相宜，便分头与双方家长商议，如同意，就模仿生者的婚礼仪式进行，日期往往选在三月清明节、七月盂兰盆节（鬼节）、九月重阳节。有的女子不愿上门守寡，而是另嫁男人，但人们认为是第二次婚姻，是“断线女子”，婚后逢年过节要祭祀她所谓“前夫”的亡灵。此婚俗在中华人民共和国成立后消失。

小资料

野合

“野合”的意思主要有三种：中国古代礼仪认为结婚生育的合适年龄，男性应该在16岁至64岁，女性应该在14岁至49岁。凡是在这个范围之外的都是不合礼仪的，孔子的父亲叔梁纥迎娶颜徵在时已72岁，故称之为“野合”。有说颜徵在属贱民阶级，叔梁纥却是士大夫，迎娶于礼不合，故称“野合”。亦有指司马迁只是说叔梁纥和颜徵在于野外交合（这是一种古代习俗），故称之“野合”。“野合”一词还有一层含义，并非指“不合礼仪”或者绝阴阳道什么的，而是“苟合”或者“男女私通”之意。如汉代卓文君夜奔司马相如，隋代妓女红拂女夜奔李靖。

最早的文字记载见于《周礼·地官·媒氏》：“中春之月，令会男女。于是时也，奔者不禁。若无故不用令者，罚之。司男女之无夫家者而会之。”《史记志疑》云：“古婚礼颇重，一礼未备，即谓之奔，谓之野合。”古时认为野合是一种吉祥、美好而神圣的象征，故在墓砖、岩画、绘画、雕刻中常有“野合图”。野合之风沿袭甚久,《后汉书·乌桓鲜卑列传》载:“以季春月大会于饶乐水上,饮宴毕,然后配合。”此处“配合”即性交。

(资料来源:《中国古代的家族与身分》,史凤仪著,社会科学文献出版社,1999年9月第1版)

思考题

1. 简述七出的内容。
2. 简述三从四德的含义。
3. 简述传统婚姻的禁忌。

第 2 编

现代婚姻家庭常识

第1章 爱情、婚姻与家庭关系

学习目标

1. 了解爱情的含义、本质和爱情伦理。
2. 掌握爱情与婚姻的关系。
3. 掌握婚姻的含义、基础、动机和过程。
4. 了解家庭的特征、类型、功能和家庭伦理道德。
5. 掌握现代社会家庭问题。
6. 掌握婚姻家庭的管理和关系调节。

导入案例

今年29岁的唐娜，两年前结婚，一年后离婚。“婚后我才发现找错了人。婚前，他勇于担当的优点，婚后变成了独断专行；婚前，他善交异性朋友，以为他有‘女人缘’，谁知婚后半年他便出轨！”

“一见钟情，婚了。一怒之下，离了。”北京市朝阳区婚姻注销处一位工作人员介绍，该处近年来注销的离婚夫妻中，35岁以下者超过一半。其中，“80后”又占多数，“闪离”现象日益突出。“有些人办手续时还在吵架，等拿到离婚证后，又抱在一起痛哭。”

不仅“80后”的婚姻多生变故，他们父辈的婚姻也亮起红灯。“如今孩子大学毕业能够自立了，家庭责任已经完成，不再彼此凑合了。”年逾50的项先生叹道：“结婚近20年，如人饮水，冷暖自知啊！”北京宏健律师事务所律师郑文旭说，他代理的离婚起诉案中，中老年人约占三成。

“随着社会转型、社会环境变化对婚姻家庭发起新的挑战，‘新离婚时代’来临。”中国社科院研究员、中国婚姻家庭研究会专家委员会副主任陈一筠说，中华人民共和国成立以来，我国婚姻从前30年的超稳定型阶段，进入近年来的动荡时期。

统计数据显示，从20世纪70年代末起，我国离婚人数和离婚率持续上升，近5年来增速明显，增幅高达7.65%。

从年龄结构看，22~35岁的人群是离婚主力军，36~50岁的婚姻相对平稳，50岁以上的离婚率迅速上扬；从教育背景看，离婚率与学历成反比，学历越低，离婚率越高，学历越高，离婚率越低。

陈一筠表示，离婚率的上升，反映了社会发展与时代进步给个人生活带来更多选择机会与自由空间的同时，也带来了人际矛盾与情感风险。

（资料来源：http://www.360doc.com/content/17/1108/08/2646494_701853751.shtml）

引言

爱情是婚姻的基础，婚姻是爱情的产物和载体，家庭则是在婚姻关系、血缘关系或收养关系基础上产生的，由亲属构成的社会生活单位。爱情作为一种意识和情感是易变的，婚姻作为一种有形载体是相对稳固的。婚姻家庭是除生死之外人们讨论最多的话题，它不仅事关个人的终身幸福，是个人社会化的重要媒介，而且对社会的稳定与发展也产生重大的影响。

第1节　爱情与婚姻

一、婚姻与爱情概述

婚姻与爱情均是基于不同的性别。性别包括生理性别、社会性别、性别角色和性意识。性别的分类包括自然性别(sex)和社会性别(gender)。

狭义的爱情是男女间以性为初始动机的感情。爱情不等于性，但最初必须有性的介导，爱情具有自私性和排他性的特点。当今社会，多数国家或民族的婚姻都具有排他性。家庭是以婚姻或亲缘关系为主要依据的财产共有体。

(一)友谊

爱情是人生旅途上光辉灿烂的一页，诗人拜伦说："当我们的生命走向衰老，当记忆叫叶子重新发芽，爱情的叶子还会吐出清新的绿芽。"

男女之间不仅仅只有爱情，而且还有友谊。

友谊是指建立在利益一致和相互信任基础之上的人与人之间关系的一种形式，是人与人在互相尊重、互相信赖的基础上建立的一种美好的情谊，是人类所特有的一种高尚、纯洁的道德情感，是同志或朋友之间的一种亲密的情谊。中国古代的俞伯牙与钟子期，有"高山流水"之佳话；廉颇与蔺相如有"负荆请罪"之美谈；刘备、关羽、张飞有"桃园三结义"的故事；外国的马克思与恩格斯的伟大友谊也被世人赞赏。

男女之间的交往，往往能起到平衡心理和补偿情感的作用，而异性之间的友谊则有利于学识和能力的互补。由于男女生理上的差异，其知识结构、能力结构也各有不同，交往可以使彼此加强交流、取长补短、互相借鉴、共同提高；异性之间的友谊，有利于良好个性品质的培养。在交往过程中人们更加注意文明礼貌、提高文化修养、陶冶道德情操，这样有利于良好个性和品质的形成。

友谊的意义在于情感的互相给予，它可以丰富人们的感情世界，让人们懂得关心他人，尊重他人，使道德情感向社会扩展，把个人与他人和社会的命运连接起来，增强人们的社会责任感。

有利于建立友谊的性格：尊重和关心他人，助人为乐；平等待人，一视同仁；以诚相见，作风稳健；性格开朗，待人热情；谦虚谨慎，有独立见解；幽默风趣，审美水平高。

不利于建立友谊的性格：利己主义；对集体缺乏责任感；待人不真诚，气量狭小，猜疑心重；固执己见，苛求他人，性格古怪；对人冷淡，性情暴躁；狂妄自大，目中无人；嫉妒他人，恶语伤人；支配欲强，报复心重。

(二)爱情生活

爱情是人类永恒的话题。爱情是男女双方基于一定的物质条件和共同的人生理想,在各自内心形成的相互倾慕并渴望对方成为自己终身伴侣的一种强烈、纯真、专一的感情。爱情是给予,是承担重任。因为有了爱情,爱侣之间相互扶持、相互帮助,激励彼此不断进步,从而也促进了全社会的进步。而爱情观则是一个人面对爱情所持有的态度、观点。

关于爱情故事,在中国,古有焦仲卿与刘兰芝(先后赴死),梁山伯与祝英台(化蝶双飞);在外国,有罗密欧与朱丽叶(但求同死),简·爱与罗切斯特(精神契合)。

爱情是令人向往的,它教会人们珍惜、爱护,为了对方的快乐和幸福去付出、去奉献,这是人与人之间交往的最高境界之一。正是因为美好的爱情给人们的生活增添了诸多的乐趣,提升了人们的品格和精神境界,所以人们不懈地追求着属于自己的美好爱情。

但是,有的人由于各种原因,认为爱情是不美好的,这部分人群需要走出误区。由于受到周围人的爱情、婚姻生活不美满的间接影响,尤其是父母的婚姻生活不美满,让他们感觉爱情是靠不住的,甚至觉得婚姻是可恶的。现代生活节奏很快,人们的思维也不断受到冲击,生活压力使得每个家庭都很紧张,夫妻之间会产生分歧,整天争吵甚至要离婚。在这样的环境下长大的孩子,应该认识到以下两点:克服偏激认识;正确认识到爱情是美好的。

别人的生活不是你的生活,你的生活能否幸福掌握在你自己手里。父母的婚姻有问题,不代表你的婚姻将来就有问题。所以,生活在这样环境中的孩子应该消除别人的生活经历对自己的影响,更加乐观地对待爱情和婚姻。

你的幸福生活可能改变别人的状况。当你勤奋地学习、努力地工作,获得美好的爱情和婚姻时,可能会影响到你周围的人的婚恋,甚至包括父母。

有的人经历了爱情挫折之后,就不再相信爱情是美好的,从而抵制爱情。但人们从小到大,对事物的认知都是从不知到知道一点,再到知道许多。所以,在经历爱情挫折以后,人们应正确地分析原因,找到失败的症结,然后继续前行,总会找到属于自己的美好爱情。永远记得,生活为你关上了一扇门,就会再为你打开另一扇门。

(三)爱情的基本特征

爱情具有专一性和排他性,即排斥第三者亲近对方。爱情需要纯真,也就是说不带感情以外的功利色彩。有人利用爱情去达到一些不合理的甚至非法的目的,这样只会毁掉爱情。爱情需要专一,需要忠诚。男女双方在确立恋爱关系之后,都要把男女感情集中在对方身上,这样才能浇灌出美丽的爱情花朵。脚踩两只船,只能招致两手空空。陶行知说过:“爱情之酒甜而苦。两人喝,是甘露;三人喝,是酸醋;随便喝,要中毒。”

爱情具有平等性,不存在占有或依附关系。双方都有同等的爱与不爱的权利,只有以双方互爱为前提,爱情关系才能成立。那种一厢情愿的单恋或一方强迫另一方接受的关系,不能称为爱情。俗话“强扭的瓜不甜”就有这个意思。

爱情具有自主性。爱情关系的建立完全基于双方自愿,而不是由“父母之命、媒妁之言”撮合的。爱情的自主性并不是一定要自己找对象而不要别人介绍,而是说爱情关系的最终确定,必须是双方自愿的,而不是受他人干涉或者外界压力而促成的,也不排除听取父母及其他人的意见,但最终必须是自己的决定。

爱情具有强烈性。由于彼此全身心地投入，爱情融入了双方全部的激情，所以感情显得强烈。因而有人说，热恋中的男女 IQ（智商）系数基本为零。而一些专家和婚姻幸福的夫妇认为健康的爱应是：“很多人都尝试过爱情的滋味，它能让我们今天心花怒放，明天却垂头丧气；它能叫我们满怀希望，也能使我们信心尽失。”

爱情具有持久性。爱情存在于恋爱和婚姻全过程。

（四）爱情的基础

现实中的爱情离不开一定的经济条件，也需要双方具有共同的人生观，互相尊重，互相包容，性格互补，忠贞专一。因此，要摆正爱情的位置，爱情服从于事业，把爱情与事业结合，才能有永恒的力量。同时，人们要处理好“二人世界”与“大世界”的关系，把“二人世界”融入集体，取得集体的认同和理解。

（五）爱情发展的阶段

社会交换论把求爱者视为理性主义者，他们选择能给自己带来更多幸福的人做伴侣；而所有促使爱情产生的因素均可归结为利益和价值。两者既有物质的、经济的因素，也包括社会的、心理的因素。据此理论，爱情发展大致经历四个阶段。

1. 取样与评估

互不相识的双方在某一群体中选择愿意交往的对象，其所考虑的主要因素是交往的收益与成本及其相抵消后的盈余，如果收益及盈余超过自己的期望值，对方成为追求的目标。

2. 互惠

在此阶段，双方尽可能交换收益，既为对方提供收益，也从对方处获益，同时力求降低成本，如一起聊天、互赠礼品、共同讨论感兴趣的话题等，但避免进入对方的私密领域。在交换中，双方互惠，两个人亲密感加强。

3. 承诺

双方认为从对方得到的收益大于从其他异性那里得到的，因此停止与其他异性的交往，双方关系相对固定，开始一对一频繁交往。

4. 制度化

随着亲密感的加强，双方都觉得离不开对方，又担心对方离开自己，希望能通过契约形式将双方的关系制度化，如订婚、办理结婚手续。契约使双方关系具有排他性，彼此忠实。

（六）爱情三角形理论

美国心理学家斯滕伯格提出了爱情三角形理论，他认为爱情由三个基本成分组成：激情、亲密和承诺。激情是爱情中的性欲成分，是情绪上的着迷；亲密是指爱情关系中的温暖体验；承诺指维持关系的决定期许或担保。这三种成分构成了喜欢式爱情、迷恋式爱情、空洞式爱情、浪漫式爱情、伴侣式爱情、愚蠢式爱情、完美式爱情等七种类型，如图 2.1.1 所示。

（七）友谊与爱情的联系与区别

友谊和爱情都是人们之间良好感情的凝结。异性之间的友谊在一定的条件下是爱情的桥梁。友谊与爱情的区别包括性质不同，友谊是朋友之间的情感，爱情是恋爱对象之间的情感；包容性不同，友谊不分性别，恋爱必须是在男女之间；稳定性不同，爱情持久，友谊可变；承受的责任和义务不同，友谊只担负道德责任，爱情承担道德和法律的义务和责任。

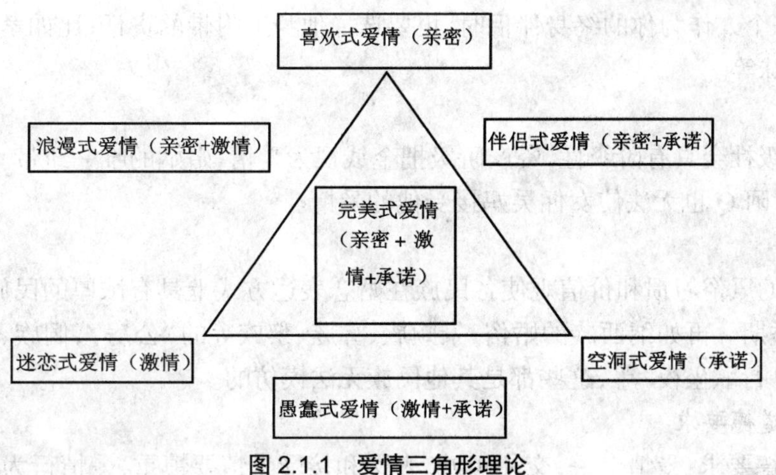

图 2.1.1　爱情三角形理论

（八）不良的恋爱认识

1. 爱情至上，唯爱是从

恋爱中的男女容易被爱情冲昏头脑，认为爱情至上，什么都不顾及了，学业和工作都抛诸脑后。美好的爱情是理智与情感的有机统一，失去理智的爱情最终会毁掉双方。

2. 出于从众心理谈恋爱

有人认为有恋爱对象，在人们面前才有面子。别人都有了男朋友或女朋友，而自己却没有，说明自己能力不行，魅力不够，所以无论如何也要谈一次恋爱，这样的爱情是很危险的，草率的爱情很难成功，分手的可能性很大，付出的恐怕更多，迟开的花朵也许是最艳丽的。

3. 草率性爱

爱情固然是性与情感的统一，但是，过早的性爱并不会成为爱情走向美好的催化剂，有时还适得其反。

把好感误认为爱情，为解闷而谈恋爱等都是恋爱的误区。

（九）爱情的本质与爱情伦理

爱情有着丰富的内容，它通常由四个要素构成：一是性欲，这是爱情的生理基础和自然前提；二是情感，这是爱情的中心环节，表现为灵与肉融为一体的强烈感情；三是理想，这是爱情的社会基础，也是爱情的理性向导；四是义务，这是爱情的社会要求，表现为自觉的道德责任感。上述四要素相互联系，缺一不可，否则就是残缺的或被扭曲的爱情。

1. 爱情的本质

爱情的本质包括社会性、阶级性、民族性等。

1）社会性

如同人要生活在一定的社会群体中一样，没有人可以孤立地生活，不与外界社会交往。个人的爱情必须与社会融在一起，才能长久发展，否则，迟早会被人们遗弃。

男女之间的爱情交往要注意社会关系的影响。爱情看上去是两个人的事，实则远远不止两个人的事，它还关系到男女双方的家庭、亲属和朋友关系等。能否妥善地处理与对方的家人、朋友的关系，亦将影响到爱情相处顺利与否。人们常说，爱一个人，就要爱他的全部。所以，当你选择一个人作为你的终身伴侣时，也要选择他身上附带的责任，比如孝敬他的父母，爱护他的兄弟姐妹等。

2）阶级性

爱情在阶级社会具有阶级性，资产阶级把金钱视为爱情、婚姻的唯一纽带。贾府的焦大不会爱上林黛玉，阿Q也无法使女佣吴妈接受他的爱情。

3）民族性

不同民族的风俗习惯和价值观使各民族在婚恋表达方式上具有浓厚的民族色彩。如白族的三月街，择婚期。再如纳西族的婚俗，景颇族、彝族、黎族等的“公房”，侗族、苗族、瑶族的三月三的歌会和“行歌坐夜”等，这些都是其他民族无法模仿的。

2. 恋爱的道德要求

恋爱的道德要求：爱情专一，交往坦诚，表达和接受爱情要慎重，爱情行为要文明，择偶要看重内在的美，经得起失恋的考验，恋爱期间双方仍然有进行考察和选择的权利，任何人不能强迫对方服从自己。因此，在恋爱的过程中要正确地看待，尤其是处于二十来岁的青年，大多数还显得单纯和幼稚，情感和心理上还不完全成熟，对生活充满幻想，很容易陷入情网。恋爱中，人们首先要摆正自己的心态，树立自尊、自爱、自强、自重的意识，千万不要盲目地追求爱情，也不宜过急地追求爱情。

持久的爱情要有男女双方共同的生活理想作为基础。虽然责任可以使爱情在初始激情过后继续维持，但维持的双方都会感到很累，越来越身心疲惫，最后不免导致爱情终结。所以，美好的爱情需要两个人拥有或树立共同的生活理想，共同携手为之打拼，在相互扶持的日子里相互勉励、共同提高、相濡以沫，这样爱情才会越来越厚重，像酒一样越陈越香。真正的爱情不是两个人互相凝视，而是两个人共同注视一个方向。爱情的真正意义在于帮助对方提高的同时，也提高自己。

3. 正确的择偶标准

1）把“志同道合”放在首位

所谓的“志同道合”就是有共同的理想和奋斗目标，在事业上能够互相帮助。如果两个人的生活理想不一样，一个喜欢走南闯北，一个喜欢安居乐业，那就走不到一起。

2）注意个性和兴趣是否相同或者互补

男女双方在性格、兴趣、爱好等方面如果能够比较相近就会互相促进，有较多的共同语言。比如男的喜欢养狗，非养狗不可，女的看见狗就吓得半死，这就不行。如果双方的性格、兴趣、爱好虽然有差异，但能够互相补充、取长补短，两个人也能够有比较和谐的生活。相反，如果双方的性格、爱好不同，彼此又不能相互宽容和谅解，那么，两个人就比较容易发生矛盾，影响相互之间的感情，所以说选择伴侣不能不考虑彼此之间的性格、兴趣、爱好等因素。

3）坚持内在美与外在美的统一

外在美是指一个人的相貌、身高、风度等外在形象比较好。内在美是指一个人的思想品德、知识、才干等内在素质比较好。对于一个人来说，外在美是次要的，内在美才是主要的。《太平御览》里面记载了这样一个故事，有一个姓陶的人娶到一个美丽动人的妻子，他觉得非常满意，可是当他看到丈母娘以后，竟然莫名其妙地要求休妻，原来他见丈母娘很丑，又一看他妻子跟丈母娘长得很像，就害怕老婆老了以后，也会像丈母娘一样丑。可见“青春易老色易衰”是很有道理的。一个人年轻时虽然很美，但随着岁月的流逝，渐渐就衰老了，美貌也失去了。因此，外在美对于一个人来说是不稳定的因素。而一个人的道德品质、知识才干等素质是比较稳定的因素，所以说内在美是主要的，外在美是次要的。

另外，内在美对外在美还有补充的作用。因为内在美一旦被所爱者认识到，就会产生长久不衰的魅力，所以，一个人美与不美，其决定因素是内在美而不是外在美。

人们在选择对象时，追求美本来是很自然的事情。但是有些人单纯“以貌取人”，把外貌美作为择偶的第一标准。如有些女青年对男朋友的要求是“运动员的身材，外交家的风度”。有些男青年对女朋友的要求是“模特儿的身段，电影演员的容貌”。这种择偶标准颠倒了内在美与外在美的顺序。外在美固然有一定的观赏价值，但是如果一个人只有外在美，而没有内在美，“金玉其外，败絮其中”，那么与这样的人相处，不仅不能得到快乐，而且只会感到不幸。

4）选择对象不能以金钱作为主要标准

有一些年轻人把金钱作为选择对象的主要标准，比如傍大款、伴富婆。近几年涉外婚姻发展比较快，有一些女青年希望找到有钱的丈夫，在对对方缺乏充分了解的情况下就轻率地嫁到海外去。涉外婚姻从一定程度上反映了有些女青年存在爱情上的拜金主义倾向。并不是说恋爱婚姻不需要经济基础，但是如果仅仅考虑对方的钱多钱少，不把人品作为主要依据，那么就可能把爱情关系变成金钱关系。

因此，在选择对象时要注意个性和志趣的和谐互补，切不要以貌取人、以财取人、以权取人。如果以貌取人，必然色衰爱去；如果重财轻德，必然财竭情移；如果攀附权势，必然权失爱亡。因此，建立在外貌、钱财、权势基础上的爱情都是不牢固的。

4. 正确对待失恋

面对失恋，有的人不能自拔，有的人却可以奋发图强。大家都熟悉的一对科学家夫妇——居里和居里夫人，他们两个人在相识之前都经历过失恋的痛苦。皮埃尔·居里 20 岁时，失去了他挚爱的、童年就相识的女朋友，他发誓不再结婚，把精力投入事业中去。而居里夫人在她第一次失恋后也发誓不再谈恋爱，把所有的时间投入科学研究之中。后来，这两位科学巨匠走到了一起。

“因为误会而相爱，因为理解而分手。”恋爱是男女双方互相了解、培养并加深感情的过程。恋爱有成功的，也有不成功的。因为恋爱的双方是平等的、自愿的，所以其中一方不能对另一方施加强迫，一厢情愿是不行的。有一位哲人曾经说：“最热烈的是人的爱情，最痛苦的是人的心灵。”这句话可以说是对爱情的形象写照，俗话说：“爱得越深，痛得越烈。”失恋以后，内心的痛苦是可以理解的。一旦失恋，要做到失恋不失德，不能转爱为恨；失恋不失态，不能消极颓废；失恋不失学（业），不能贻误正常学习、生活和工作；失恋不失命，不能出现意外。

失恋后要克制感情，转移注意力。首先，失恋以后，要用理智来克制自己的感情，不要被痛苦冲昏了头脑。有的年轻人失恋以后一蹶不振，有个别人甚至失去了对生活的信心，产生轻生的念头；也有的年轻人内心不甘，继续纠缠对方，无理取闹；还有的年轻人心怀愤恨，伺机报复。这三种感情状态都是不明智的，只会给自己增加更大的痛苦，严重的还可能造成自我毁灭。正确的做法是先用理智去克制感情，使自己尽快冷静下来，然后再寻求解脱的办法。其次，失恋以后要设法尽快转移注意力,不要总是想着恋爱的事情,那样于事无补,只会徒增伤感。转移注意力的方法有很多,可以找亲近要好的朋友倾诉自己的遭遇,让朋友帮你一起分担忧愁;也可以到大自然中去活动活动,让青山绿水来洗涤忧伤。最好的方式是把注意力转移到学习和工作中去,那样可以把失恋的痛苦化作进取的动力。

失恋后要做到失恋不失德。有的年轻人失恋以后采取不道德的行为,或者死缠对方不放,或者要挟对方,甚至伤害对方。有的年轻人本来是受害者,可以获得同学、同事、朋友的同情和支持,但是他认为自己有理,就采取不道德的行为,结果反而变成自己没理,受到大家的指责。不能成为恋人,仍然可以是同学、同事,或者还可以做朋友,即使对方在某些问题上有对不住你的地方,只要不是大的原则问题,就应该宽容和谅解,友好地说一声"再见"。如果对方确定存在严重缺德的问题,就应该寻求公正的解决办法,而不应该用不道德的手段来对付对方的不道德手段,这样只会降低自己的人格。

失恋后要做到失恋不失志。为什么有一些年轻人失恋以后就精神崩溃,不能自拔?就是因为这些年轻人的生活目标太小,他们把目标定在爱情上,结果爱情破裂了,人就垮了。大学生中有一句这样的顺口溜:什么叫作"happy",就是要攒一点"money",要找一个漂亮的"lady",建立一个温馨的"family",然后生一个可爱的"baby"。这个顺口溜就是某些人的人生奋斗目标的写照。

二、婚姻的基础

婚姻是为一定的社会制度所确认的男女两性结合而成的夫妻关系,有广义、狭义之分。广义的婚姻泛指自群婚制出现以后的各种两性关系的社会形式,包括群婚制、对偶婚制、一夫一妻制等。狭义的婚姻仅指一夫一妻制的个体婚姻。婚姻,因结婚而产生,因夫妻一方死亡而消失,或因离婚而终止。

(一)婚姻的意义

一方面,婚姻的确定为人类满足自身性的需要提供了一种规范化模式;另一方面,婚姻是建立社会基本生活单位——家庭的需要,是繁衍后代、延续社会的需要,也是使两性关系规范化、维持正常社会秩序的需要。

(二)婚姻的性质

婚姻具有生物性和社会性。婚姻的生物性即婚姻的自然属性,指男女两性的生理差别和人类的性本能,这是婚姻赖以形成的自然条件。没有这一自然条件,婚姻就无从产生。但在人类社会中,并非具备了自然条件的两个男女都可任意结合成夫妻关系。要结合成夫妻,还必须具备婚姻赖以形成的社会条件,即一定的社会经济基础和上层建筑的确立以及与之相适应的婚姻制度,这就是婚姻的社会性。婚姻的社会性是婚姻的本质属性,集中表现为婚姻必须为一定的社会制度所确认。不同的社会对于婚姻有不同的解释。1949 年以前,人们认为婚姻是"合二姓之好,上以事宗庙,下以继后世",婚姻也多由家长包办。在现代资本主义国家,婚姻被认为是民事上的契约,婚姻的缔结和解除都适用于民法中有关契约的规定,调整婚姻家庭关系的法律规范均被列为民法的组成部分。与上述两种情况不同,社会主义国家认为婚姻是男女两性的法定结合,这种结合形成的夫妻关系既包括人身关系,又包括财产关系,但主要是人身关系。所以,调整婚姻关系的婚姻法成为一个独立的法律部分,不再附属于民法。

（三）婚姻的演变

婚姻是随着社会经济基础的变化而变化的，随着人类社会的变革，婚姻也发生了多次历史性变革。

1. 人类社会初期的两性关系

在人类社会初期，生产力异常低下，人类与自然做斗争的能力极低，只有群居才能生存。那时，同一群体的男女，在两性关系方面毫无限制，属关系混乱时期，既无婚姻也无家庭。

2. 群婚制

群婚制指一群男子与一群女子互为夫妻的婚姻形式，又称集团婚，存在于原始时代血缘家族公社时期至母系氏族社会前期，相当于考古学上的整个旧石器时代。随着人类社会的发展，男女之间混乱的性关系逐渐演变成各种群婚制的婚姻形式。

（1）血缘婚，指同辈分男女可以互为夫妻，不同辈分男女不许通婚。这是群婚制的低级阶段，是人类婚姻史上的第一个禁婚限制，人类从此开始了婚姻家庭时代。

（2）普那路亚婚，指排除兄弟姐妹两性间互为夫妻，而允许在血缘关系较近或无血缘关系的男女结合的集团婚，又称半血缘婚。这种由一家之内扩展到一家之外，由最近血缘移至较远血缘甚至没有血缘（族外）的婚姻关系是一大进步。限制兄弟姐妹间通婚，完全合乎优生原理。因而，凡是普那路亚的部落，必然得到迅速发展。这是人类婚姻史上的第二个进步，由此引起了氏族的产生。

3. 对偶婚

对偶婚是成对男女在或长或短的时期内过着相对稳定的夫妻生活的婚姻形式，即一个男子在许多妻子中有一个主妻，一个女子在许多丈夫中有一个主夫。这种婚姻存在于原始时代母系氏族社会中、晚期，是从群婚向个体婚过渡的婚姻形式。

4. 个体婚

个体婚，即一夫一妻制婚姻，又称单偶婚，产生于原始时代末期。一夫一妻制的产生，并非自然选择规律的作用所致，也不是男女性爱的结果，而是以经济条件为基础的。原始社会末期，随着生产力的发展，在劳动分工中，男子由于身体上的优势，成为财富的主要创造者和财产的主要占有者，在经济生活中日益占有重要地位，逐渐导致母权制的解体和父权制的确立，要求财产按男系继承。

个体婚相对群婚和对偶婚来说，无疑是巨大的历史进步。但男子的幸福和发展是通过女子的痛苦和压抑实现的，因此，个体婚又是相对的退步。个体婚至今已有数千年历史，经历了奴隶社会、封建社会、资本主义社会和社会主义社会四个历史时期，已发生了巨大的变化。封建社会与奴隶社会的婚姻相比，两者在本质上是一致的，只是在男子对女子的统治压迫方面稍有放松。资本主义社会的婚姻与封建社会相比，最显著的改变是女子的人格有了一定自由。例如，不再被束缚在家庭里，婚姻不再完全被父母强迫包办，本人也可以自行决定。社会主义社会的婚姻由其经济、政治、法律和道德所决定，具有以爱情为基础、婚姻自由、男女平等、一夫一妻、保护妇女合法权益等基本特征，其优越性是一切旧婚姻关系不可比拟的。中国正处于社会主义初级阶段，婚姻中不可避免地存在着残余的旧制度和旧思想，新型的婚姻关系需要有一个形成和不断完善的过程。

（四）婚姻的基础

对婚姻成立、婚姻关系存废起决定作用的因素即为婚姻基础。

1. 婚姻基础是整个婚姻赖以形成和存废的依据

婚姻基础是整个婚姻赖以形成和存废的依据，包括结婚、离婚、夫妻关系存续在内的统一基础，不能仅理解为择偶的条件和因素。

2. 婚姻基础以社会为本位

婚姻基础是以社会为本位的，而不是以个人为本位的，因此，一个社会的婚姻基础是统一的。

3. 婚姻基础必须与该社会的经济基础和上层建筑相适应

一个社会的婚姻基础必须与该社会的经济基础和上层建筑相适应，由统治阶级根据该社会的要求来确定，每一个公民不可以自由选定，个人的婚姻必须与社会的要求相适应才能成立。

4. 不同社会的婚姻基础各不相同

不同社会的婚姻基础各不相同，不可能有一个适用于任何社会形态的统一的婚姻基础。在原始社会里，性的本能需求这一生物学因素是婚姻的基础；在奴隶社会和封建社会，家庭利益和需要是婚姻的基础；在资本主义社会，个人享乐和经济利益是婚姻的基础；在社会主义社会，男女双方的爱情是婚姻的基础。

人们建立婚姻关系是为了满足某些需要，婚姻需要不是单一的生理需要，还有丰富的社会内容。在不同的社会历史条件下，作为婚姻基础的需要及其主要成分是不同的。婚姻的基础表现为婚姻的自然性与社会性两个内在必然性。婚姻的自然性导致人们把相貌、身体、年龄等作为择偶的标准。婚姻的社会性导致人们把经济、政治、道德、文化或宗教等作为择偶的标准。这就是说，人们择偶的标准是多方面的，并且双方试图在每一个标准上都贯彻等同性原则。

在现代婚姻中，爱情因素正在变得越来越举足轻重，但我们仍然不能一概而论地把现代婚姻的基础说成是“爱情第一，经济第二”。现实社会条件的客观限制，使得现代婚姻还无法完全摆脱经济因素。资本主义社会讲究婚姻的门当户对，今天的中国，受社会经济因素以及一些不健康的社会价值观的影响，婚姻中的“门当户对”、金钱至上、拜金主义也日益突出。这是导致我国目前婚姻家庭关系不稳定的一个重要原因，应当引起社会的高度重视。

三、婚姻的动机

（一）婚姻动机的内在表现

一个人结婚的原因归结起来有以下几个方面：满足性欲的要求；性的专一性的要求；生育子女的要求；物质生活的要求；精神生活的需要。人要沟通思想、交流感情，才能生活得愉快，孤独和寂寞是最大的精神痛苦，所以人要结伴生活。当然，同学、同事、朋友、邻居都是伙伴，可以和这些人交流思想，消除寂寞。但是这些社会关系远没有家庭关系那样密切，人的思想感情在这些人中间不能得到充分的表达，而且有些感情——如父子之情、夫妻之爱是有特定的表达对象的，因此人们为了满足精神生活的需要，要结婚、生育，建立家庭，享受天伦之乐。“家”在人们的心目中是一个非常亲切的字眼，不结婚无以为家，所以人要结婚。此外，结婚也是社会习俗、道德和法律的要求，即社会要求。这种要求是对以上五种个人要求的社会认可。

(二)婚姻动机的外在表现

婚姻动机是主观的,但它不是凭空产生的,而是深藏于经济事实之中。我们的国家还处在社会主义初级阶段,表现在婚姻问题上就形成了不同的婚姻动机,在此可以归结为以下五种类型。

(1)爱情型:指建立在志同道合基础上的爱情婚姻。

(2)综合型:指男女双方缔结婚姻时,考虑对方的人品、性格、志趣、文化水平、前途等。与此同时,也考虑家庭的经济状况。

(3)常规型:指把男大当婚、女大当嫁、养儿育女、传宗接代看作人之常规。

(4)实惠型:把结婚当作达到自己某种目的的手段,如物质享受、拥有城市户口、解决住房问题、海外求学等。

(5)生理型:单纯为满足生理需要而结婚。

四、婚姻的过程

目前我国青年的婚姻一般经历四个阶段:择偶—恋爱—缔结婚约—建立家庭。婚姻过程,从广义上讲,包括择偶、嫁娶、失偶或离婚的全部过程。从狭义上讲,婚姻过程是指从择偶到嫁娶的过程,可以归纳为以下三种形式:求婚—订婚—结婚;求婚—订婚—恋爱—结婚;恋爱—结婚。

第一种形式是传统社会里典型的婚姻过程。这种父母包办婚姻的过程一般是先由男方的家长提出婚姻要求,或者由介绍人说合,经双方家长同意后,由男方家长向女方送去聘礼或聘金,女方接受了聘礼,即为订婚,称双方为未婚夫妇。订婚以后要经过几年、十几年再行嫁娶,也就是举行结婚仪式。在嫁娶前男女双方是互不相识的。嫁娶是由男方提供交通工具将新娘接到新郎家中,举行结婚仪式,宴请亲友。

第二种形式与第一种形式不同,在订婚之后,男女双方有一个互相了解的恋爱过程。这是一种改良式的婚姻过程,因为它保留了旧的婚姻过程中的求婚、订婚的程序。恋爱是在订婚之后,而不是在订婚之前,但是在结婚之前男女双方见面,婚姻经本人同意,婚前有恋爱过程。这种形式在今天更多地流行于我国的农村地区。

第三种形式是现代社会普遍实行的一种婚姻形式,即青年男女自由恋爱,经过一段时间的了解与感情培养之后,履行结婚登记手续,举行结婚仪式,正式宣告结为夫妻。

五、婚姻质量

婚姻存在着一个质量问题。婚姻质量的本质要求青年男女以真挚坦诚的爱情为基础,缔结和维系婚姻关系,从而实现彼此的幸福、美满、和谐和共鸣。因此,爱情作为婚姻的发端和纽带,其质量决定婚姻的质量,同时,爱情质量的高低也就成了衡量婚姻质量高低的依据。婚姻质量的高低可以从三个维度加以考查。

第一种维度是夫妻间婚姻生活的各种客观状况,包括夫妻共同社会生活状况和私生活状况,如夫妻经济收入、消费水平、闲暇生活、冲突状况、两性生活等内容。具体可从两个方面进行考查:一是数量的描述,比如收入多少、支出多少等;二是夫妻合作情况的描述,比如共同旅游、外出、休闲的情况。当这两方面的情况呈现度比较高时,夫妻的生活质量相对就比较高。

第二种维度是夫妻关系确定和维系的原因,比如结婚的动机、双方家庭背景的差异性、夫妻拥有子女的状况、夫妻健康状况。从婚姻的动机角度而言,因爱情而结婚的夫妻婚姻质量高于因其他物质条件而结婚的夫妻;从子女的角度而言,有子女的夫妻婚姻质量一般高于无子女的夫妻;从家庭背景角度而言,家庭背景差异大的夫妻婚姻质量低于差异小的夫妻。

第三种维度是夫妻双方对婚姻关系的满意度和理解度。这里所说的满意度是指夫妻双方对婚姻的期望值,理解度是指夫妻双方对自己婚姻现实合理性的认识和服从性。满意度越高,婚姻质量越高;理解度越高,则婚姻的稳定性越强,也可以理解为婚姻质量更高。

以上三种维度中,第三种维度是最重要的。婚姻是两个具有独立人格、独立意识的主体互动而成的,婚姻的社会意义就体现在婚姻主体对婚姻的认识上。当婚姻主体对自己的婚姻本身不满意时,即使客观物质条件再好,对婚姻当事人而言,婚姻的价值也是很小的;当婚姻主体对自己的婚姻非常满意时,即使客观物质条件再差,对婚姻当事人而言,婚姻的价值也是非常大的。因此,主观维度是考查婚姻质量最核心的维度。

六、婚姻关系

(一)婚姻的成立

广义上,婚姻的成立包括订婚和结婚,订婚是婚姻成立的必要程序;狭义上,婚姻的成立仅指结婚。现代各国对婚姻的成立一般规定了各种条件。这些条件可概括为两类:一为实质要件,二为形式要件。

《中华人民共和国婚姻法》(以下简称《婚姻法》)和《婚姻登记条例》规定了结婚的条件(实质要件)和结婚的程序(形式要件)。违反结婚条件和程序的男女两性的结合是非法的,法律不予承认和保护。

(二)婚姻的终止

婚姻的终止是指合法有效的婚姻关系因发生一定的法律事实而归于消亡。婚姻一经终止,夫妻间的权利和义务及有关约束立即消除。婚姻终止有以下两种情况。

1. 配偶死亡

配偶死亡分为自然死亡和宣告死亡。配偶一方下落不明满四年或因意外事故下落不明满二年,可由利害关系人向法院申请宣告死亡,宣告死亡可因失踪人重新出现而撤销。

2. 离婚

离婚是指夫妻双方通过协议或诉讼的方式解除婚姻关系,终止夫妻间权利和义务的法律行为。

七、结婚纪念日

每一个民族都很重视结婚,认为结婚是人生中极为重要的一件事。许多民族在结婚纪念日往往要举行名目繁多的结婚纪念活动。结婚周年一般有以下的称呼。

一年:纸婚

二年:布婚

三年:皮婚

四年:丝婚/绢婚

五年:木婚

六年:铁婚

七年:铜婚/毛婚

八年:电婚/青铜婚

九年:陶婚

十年:锡婚

十五年:水晶婚

二十年:瓷婚

二十五年:银婚

三十年:珍珠婚

三十五年:珊瑚婚/翡翠婚

四十年:红宝石婚

四十五年:蓝宝石婚

五十年:金婚

五十五年:翠玉婚/绿宝石婚

六十年:钻石婚

七十年:白金婚

八、血缘关系

血缘关系是人类因生育而自然形成的关系,包括直系血亲和旁系血亲。

(一)直系血亲

直系血亲指有直接血缘关系的亲属,包括生育自己的和自己生育的上下各代亲属。长辈直系血亲又称直系血亲尊亲属,晚辈直系血亲又称直系血亲卑亲属。我国的血缘关系的亲疏远近用代数来计算,一代就是一辈。从自己往上数至父母为两代,至祖父母、外祖父母为三代。从自己往下数至子女为两代,至孙子女、外孙子女为三代。拟制直系血亲是指通过法定程序使本无直系血亲关系的人之间发生直系血亲关系,享有与自然血亲同等地位的亲属。

(二)旁系血亲

旁系血亲指有间接血缘关系的亲属,也分自然形成的旁系血亲和拟制旁系血亲。自然旁系血亲指因出生自然形成的有间接血缘关系的亲属,即同出一源的血亲,包括同源于父母的兄弟姐妹,同源于祖父母的伯叔姑、侄子女、堂兄弟姐妹,同源于外祖父母的舅姨、甥子女、表兄弟姐妹。

旁系血亲代数计算方法同直系血亲代数计算方法。计算(表)兄弟、(表)姐妹是三代以外还是三代以内旁系血亲:可以从自己和表兄弟姐妹上数到同源的祖父母、外祖父母,从自己和表兄弟姐妹算起为一代,到父母、叔伯姑和舅姨为两代,到祖父母、外祖父母为三代。

九、姻亲关系

姻亲关系指除配偶外因婚姻关系而产生的亲属关系,包括血亲的配偶,如子女、伯叔姑舅姨、兄弟姐妹的配偶;配偶的血亲,如夫或妻的父母、夫或妻的祖父母、夫或妻的兄弟姐妹及其子女;配偶的血亲的配偶,如妻子的兄弟的妻子、妻子的姐妹的丈夫等。

第2节　婚姻家庭关系

一、家庭的本质

家庭的本质是什么？家庭从本质上讲是婚姻关系、血缘关系，从形式上则表现为一种社会生活的团体和组织。家庭的性质是由社会的生产方式性质决定的，有什么样的生产方式，就有与其相适应的家庭。因此，我们可以把家庭理解为是一种社会组织，是建立在一定的生产方式基础上的，以婚姻关系、血缘关系为纽带的社会生活的组织形式。

家庭的性质还可以从其自然属性和社会属性中表现出来，其中起主导作用的是社会属性。尤其是在科学技术高度发展的现代社会里，家庭自古以来的生儿育女的自然属性更加退居次要地位，甚至出现可能消亡的趋势。

二、家庭的特征

家庭是由生产方式决定的、以婚姻关系和血缘关系为基础的社会组织形式，因此它具有以下几个特征。

(1)家庭是一种最普遍的社会生活组织。从古至今，世界各国各地都存在着不同形式、不同性质的家庭，并且家庭都是社会生活的基层组织。

(2)家庭是一个人生活时间最长久的社会组织。人的一生中，绝大部分时间是在家庭中度过的，人与其他任何社会组织的关系，都不会这样长久。

(3)家庭可以满足个人多方面的需要。生理的、心理的、精神的各种需要，都可以在家庭里面得到满足。这是其他社会组织所不具备的。

(4)家庭是一个最亲密的社会团体。家庭关系，包括夫妻关系、亲子关系、兄弟姐妹关系，情同骨肉，不可分离，这是任何其他社会关系无法比拟的。

(5)家庭成员之间的权利和义务持久且稳定。个人对家庭的责任心和忠心，要比对其他社会组织的责任心和忠心更加强烈和自觉。

(6)家庭成员间的互动和履行家庭义务带有强烈的感情色彩。而且这种互动和义务的履行受道德的制约胜于法律，所以一般表现为自觉的行动，无须监督。

(7)家庭是一个世代更替的社会组织。每一个家庭的存在都是暂时的，最长不过几十年，然后就被下一代家庭所代替。

三、家庭的功能

家庭功能亦称家庭职能，是指家庭在人类生活和社会发展方面所起的作用。其内容受社会性质的制约，不同的社会形态产生不同的家庭职能，有些职能是共同的，是任何社会都具有的，有些职能则是派生的。中国的家庭功能基本上分为生产功能、消费功能、教育功能、满足精神需要的功能、扶养和赡养功能等。

(一)生产功能

在自给自足的自然经济时代，财产归家庭所有，因此家庭也是生产单位，家庭既生产供自己家庭成员消费的生活资料，同时还生产与别的家庭交换的产品，家庭的生产功能表现尤其明显。在现代社会的生产社会化背景之下，家庭的生产功能大大弱化，有些功能甚至消失。但是从总体上看，无论在实际生活中，还是在法律规定上，家庭的生产功能并没有完全取消，如一些家庭经营的商店、餐馆、作坊、小农场等,这些家庭仍然是一个生产单位。即使在转型期的我国社会家庭功能普遍外移的情况下,家庭的生产功能也并没有完全消亡,城乡大量独立经营的个体劳动者家庭仍然可以说是一个生产单位。

(二)消费功能

消费功能是指人们为了生存和发展,通过吃饭穿衣、文化娱乐等活动,对资料和服务进行消费。家庭消费的作用使家庭成员的需要得到了满足,从而生产出了人的体力和智力,并为社会生产出了劳动力。

(三)教育功能

家庭一直是人的教育,特别是幼儿教育的基本场所。现代社会的教育任务虽然主要由学校承担,但家庭仍然是教育下一代的重要阵地。因为首先人的社会化最初的阶段,就是在家庭中进行的。其次,家长与学校密切配合进行教育,可以使儿童、青少年教育更加有效。最后,家庭的教育功能也是法律规定的家庭义务之一,我国《婚姻法》明确规定:"父母对子女有抚养教育的义务。"

(四)满足精神需要

在现代社会,越来越多的文化娱乐设施已经社会化,但这并不能代替家庭作为个人的休息和娱乐场所的功能。在竞争激烈、矛盾冲突尖锐的现代社会,越来越多的人把家庭作为恢复体力、调节情绪、舒缓压力、放松心情的港湾,视其为精神的家园。家庭满足精神需要的功能是很明显的。

另外,家庭还有抚育、赡养功能以及满足性生活的功能。

四、家庭的类型

社会学把家庭视为人的初级群体和社会生活的基本单位,研究家庭在总体中的结构和功能。基于此,可从家庭结构和规模的角度把家庭划分为四种类型,即核心家庭、扩展家庭、联合家庭和特殊形式家庭。

(一)核心家庭

核心家庭是指家庭只有一个核心,即夫妻关系。凡是由一对夫妻及未成年的或未婚的子女组成的家庭,都是核心家庭。这种家庭只有一对配偶,一代人或两代人。家庭中只有夫妻关系和父母子女关系,结构简单,规模不大。一切权力集中在夫妻手中,没有其他成员能够与之抗衡。

(二)扩展家庭

扩展家庭又称为亲族家庭。扩展家庭是在核心家庭的基础上演化而来的直系双偶家庭,或鳏夫或寡妇与其已婚子女组成的家庭,或一对配偶与其未婚兄弟姐妹组成的家庭。扩展家庭可以粗略地分为以下三种形式。

第一种形式为直系双偶家庭,它是扩展家庭的典型形式,即父母和一个已婚子女同居的家庭,它包括两对配偶,两代或三代人。家庭的权力仍然掌握在父母手中,第一代人仍然是家庭的核心,但已婚子女也参与家庭的管理,分享一部分权力,并且有直接管教其子女的权力,家庭中的孙子女要听命于其父母,于是,这种家庭出现了第二层次的中心,因此叫扩展家庭。

第二种形式是由鳏夫或寡妇与其已婚的子女组成的家庭,鳏夫与寡妇已经丧失主管家庭的权力，家庭的权力中心已经转移到第二代人手中，家庭中唯一的一对配偶成为家庭的核心，但是他们的父母在一定程度上可以参与管理家庭的事务。

第三种形式是已婚的兄弟或姐妹及其子女与未婚的兄弟或姐妹组成的家庭。这种家庭也只有一对配偶，且这对配偶是家庭的核心，但在他们的同辈中出现了具有旁系血亲关系的兄弟姐妹，使这个核心受到一定的牵制。

扩展家庭也可以视为扩大的核心家庭。扩展家庭与核心家庭的区别在于这种家庭的结构比核心家庭复杂，它不仅包括夫妻关系、父母子女的关系，还包括祖孙关系、婆媳关系、兄弟姐妹关系、叔嫂或姑嫂关系等。核心家庭包括一代或两代人，不会超过三代人，而扩大的核心家庭至少包括两代人，一般的包括三代人。扩展家庭的家庭人口一般比核心家庭多。扩展家庭与联合家庭的区别在于核心家庭只有一个核心，至多包括一个次中心，不像联合家庭那样有多对配偶，形成多个次中心。而且扩展家庭虽然包括两代或三代人，但人数不多，家庭规模不大，所以算不上大家庭。

（三）联合家庭

联合家庭是一种大家庭，是由父母和几个已婚子女甚至包括已婚的孙子女组成的家庭，是一种多代多偶家庭。这种家庭的主要权力集中在第一代或第二代人的一对配偶中，但是每一对配偶都是一个次级的活动中心，都享有一定的权力，所以是一种联合家庭。从家庭生活这个角度看，它是不牢固的，一旦丧失维系它的经济基础，这种家庭就会解体。

以上三种形式，即核心家庭、扩展家庭和联合家庭，是家庭的基本类型。

（四）特殊形式的家庭

特殊形式的家庭可以分为三种情况。一是只有一对老年夫妇组成的家庭，即所谓空巢家庭，子女已经结婚，另外组成家庭，家中只剩下老年的夫妇。这种家庭虽然也属于核心家庭，但其功能和存在的问题与一般核心家庭是不一样的。这种家庭在我国人口老龄化趋势越来越明显的背景下，不断增多，其带来的社会问题非常突出，应给予高度关注。二是失偶又无子女的孤老户。三是祖父母与未成年孙子女同居的家庭。这些都是一些特殊类型的家庭，这类家庭困难很多，是社会福利工作针对的重要对象，也是家庭社会学和老年学需要着重加以研究的内容。

五、家庭伦理道德

家庭伦理道德和法律法规相互作用，调节家庭关系、婚姻关系。家庭伦理道德包括以下内容。

（一）恋爱道德

恋爱作为一种社会关系，不仅牵涉到人们的经济利益、政治法权、宗教信仰，而且与传统习俗、社会舆论相关联。恋爱道德就是处理恋爱关系的准则，是调整恋爱当事人之间，恋爱当事人与他人、与社会之间关系的行为准则。

传统社会的恋爱道德更多地表现为一种对妇女的道德压迫，其基本原则包括“男女有别”“男女授受不亲”“禁欲主义”等，现代社会的恋爱道德主要表现为“男女平等”“个性解放”“恋爱自由”等。

（二）婚姻道德

婚姻道德是一种调整婚姻关系的行为准则。婚姻道德在不同的社会形态下各具特点。但总体而言，传统社会中的婚姻道德伦理主要围绕门第等级、家长特权、男尊女卑等展开。现代社会，随着个人意识的变化和觉醒，婚姻关系也发生了众多的变化，婚姻自由、男女平等、爱情与婚姻统一成为新的婚姻道德要求。

（三）家庭道德

传统社会的家庭道德主要表现为男尊女卑、父为子纲、夫为妻纲、女子三从四德、女子节烈等，体现了统治与服从的不平等的家庭关系。这些都逐渐被平等、民主、和谐、妇敬夫爱的新婚姻道德所替代。新婚姻道德主要表现为以下几个方面：婚姻必须以爱情为基础；夫妻双方忠实于有爱情的合法的婚姻；夫妻在家庭中权利与义务平等；尊重和保障老人和儿童的合法权益等。

六、现代社会的家庭问题

（一）现代家庭问题

家庭问题是一个社会问题。广义的家庭问题，指一切阻碍与破坏家庭功能正常发挥的现象。目前，我国广义的家庭问题主要有以下五种：生育控制、家务劳动、家庭教育、老人晚年生活、离婚。研究与解决这些家庭问题，对于建立美满幸福的家庭和文明和谐的社会，具有重要的现实意义。狭义的家庭问题，是指某些家庭的解体，即离婚。现代社会中的离婚现象越来越普遍，人们对于离婚问题的关心程度与意见分歧都超过了任何其他家庭问题。

（二）家庭的解体

当代社会，解除家庭关系的方式主要有五种。第一种是迁移型家庭解体，就是指核心家庭成员因各种原因迁离现有居住地，脱离家庭，使家庭解体。第二种是分家型家庭解体，是指由多个核心成员组成的家庭因核心成员或核心成员与其配偶离开原有家庭，另建新家的解体方式。它是家庭解体的最常见方式。第三种是离异型家庭解体，就是指处于核心成员地位的配偶离异而导致的家庭解体。它是家庭解体的最主要的形式，具体又表现为离婚与分居两种方式。第四种是死亡型家庭解体，就是指核心家庭成员正常或不正常死亡而导致的家庭解体。第五种是强制型家庭解体，就是指家庭中核心成员被社会机构以强制方式从家庭中分离出去而导致的家庭解体。

（三）离婚

1. 离婚的本质

婚姻是男女生物性与社会性的双重结合，因而婚姻本身是一种结合。但在现实生活中，有些婚姻不能长久地保持双重结合的属性而逐渐失去存在的依据，这表明婚姻已经破裂了。婚姻与家庭破裂的表现形式就是离婚。离婚是对已经死亡了的婚姻关系的确认，婚姻死亡是离婚的依据与本质。我国《婚姻法》明确规定“男女双方自愿离婚的，准予离婚”；“人民法院审理离婚案件，应当进行调解；如感情确已破裂，调解无效，应准予离婚”。我们反对轻率的、任意的离婚，然而并不一概反对离婚。离婚也是婚姻自由的一种表现，《婚姻法》所规定的婚姻自由，既包括结婚自由，也包括离婚自由。

传统社会，离婚只是家长与丈夫的权利，而妇女几乎没有离婚的自由。现代社会，离婚已经成为婚姻当事人共同拥有的一种自由了。

2. 离婚的原因

离婚是社会允许的结束婚姻关系的一种社会行为。一般说来，导致离婚的原因有以下几个。

（1）性别歧视。性别歧视是指夫妻关系中，一方因为另一方的性别而产生歧视，通常是作为男性的丈夫歧视作为女性的妻子。这种歧视表现在生活的多个方面，比如认为家务劳动是妻子应尽的义务；生育是妻子天经地义的职责；生男生女责任在妻子等。长期的性别歧视是对女方的一种严重伤害，最终将导致夫妻感情破裂。

（2）性格冲突。夫妻之间的性格冲突本身是无法避免的，只要调适得当，性格冲突就会化解，但如果夫妻双方都没有能力和机会来化解冲突，任其发展，就会导致冲突无法调和，最终影响夫妻关系。

（3）生理障碍。夫妻之间长期无法进行正常的性生活，导致夫妻感情减弱甚至冷漠，最终导致离婚。

（4）情感转移。夫妻中的一方移情别恋，导致婚姻关系解体。当夫妻中一方的感情转移时，夫妻的关系变得非常脆弱，当情感转移非常强烈和明显后，婚姻关系的解体就是必然的了。

（5）家庭关系和家庭经济纠纷的压力。这种情况通常出现在大家庭中。在这种家庭里，家庭关系非常复杂，夫妻双方往往处于各种家庭关系冲突的中心，需要同时扮演多种角色，承受巨大的心理压力，当夫妻中的一方为了维系家庭中其他重要的人际关系而忽略或放弃夫妻关系时，家庭关系纷争就成为导致婚姻解体的一个重要原因。另外在这种家庭中，经济收入不平等、经济支出不对等等因素所导致的经济纠纷也是影响夫妻关系，导致夫妻关系破裂的原因之一。在社会转型期，社会成员经济收入差距越来越大的情况下，这一点表现得更加突出。

（6）社会强制性压力。夫妻中的一方因为自身犯罪等行为受到社会惩罚，就会导致另一方在生活上、精神上、舆论上受到强烈的压力，当这种压力无法疏解时就会导致婚姻关系的解体。

3. 离婚的特点

离婚率上升是现代社会离婚现象的一个重要特点。从我国的情况看，根据调查，2016 年离婚率为 3‰，到 2017 年，离婚率为 3.2‰，比 2016 年增加 0.2 个千分点。依法办理离婚手续的共有 437.4 万对，比上年增长 5.2%，其中民政部门登记离婚 370.4 万对，法院判决、调解离婚 66.9 万对。

离婚者婚姻平均保持时间趋短、平均年龄趋小，是现代社会离婚现象的另一个特点。美国全国卫生统计中心的调查表明，在美国，三分之一的婚姻在 10 年内就会破裂。新娘年龄在 18 岁以下的婚姻，有将近一半在婚后 10 年内以分居或离婚告终。

主动提出离婚的妇女增多，是现代社会离婚现象的又一特点。离婚案中的原告，过去以男方为多，现在却以女方为多。这是东西方社会的共同现象。这种现象表明夫妇双方已经在婚姻上处于相对过去更加平等的社会地位，离婚已不再只是男子的特权，女子同样也享有离婚的自由。

“过错离婚”比率下降、“协议离婚”比率上升，是现代社会离婚的第四个特点。由于夫妻双方中男女任一方有过错，比如虐待、不忠、不轨，另一方又不能容忍而最终离婚，叫作“过错离婚”。只要夫妇双方同意离婚就离婚，就是所谓的“协议离婚”。“协议离婚”的正面效应是为人们解除没有感情的婚姻提供更多的自由，其负面效应就是为个别朝三暮四、玩弄异性的婚姻打开了方便之门。

4. 离婚的后果

离婚所带来的社会问题，主要表现在以下几个方面。第一，对婚姻当事人而言，离婚是对彼此的一种情感伤害。第二，对当事人中缺少独立生活能力的人而言，离婚使他们的生活雪上加霜。第三，对于女性尤其是年龄比较大的女性而言，离婚使她们丧失了在婚姻市场中的选择机会和被选择机会，甚至失去重建家庭的机会。第四，对于经过热恋而结婚的夫妻来说，离婚使他们失去对爱情的信念，失去对生活的热情和信心。

对离婚当事人的子女而言，离婚导致正常家庭解体，进而导致大量青少年失去正常家庭生活，给青少年教育带来严峻的挑战。另外，离婚导致单亲家庭增多，使之面临生活贫困和感情空缺的双重困境，进而带来社会救助方面的很多问题。

5. 离婚的方式

离婚可以采取两种方式：一是双方自愿解除婚姻关系的方式；另一种是经当地法院判决解除婚姻关系的方式。

七、婚姻家庭管理

（一）家庭经济管理

1. 家庭消费

家庭消费是指家庭对各种物质产品、精神产品和服务的实际消耗，它是家庭存在和发展的必要前提。家庭消费的基础是家庭经济收入，只有有了稳定的经济收入，家庭消费才有了基础，因为家庭的消费行为要受到家庭经济支付能力的限制，它首先必须满足家庭的生存需要，然后才能进一步满足家庭享受和发展的需要。

2. 家庭经济的组合方式

家庭结构包括家庭成员的收入结构、家庭消费结构和家庭经济的组合方式。家庭成员的收入结构是指家庭经济的来源构成；家庭消费结构包括消费方式、消费的构成比例、家庭成员的消费份额等。家庭所选择的统筹收入、安排支出的具体方式便是家庭经济的组合方式。现实中，家庭经济有以下四种组合方式。

（1）收入合一、支出统管，就是把家庭成员的收入合在一起，由指定的人统一管理、安排支出。

（2）收入合一、支出协商，就是家庭成员将所有收入合在一起，协商安排家庭支出。

（3）收入独立、支出协商，就是指家庭成员的收入由自己管理，每个人按一定的期限缴纳一定数额的家庭生活费，其余收入各人自理。

（4）收入独立、支出独揽，就是家庭成员独立保管自己的收入，但家庭生活开支则完全由一个人独立承担，其他人的收入不用于家庭共同开支。

以上几种方式，各有其合理性。总的原则是量入为出，实现收支平衡、民主管理、平等互谅。

(二)家务劳动管理

首先是家庭成员要各尽所能,扬长避短,合理分担,互相理解。其次是要随着家庭经济水平的提高,尽可能减轻家务劳动强度,提高家务劳动效率,改善家务劳动条件的设施和设备。最后是要提高家务劳动社会化的程度,通过引入社会化的家政服务等替代家务劳动,减少人们在家务劳动中所消耗的精力和时间,增加闲暇时间,提高生活质量。

(三)家庭闲暇生活管理

1. 闲暇生活管理的意义

闲暇生活是现代家庭生活的一个重要组成部分。闲暇时间是指人们在劳动时间之外,除去满足生理需要和家务劳动等生活必要时间支出之后,个人可以自由支配的剩余时间。通过闲暇生活,家庭成员可以放松心情、调节感情、完善个性,实现自我发展。因此,闲暇生活如何管理是家庭精神文明建设的重要内容,是反映家庭生活水平质量的重要指标。

2. 闲暇生活的功能

闲暇生活的主要功能表现在以下几个方面:满足休息、娱乐、享受的需要,解除工作疲劳,调节身心;发展个性,增长知识,陶冶家庭成员情操,启迪智慧,培养情趣;营造良好的家庭氛围,协调家庭人际关系。

3. 闲暇生活的形式

闲暇生活的形式多种多样,具体有以下几种类型。

体育活动型:家庭成员参加各种各样的体育锻炼,包括各种球类活动、田径活动以及其他拳操类活动。

艺术活动型:家庭成员参加各种各样的艺术活动,包括听音乐,看电视、电影,参加琴棋书画等活动。

旅游活动型:家庭成员参加旅游活动,包括短线旅游或远途旅游,国内旅游或出境旅游等。

消闲购物型:家庭成员以逛街购物的方式度过闲暇时间,这种闲暇方式主要被年轻人尤其是女性采用。

睡眠休闲型:家庭成员以休息睡眠的方式度过闲暇时间,这种闲暇方式主要被一些双职工或工作压力特别大的白领采用。

4. 闲暇生活的安排原则

闲暇生活的形式是多种多样的,而每一个家庭成员的个性是千差万别的,那么家庭成员在选择闲暇生活方式时发生分歧,应如何合理安排呢?

首先尽可能协调一致。家庭成员选择相同的闲暇方式,既有利于调节关系,加深感情,也便于统一开支,节省费用。其次,张扬个性,相对独立。在闲暇方式发生分歧难以协调一致时,允许家庭成员保留个性,相对独立,自主休闲。最后,个人闲暇方式必须符合家庭道德伦理规范的要求。家庭是一个整体,当家庭成员的个体闲暇方式与家庭其他成员的闲暇方式发生冲突时,家庭成员应从家庭整体出发来考虑个人的闲暇方式,尽可能求同存异。而且个人的闲暇方式不能妨碍他人的闲暇目标,不能给家庭整体带来不利或消极的影响,造成家庭的不和谐和不稳定。

（四）家庭生育管理

家庭生育管理是指各个家庭根据自己的经济状况、健康状况和生育意愿而有意识地安排生育数量和生育间隔。家庭生育安排必须符合以下两个原则：第一，符合国家基本国策；第二，符合夫妻共同意愿。

八、非婚生子女、继子女、养子女

（一）非婚生子女

非婚生子女是指没有婚姻关系的男女所生子女，俗称私生子。《婚姻法》第 25 条："非婚生子女享有与婚生子女同等的权利，任何人不得加以危害和歧视。不直接抚养非婚生子女的生父或生母，应当负担子女的生活费和教育费，直至子女能独立生活为止。"

（二）继子女

妻与前夫所生的子女是后夫的继子女，夫与前妻所生的子女是后妻的继子女。

《婚姻法》第 27 条："继父母与继子女间，不得虐待或歧视。继父或继母和受其抚养教育的继子女间的权利和义务，适用本法对父母子女关系的有关规定。"

（三）养子女

养父母和养子女是一种收养关系。《婚姻法》第 26 条："国家保护合法的收养关系。养父母和养子女间的权利和义务，适用本法对父母子女关系的有关规定。养子女和生父母间的权利和义务，因收养关系的成立而消除。"

九、父母子女关系

（一）父母对子女的抚养教育义务

《婚姻法》第 21 条规定："父母对子女有抚养教育的义务；子女对父母有赡养扶助的义务。父母不履行抚养义务时，未成年的或不能独立生活的子女，有要求父母付给抚养费的权利。子女不履行赡养义务时，无劳动能力的或生活困难的父母，有要求子女付给赡养费的权利。"父母对未成年子女的抚养责任是无条件的，任何时候都不能免除。即使离婚，这种义务仍然存在，直到子女独立生活为止。

父母对子女除了抚养义务，还负有教育的责任。《婚姻法》第 23 条规定："父母有保护和教育未成年子女的权利和义务。在未成年子女对国家、集体或他人造成损害时，父母有承担民事责任的义务。"这不仅可以保护受害人的合法利益，也可以增强父母对子女、对社会的责任感。由于父母是未成年子女的法定代理人，在未成年人的利益遭受他人损害时，父母亦有代其请求赔偿损害之权。

（二）子女对父母的赡养扶助义务

只要父母有需要，子女就应尽赡养义务，直到父母去世为止。

（三）父母子女的继承权

《婚姻法》第 24 条规定："父母和子女有相互继承遗产的权利。"

小资料

中国幸福婚姻家庭调查

2015 年 11 月 19 日，由全国妇联主管的中国婚姻家庭研究会联合珍爱网发布的《中国幸福婚姻家庭调查报告——2015 年十城市抽样调查》（以下简称"报告"）在北京发布。该报告从性别、年龄、结婚年限、子女状况、教育程度、职业分布和收入水平等多方面剖析中国婚姻家庭状况,并总结幸福婚姻家庭的特点与规律,为构筑幸福婚姻家庭、促进社会和谐带来启示与思考。

该报告在地域上覆盖10个具有代表性的一至三线城市,包括北京、广州、重庆、长沙、南京、合肥、武汉、沈阳、成都和郑州,共回收10 157份有效调查问卷,同时还对幸福婚姻项目试点社区江苏省南通市进行了相同内容的基线调查。在年龄上,覆盖了22~55岁的60后、70后、80后、85后及90后四个主要年龄代际;调查对象不仅来自不同的社会阶层,所受教育水平和收入分布也不同,故数据具有较好的代表性,对指导我国幸福婚姻家庭的构建有一定的参考价值。

在抽样调查的幸福家庭中,在职场上认识并成为夫妻的有17.4%,曾经是同学的有18.2%,各占近两成。专家表示,这或许与具有共同语言和相似经历有关,双方更容易找到共同点。

不过,最主要的婚姻缔结模式还是通过"熟人介绍",该比例为54.3%。其中,因"熟人介绍"结婚最多的是70后,1980年后出生的群体则更容易出现同学夫妻,这一点比70后高出33%。在其他的相识方式中,被80后广泛接受的QQ、MSN、社交网站、相亲网站等互联网社交工具,轻松击败传统婚介所,占比7.5%。

总体而言,外表不是影响婚姻缔结的关键因素,只有29.2%的受访者表示比较重视对方的外表,其中男性略高。从年龄层来看,60后基本不看重"颜值",70后中超过三成的表示比较在意对方的外表。

报告中提到,夫妻双方为异地生人的,60后、70后的比例不到四成。而80后、85后至95后两个群体的比例分别达到47.3%、45.5%,也就是说,近半数夫妻不是"老乡"。专家认为,这种现象与城市开放发展,人们异地求学、就业,交通和通信条件便捷有关。

值得注意的是,"门当户对"仍是缔结婚姻的重要因素。七成的人认为夫妻经济状况相似很重要,认为需要"社会地位对等"的接近八成。

究竟幸福家庭有什么"幸福密码"?报告分析指出,接受调查的幸福家庭成员具有四种主要的性格特质。首要的是"有责任感",91.6%的调查对象表示自己是个有责任感的人。其次是"善于控制情绪与处理冲突",79.4%的人深谙此道,而男性认为自己"善于控制情绪"的比例比女性高6.3%。其余两个重要性格特质依次是"开朗幽默、懂得浪漫"和"重视父母意见"。女性在作决定时"重视父母意见"的比例为64.6%,高于男性的40.5%。调查结果表明,对婚姻负责任的态度有助于双方建立更稳定的情感关系,给对方足够的信心和安全感。

婚姻缔结现状:熟人介绍仍是主要方式,网络相识比例攀升

调查发现,熟人介绍(54.3%)仍是配偶间相识的主要方式,且80后中夫妻曾是同学的比例要比70后高。另外,人们通过新型的互联网社交工具(即时聊天工具、社交网站、相亲网站)相识的比例日益提升——80后在这方面的成功率与60后相比超过了10倍。与此同时,"初恋情结"趋于淡化,与达到69.7%的60后相比,85后及90后已降至47.8%。在晚婚问题上,最明显的是70后,平均结婚年龄将近30岁。随着人口流动的加剧、通信的发达和交通的迅捷,80后和更年轻的代际的婚姻半径更明显地超越了地域的限制,向同城以外延伸的趋势加强。

婚姻缔结因素:“男外女内”观念仍然凸显,“门当户对”仍很重要

调研报告还剖析了缔结婚姻的重要因素。从性别角色期待来看,近四成的受访者认同“女方承担大部分家务而男方承担大部分消费”的观念,且相对于女性,男性对自身的期待更为传统。在性格上,处事理性并善于控制情绪,拥有开朗幽默和浪漫细胞的配偶最受欢迎。在学历上,半数以上夫妻双方学历对等,有六分之一的妻子学历要高于丈夫。“颜值”虽不是缔结婚姻的关键,但男比女高仍是主流配对标准。在家庭和社会因素上,数据显示,“门当户对”仍然是婚姻缔结的重要因素,近七成的夫妻表明相似的经济状况很重要,认为社会地位的对等是缔结婚姻的重要因素的比例更是达到79.8%。同时,随着时代的进步和人口流动的加剧,户口对婚姻的束缚日益减弱,受访对象中有近四成的城镇人口结婚时配偶是农村户口。

幸福婚姻的培育:忠诚、体贴与理解至关重要,“夫妻商量”是最普遍的决策模式

良好的婚姻缔结条件只能为幸福奠定基础,真正的和谐需由双方共同创造。调查发现,幸福夫妻对配偶的首要期望是“忠诚”,比例达到86.3%。除了“忠诚”,“体贴”与“理解”也被认为对造就细水长流的爱情至关重要。在相处的形式上,“谈论有趣的想法或事情”和“重大的事情一起沟通”被视为幸福夫妻情感互动的重要举措。调查显示,尽管生活中偶有摩擦,但争执也是沟通,信任才是重点。从吵架的原因来看,最引起60后关注的是“生活习惯不同”和“家庭文化和观念差异”;而对70后、80后、85后及90后来说,“生活习惯不同”和“沟通不顺畅”则最具威胁性。

随着时代的推移,70后及更年轻的代际在具体事项中更趋向于与配偶商量。无论是经济、孩子还是工作事务,“夫妻商量”都是最普遍的决策模式。在家庭经济管理方面,夫妻双方共同管理家庭财产的比例最高,超过四成。在房产上,夫妻共有房产最常见,但男性个人拥有房产的比例相对更高。85后及90后拥有自己名下房产的比例达60.2%。

幸福婚姻中的代际关系

亲子关系:多数夫妻共同陪伴子女成长,妈妈比爸爸更投入。超八成的受访者对男孩、女孩一视同仁,但60后要比后面的代际更偏爱男孩,85后及90后却比前面的代际偏爱女孩多一些。孩子12岁之前,夫妻共同照顾或是由妻子主力照顾是目前最普遍的情况。60后在“照顾孩子的衣食起居”方面的参与度达74.8%。越年轻的代际对父母的依赖性越强,尤其是85后及90后,依靠父母照顾孩子的比例达到45.8%,显著高于其他代际。

与双方父母的相处:互相关爱、和谐相处是主调。高达57.9%的受访者愿意与对方父母同住,且丈夫(61.4%)比妻子(54.7%)更容易接受与对方父母同住。跟比较幸福的夫妻相比,非常幸福的夫妻有更高的比例(63.5%)愿意与配偶的父母同住,两者相差8.5%。多数夫妻同心孝顺双方父母,在对待双方父母方面并不会明显地厚此薄彼。无论是与自己父母还是对方父母相处,年轻的代际都比60后要显得积极一些。

平均结婚年龄有下降趋势,婚前同居成常态

报告指出,目前我国平均结婚年龄为26岁,男性比女性高2.3岁,四分之三的男性在25至34岁之间结婚,超过九成的女性在30岁之前结婚。其中,70后比其他代际结婚时间更晚,平均结婚年龄在29.6岁,60后、80后、85后及90后的平均结婚年龄依次是26.3岁、26.2岁、24.3岁。

报告显示,婚姻缔结模式中,身边熟人介绍的方式达到54.3%,相对于60后和70后而言,80后及90后通过新型互联网社交工具相识的比例日益提升,且成功率达到10.2%,是60后通过社交网络等方式缔结婚姻成功率的十倍以上。

情感专家社会学博士李松表示,20世纪60年代出生的人,重视的是过平淡的生活,70后比较注重经营夫妻关系,80后比较浪漫,90后比较以自我为中心。

在持续一年的调查中,86.5%以上的受访者与配偶在婚前恋爱时间为半年至一年,60后的初恋情结比较明显,而70后、80后、90后受访者中,受观念的影响,婚前同居比例也在逐年提升,70后有44.4%的婚前同居者,80后和90后的比例分别为59.6%和57.8%。与此同时,80后、90后的婚姻半径明显超越了地域限制,受访者和配偶在同一城市出生的比例仅占到45.5%左右,更多的年轻人选择跟同城市以外的人结婚。

结婚要素中有车有房需求仅占15.3%,责任感和情绪控制能力更为重要

调查报告指出,纵观各年龄阶层的受访者,要求在结婚前有房有车的比例仅占15.3%。而91.6%的受访者表示自己步入婚姻时,更看中的是对方有责任感,同时,善于控制情绪和化解冲突的情商也很重要,79.4%的已婚人士表示自己会尽量控制好情绪并且化解冲突。

与此同时,幽默浪漫的细胞也对婚姻的缔结形成良好的助力,年轻群体在这一方面更为明显,80后和90后认为自己开朗幽默、懂得浪漫的比例比60后高出10多个百分点。

通过调查,最终得出婚姻家庭幸福的几点启示,专家总结提炼为:修炼品性、宽容体贴;情感依恋、用心经营;共同成长、积极沟通;平等相待、互相尊重;陪伴子女、言传身教;上慈下孝、相互关爱。

(资料来源:http://www.199it.com/archives/408400.html)

思考题

1. 一夫一妻制的含义有哪些?

2. 请简述婚姻的动机。

3. 请谈谈有效的亲子沟通方法。

第2章　婚姻权与继承

学习目标

1. 了解婚姻权的概念、本质和历史沿革。
2. 了解婚姻主体、婚姻能力的内容。
3. 掌握婚姻权的内容。
4. 掌握婚姻权的行使和法律保护。
5. 掌握继承法的概念和基本原则。

导入案例

1962年,丁一与丈夫黄学宾相识后结婚成家,随着岁月的流逝,夫妻两人之间出现了一些矛盾。1995年初,黄学宾因常到张学英的小店吃饭而与张结识,得知张是一位单身母亲,一人带着一个小女儿度日时,黄学宾对张充满了同情,经常给予她一些帮助。尽管两人的年龄相差20岁,但他们还是在1997年同居了。1998年,张学英与黄学宾的女儿黄小英出生。丁一虽对黄学宾的行为表示不满,也找黄学宾吵闹过,但是无济于事。由于黄与丁已经有了孙子,所以丁一不愿离婚,但也接受了黄学宾与张学英同居的现实。

2000年年底,黄学宾突发疾病,经检查诊断为肝癌晚期。在黄治疗的过程中,张学英拿出积蓄的一万元人民币,治疗一个月后,丁一知道了黄患病的情况。此后,虽然丁一对黄学宾也尽过看护之责,但是毕竟积怨太深,直到黄快去世时,两人还时常争吵。张学英因为没有正式的名分,在丁一知道黄的病情后,就不敢再去医院公开照顾黄学宾了。

黄知道自己时日不多,为避免自己死后丁一与张学英发生财产纠纷,于2001年4月18日晚,在律师和公证处的公证员以及几位好友的见证下,立下了口头遗嘱。遗嘱内容是:"我决定将我的住房补贴金、住房公积金、抚恤金、一套现与妻子共同居住的住房出售款的一半所得以及我自己的手机赠予我的朋友张学英。"并在遗嘱中特别指出自己的骨灰由张学英负责安葬。不久,黄学宾就去世了。

黄学宾去世以后,其好友向丁一和张学英分别送了遗嘱,张学英没有想到黄学宾会留下这样一份遗嘱,一时感慨万分;但是丁一却拒绝承认这份遗嘱的效力,扣住了黄的一切财产。在咨询律师后,张学英于2001年5月30日向潞洲市东城区人民法院提起诉讼,要求分割黄学宾的6万元遗产。

在诉讼中,黄立遗嘱时在场的人都证明黄当时神志清醒,所立遗嘱是他的真实意思表示,并没有受到任何干预,并且张学英和丁一均不知道黄所立遗嘱的内容。潞洲市的市民却纷纷议论,认为张学英这样的人道德沦丧,勾引别人的丈夫,还有什么资格要求分割别人丈夫的遗产。一时间,该案成了当时潞洲市人们关注的焦点。

(资料来源:http://www.66law.cn/domainblog/123860.aspx)

引言

婚姻是一种社会现象,是人类社会发展到一定阶段的产物,是一种特殊的社会关系。这种特殊的社会关系以两性联系为特征,经过最初的杂乱两性关系发展到原始禁忌、习惯、道德和法律加以确认和调整以后,便产生了对人们具有普遍约束力的行为规范,形成了人类社会的婚姻制度。当婚姻关系被法律调整后,便成了婚姻法律关系,参与到婚姻法律关系里的人就要享有法律上的权利和承担法律上的义务。

第1节 婚姻权与婚姻主体

一、婚姻权的概念

婚姻权是法律赋予参与婚姻关系的男女,即婚姻主体的各种权利的总称。婚姻权具有以下的特征。

(一)婚姻权是私权,即民事权利

一方面,虽然婚姻权是法律赋予的,也能达到维护社会的婚姻秩序的目的,但法律规定婚姻权的目的在于保护婚姻主体合法的婚姻利益;另一方面,具体的个人是否参与到某个具体的婚姻关系中,是他(她)的自由,法律不强行规定,换言之,婚姻关系是一种平权型法律关系,婚姻权是平等主体之间所享有的一种权利,即私权。

(二)婚姻权是一种特殊的身份权

婚姻权是婚姻主体基于夫妻关系享有的权利。夫妻之间的身份权处于核心地位,其他的权利,如财产权、亲属权等,都是派生的;同时,婚姻权必须亲自行使,不得代理,更不得转让。

(三)婚姻权的行使必须符合法定程序

婚姻权的行使是一种要式法律行为,婚姻主体要行使婚姻权,必须依照一定的法定形式来进行。具体的形式可能不一样,如教会婚礼、世俗仪式等,但各国在立法上都有要求。我国《婚姻法》规定了婚姻登记作为婚姻权行使的形式要件。即使在古代社会,也有要求,如从我国西周开始,沿袭了几千年的"婚姻六礼"就是结婚的基本程序。之所以有形式的要求,是因为通过一定的形式,婚姻行为才可以取得社会的承认,也就是说,形式起着非常重要的公示、公信作用。

二、婚姻权的本质

婚姻权是法律赋予婚姻主体的一种权利。从本质上讲,婚姻权是民事主体的婚姻利益与国家的法律之力结合的产物。因此,婚姻权首先反映了一定的社会经济关系。在原始社会,生产力水平非常低下,两性关系仅仅是繁衍后代的方式,人们没有婚姻的概念,也没有所谓的婚姻利益。因此,从根本上讲,不存在婚姻权。人类进入文明社会以后,生产力水平有了很大的提高,给两性之间较稳定的结合提供了可能性,此时,婚姻观念才产生。并且,随着人们生活水平的不断提高,婚姻观念也在变化。但是,仅有婚姻观念还不能产生婚姻权,必须要有制度的存在。也就是说,当人们根据一定的婚姻观念设计出一定的婚姻制度时,即将人们的婚姻利益与法律之力这一上层建筑结合时,才产生了婚姻权。所以,婚姻权就是凭借法律之力保护的民

事主体的婚姻利益。

三、婚姻权的历史沿革

婚姻权不是与人类社会同在的,而是特定历史的产物。如前所述,在人类社会之初,两性关系仅仅是繁衍种族的手段,不存在婚姻制度,也不存在婚姻权。当人类进入文明社会后,才产生了婚姻制度和婚姻权;并且,随着社会的进步,婚姻制度和婚姻权的内容也在变化。

(一)资本主义社会以前的婚姻权

在奴隶社会,宗法家族制度是以父系为根据的。不仅奴隶没有婚姻权,妻子、子女在人身上是依附于丈夫、父亲的,也谈不上婚姻权。只有丈夫、家长才享有婚姻权。例如,罗马法规定,家子要结婚,则必须取得对他享有权力的家长的同意。古印度的《摩权法典》规定:妻、子和奴隶不得有财产,他们所得之一切均归其主人所有。在我国西周时期,婚姻大事不能自己做主。“娶妻如之何,必告父母”,“娶妻如之何,匪媒不得”,即结婚必须经过父母同意、媒人撮合,才算礼成、合法;而在解除婚姻方面的“七出”“三不去”等也是为丈夫休妻做出的规定,是丈夫的权利。总之,这个时期,婚姻权主要体现为家长权。

封建社会与奴隶社会在婚姻权方面是一脉相承的。“父为子纲”“夫为妻纲”等伦理纲常使得婚姻权沦为父权、夫权的内容。

(二)资本主义社会的婚姻权

资本主义社会是商品经济社会,它要求劳动者能自由地支配自己的劳动力,最终打破了封建社会的人身依附枷锁。它反映在婚姻关系上就是自由婚姻代替了包办婚姻,男女平等代替了男尊女卑,家庭民主代替了家长专制,并从法律上确认了婚姻自主权。这无疑是一个重大的历史进步。

但是,由于资本主义私有制的局限性,法律上的婚姻权并不能完全实现。婚姻权同样也被金钱化了,这种金钱化了的婚姻权成了有钱人的特权。

(三)社会主义社会的婚姻权

社会主义社会的婚姻权是以公有制为基础的全新的权利。这种婚姻权是一种完全自由、平等的权利。在婚姻权享有方面,不视性别、财产、出身的差别,一律平等。当然,在社会主义的一定发展阶段,由于经济和文化等条件的制约,婚姻自由和平等还没有达到理想状态。消除这种不理想状况,正是我们的任务和追求。

四、婚姻主体的概念

婚姻主体,亦称为婚姻法律关系主体,是指参与婚姻法律关系,依法享有婚姻法规定的权利和承担相应的义务的人。婚姻主体作为一个法律概念,具有如下特征。

(一)婚姻主体只能是自然人

婚姻是男女两性的结合,即婚姻关系只能在男女之间建立。社会组织,包括婚姻登记机关、婚介机构等都不能成为婚姻主体。社会组织可能为婚姻法律关系的建立提供了某些服务和条件,但社会组织本身却并不参与到婚姻法律关系中去,它们只是根据法律的规定或者合同的约定来履行职责或义务。

(二)婚姻主体必须是参与婚姻法律关系的人

婚姻权的主体须在一个具体的婚姻法律关系中才能享有婚姻权,不存在婚姻法律关系,便不存在婚姻主体。例如,非法同居关系不是婚姻法律关系,非法同居人也就不具备婚姻主体资格,当然不享有婚姻法所规定的夫妻之间的权利,也无夫妻之间的义务。

(三)婚姻主体的权利、义务具有法定性

从实质意义上讲,婚姻权是人身权。人身权是与权利主体的人身密不可分的,其位阶要高于财产权,为了更好地保护人身权,法律对人身权的享有和行使都作了严格的规定,通常只能依法进行,而不能对人身权进行约定。虽然我国《婚姻法》规定,有关夫妻财产问题,夫妻之间可以约定,但夫妻之间的人身权利却不能约定,也不得附加条件。

五、婚姻能力

婚姻能力是婚姻主体的核心问题,它是婚姻主体进行婚姻行为的法律资格,包括婚姻权利能力和婚姻行为能力。

(一)婚姻权利能力

婚姻权利能力是指作为婚姻主体依法享有婚姻权利和承担婚姻义务的法律资格。一个人能否成为婚姻主体,关键看他是否具有婚姻权利能力。如前所述,在奴隶社会、封建社会,儿女不能自主婚姻,因为法律没有赋予儿女婚姻权利能力。我们之所以享有婚姻权,是因为有了法律赋予我们婚姻权利能力这个前提。婚姻权利能力与婚姻权是两个既相互联系,又互不相同的法律概念。

第一,婚姻权利能力仅是法律赋予婚姻主体享受婚姻权利和负担婚姻义务的资格,仅是婚姻主体享受婚姻权利的前提条件和可能性;而婚姻权则是婚姻主体参与到具体婚姻法律关系中,实际享有基于婚姻关系所产生利益的形式,包括婚姻人身利益和婚姻财产利益。第二,婚姻权利能力是由法律赋予的,不取决于主体的意愿;而婚姻权的享有由主体的意思决定。第三,婚姻权利能力不仅是享受婚姻权利的资格,也是负担婚姻义务的资格,或者说,婚姻权利能力也包括婚姻义务能力;而婚姻权则不包括婚姻义务。第四,婚姻权利能力具有无差别性,即法律赋予主体婚姻权利能力时,并不考虑主体的具体情况,而是遵循同一标准;而具体的主体在享有婚姻权,尤其是婚姻财产权时,却有一定的差别。

总之,婚姻权利能力是婚姻权的前提和基础,我们通常所说的婚姻平等,正是指婚姻主体的婚姻能力平等这个层面。法律人格首先是指权利能力;法律面前平等,首先是指法律人格的平等、权利能力的平等。婚姻关系中的男女平等,是指男女在婚姻权利能力上的平等,法律赋予了男子婚姻自由,同样也无差别地赋予了女子婚姻自由。

(二)婚姻行为能力

所谓婚姻行为能力,是指婚姻主体据以独立参与婚姻法律关系,通过自己的行为取得和行使婚姻权利,设定和履行婚姻义务的法律资格。根据《中华人民共和国民法通则》(以下简称《民法通则》)的规定,公民的民事行为能力分为三种类型:完全民事行为能力、限制民事行为能力和无民事行为能力。同时,对民事行为能力有欠缺的人,《民法通则》还规定了法定代理制度。

婚姻行为能力属于民事行为能力的一种,具有民事行为能力的一般特征,如法定性等。但是,婚姻行为能力是一项特殊的民事行为能力。其一,依我国《婚姻法》的规定,自然人要取得婚姻行为能力,必须男满 22 周岁,女满 20 周岁。因为,婚姻关系比一般的民事关系更为复杂,婚姻主体比一般民事法律关系主体应该更成熟和更理性。其二,婚姻行为不适用代理制度。在现代婚姻制度下,婚姻权具有严格的人身性,婚姻行为必须由婚姻关系参与者亲自完成。在婚姻行为能力方面,只存在"有"和"无"的问题,没有"限制婚姻行为能力"。有婚姻行为能力的人,可以通过自己的行为参与到婚姻法律关系中去,取得婚姻权利,设定婚姻义务,没有婚姻能力的人,不能以自己的行为取得婚姻权利、设定婚姻义务,从而建立婚姻法律关系;同时,也不能说征得其法定代理人的同意,他就可以进行婚姻行为,更不能由其法定代理人代理进行婚姻行为。

六、我国婚姻法上的婚姻主体

(一)合法的婚姻主体

《婚姻法》第5条规定:"结婚必须男女双方完全自愿,不许任何一方对他方加以强迫或任何第三者加以干涉。"第31条规定:"男女双方自愿离婚的,准予离婚。"第3条规定:"禁止包办、买卖婚姻和其他干涉婚姻自由的行为。"从这些规定中不难看出,我国的婚姻主体就是指实际参与到具体的婚姻关系中的男女双方,其他任何人都不是该具体的婚姻关系的主体。依我国《婚姻法》的规定,合法的婚姻主体必须符合以下条件。

1. 具有婚姻行为能力

婚姻权属于人身权的范畴,只能本人享有,亲自行使。因此,要成为具体的婚姻主体,就必须具备相应的行为能力。在我国,这个"相应的行为能力"的标准,从立法上看,就在于《婚姻法》第6条的规定,即男满22周岁,女满20周岁。除此之外,法律没有作其他的要求。

2. 以自己的行为建立或解除具体的婚姻法律关系

《婚姻法》第8条规定:"要求结婚的男女双方必须亲自到婚姻登记机关进行结婚登记。"第31条规定:"男女双方自愿离婚的,准予离婚。双方必须到婚姻登记机关申请离婚。"非该婚姻法律关系的当事人而干预婚姻的,是非法干涉婚姻自由的行为。也就是说,婚姻主体必须是存在夫妻关系或者拟建立夫妻关系的男女双方。

(二)不合法的婚姻主体

根据《婚姻法》的规定,不合法的婚姻主体也分为两类。

1. 以包办、买卖婚姻及其他方式干涉婚姻自由的人

这些人本人并不建立或解除某一夫妻关系,但是,基于一定的目的,他们对婚姻关系的参与者(真正的婚姻主体)的婚姻行为进行干预,甚至支配婚姻关系的参与者的行为。其中,最主要的是父母干涉子女的婚姻、成年子女干涉父母的再婚等。这些人根本就不能成为他们要干预的婚姻关系的主体,是法律绝对禁止的。不管出于什么样的目的和动机,他们都是不合法的婚姻主体。

2. 参与婚姻关系的当事人不符合法律要求

《婚姻法》第10条规定:"有下列情形之一的,婚姻无效:重婚的;有禁止结婚的亲属关系的;婚前患有医学上认为不应当结婚的疾病,婚后尚未治愈的;未到法定婚龄的。"在这些情况中,当事人都是行使自己的婚姻权,目的在于建立自己的婚姻关系。他们不是没有权利,而是没有达到法律要求行使婚姻权的条件。只要行为人通过合法手段排除这些不合法的因素,如疾病的治愈等,达到了法律的要求,就成了合法的婚姻主体。

第2节　婚姻权的内容与行使

婚姻权是婚姻主体在婚姻法律关系中依法享有的权利。婚姻权的内容很复杂,既有宪法的规定,又有婚姻法的规定;既有人身权的内容,也有财产权的内容。

一、宪法性权利

所谓宪法性权利是指由《中华人民共和国宪法》(以下简称《宪法》)直接明文规定的权利,或者根据《宪法》的精神享有的权利。在婚姻方面,公民主要有两项基本权利,即婚姻自由和婚姻平等。

(一)婚姻自由

婚姻自由,既是《宪法》赋予公民的一项基本权利,又是婚姻立法的一项重要原则。《宪法》第49条规定:"禁止破坏婚姻自由。"所谓婚姻自由,又称婚姻自主权,是指婚姻当事人按照法律的规定,在婚姻问题上所享有的充分自主的权利,任何人不得强制或干涉。

婚姻自由不是从来就有的,它是社会发展到一定阶段的产物。在整个古代社会,几乎所有的国家实行的都是包办婚姻。缔结婚姻和维系婚姻主要是为了实现家族利益,满足传宗接代的要求。父母家长对子女的婚事享有主婚权,即所谓"父母之命,媒妁之言"。至于当事人双方是否自愿,有无爱情,是根本不予考虑的。

婚姻自由是资产阶级在反封建斗争中提出来的。资产阶级提出民主、自由、平等的口号,婚姻自由也被宣布为"天赋人权"。资产阶级取得政权后,把婚姻自由用法律的形式固定下来。如法国1791年宪法和1804年民法典分别规定"法律视婚姻仅为民事契约","未经合意不能成立婚姻"。但真正的婚姻自由,只有在社会主义公有制条件下才能实现。

婚姻自由是婚姻权中最核心的问题,它包括结婚自由、离婚自由和排除他人干涉三个方面的权利。

1. 结婚自由

结婚自由,是指婚姻当事人有依法缔结婚姻关系的自由,即自己的婚姻,自己做主。当事人是否结婚、和谁结婚是其本人的权利,任何人无权干涉。其中,自愿是实现婚姻自由的前提,互爱是婚姻自由的必要条件。只要双方相爱,有感情,就可以结为夫妻。当然,这种婚姻自由绝不是为所欲为,而是必须依法进行,不能违背法律规定的条件和程序。

2. 离婚自由

离婚自由是指夫妻有依法解除婚姻关系的自由。在结婚和离婚这一对矛盾中,结婚自由是主要方面,而离婚自由则是重要的补充。既然婚姻的成立以爱情为基础,那么当双方感情确已破裂,夫妻关系无法继续维持时,解除这一痛苦的婚姻关系,无论对双方还是对社会都是幸事。把离婚看成绝对的悲剧是不适当的。当然,离婚也必须依法进行。

3. 排除他人干涉

排除他人干涉是婚姻自由的应有之意,指的是婚姻当事人在行使婚姻权时,有排除第三者(包括父母)非法干预行为的权利。《婚姻法》第3条第1款对此作了列举性的规定。非法干涉婚姻自由主要表现为包办、买卖婚姻和其他非法干涉婚姻自由的行为,其具体形式多种多样。不管出于何种目的，其实质都是违背了婚姻当事人自愿的原则，最终危害了婚姻当事人的切身利益，造成各种纠纷，不利于社会的安定团结。

（二）婚姻平等权

婚姻平等权，是指在婚姻关系中，男女双方地位平等，享有同等的权利，负担同等的义务。《宪法》第33条规定："中华人民共和国公民在法律面前一律平等。国家尊重和保障人权。任何公民享有宪法和法律规定的权利，同时必须履行宪法和法律规定的义务。"这里的"公民"是指无差别的具有中华人民共和国国籍的人，不分男女，法律赋予他们的权利能力（包括婚姻能力）也是无差别的。同时，《宪法》第48条第1款更明确地规定了妇女在家庭生活方面享有同男子平等的权利。婚姻关系中的男女平等，既是《宪法》中男女平等原则的重要组成部分，也是衡量男女平等的重要标志。平等权贯穿于各种具体权利之中。

1. 在婚姻关系方面，权利、义务平等

男女享有同等的缔结婚姻的权利，男女双方的结婚条件是平等的；结婚后，男女任何一方都可成为对方的家庭成员。男女享有同等的离婚请求权，离婚时男女双方对夫妻共有财产均享有分割的权利；对子女的抚养监护权，男女也享有同等的权利；对债务的清偿和离婚时经济上的互相帮助，双方的权利也是同等的。

2. 在婚姻存续期间，夫妻在家庭中的地位平等

夫妻各自有独立的姓名权、人身自由权、继承遗产权，对夫妻共同财产有平等的所有权，夫妻双方抚养和教育子女的权利、义务平等，计划生育的义务平等，互相扶养的义务平等。

总之，婚姻自主权和平等权构成了现代婚姻权的基本内核，其他具体权利都是这两项权利的展开。

二、婚姻法上的权利

《婚姻法》对婚姻权规定得比较具体、详尽，而且，有时候从义务的角度去规定，以体现出对方的权利。在人身权方面，通常都规定了夫妻姓名权、同居义务、忠诚义务等；在财产权方面，不同的国家或地区有较大的差别，如我国香港地区采取分别财产制，即夫妻双方对其婚前财产与婚后财产各自保留其所有权的制度，而我国台湾地区则实行法定财产制与约定财产制并行的夫妻财产制度。

我国《婚姻法》对婚姻存续期间，夫妻之间的权利义务也作了明确的规定。

（一）人身权

1. 姓名权

尽管姓名只是用来区别不同个人的符号，但是有无使用自己姓名的权利，却是有无独立人格的一种标志。《婚姻法》第14条规定："夫妻双方都有各用自己姓名的权利。"这就是说，不论丈夫还是妻子，都可以保持姓名的独立性，不必因婚姻而改变自己的姓名。

同时，夫妻享有平等姓名权，还表现为对子女姓氏的确定上。《婚姻法》第22条规定："子女可以随父姓，可以随母姓。"该规定是对子女只能随父姓传统的否定，体现了夫妻的平等地位和保护夫妻独立姓名权的精神。

2. 夫妻人身自由权

《婚姻法》第15条规定："夫妻双方都有参加生产、工作、学习和社会活动的自由，一方不得对他方加以限制或干涉。”这一规定意在保护已婚者的人身自由权，特别是已婚妇女的职业选择权与社会活动参与权，也是《宪法》保护妇女在政治、经济、文化、社会和家庭生活等方面享有同男子平等权利的具体体现。夫妻人身自由权主要包括以下内容。

(1)职业选择权，即参加生产、工作的自由。夫妻双方均有权选择他们认为适合自己的工作，包括一切能够取得劳动报酬和经营收入的社会活动，他方不得干涉。

(2)参加学习，掌握技能的权利，鉴于中国妇女的平均文化水平大大低于男性，在婚后保护妻子的学习权利尤为重要。

(3)社会活动权，参与社会活动是夫妻人格独立、享有人身自由的重要体现。夫妻任何一方都有参政、议政，参与各种社会团体、群众团体，充分发挥其聪明才智的能力和权利。

3. 住所决定权

住所决定权是指选择、决定夫妻婚后共同生活住所的权利。《婚姻法》第 9 条规定：“登记结婚后，根据男女双方约定，女方可以成为男方家庭的成员，男方可以成为女方家庭的成员。”换言之，对于夫妻婚后的住所，男女双方有约定选择权。其实，在现实生活中，随着人们生活水平的提高，结婚后，男女双方既不住男方家中，也不住女方家中，而是组成一个新的家庭，设立一个新的住所，这是现代婚姻现象的一个趋势。

(二)夫妻财产权

1. 夫妻财产权概述

夫妻财产权，是指基于夫妻身份而产生的财产权，从属于夫妻人身权。从世界各国的立法来看，夫妻财产权主要有以下三种形式。

(1)联合财产制，即夫妻各自享有其个人财产所有权，但将双方财产联合起来，由夫行使管理权。

(2)共同财产制，即夫妻的全部财产或部分财产归双方共同所有，按共同共有原则行使权利，承担义务，婚姻关系终止后加以分割。

(3)分别财产制，即夫妻双方婚前和婚后所得财产归各自所有，各方单独对自己的财产行使权利，承担义务，同时不排除双方拥有一部分共同财产或一方以契约的形式将其财产的管理权交于他方。

我国实行法定婚后所得共同制与约定财产相结合的制度。根据《婚姻法》有关规定，夫妻在婚姻关系存续期间的所得，归夫妻共同所有；婚前财产及与人身密不可分的财产归一方所有。同时，法律也允许夫妻以书面形式对婚前婚后的财产权做出约定。

2. 扶养请求权

《婚姻法》第 20 条规定：“夫妻有互相扶养的义务。一方不履行扶养义务时，需要扶养的一方，有要求对方付给扶养费的权利。”

夫妻是共同生活的伴侣，有相互扶养照顾的权利和义务。这种权利义务，是基于婚姻效力而产生的，不受感情好坏的影响。只要夫妻关系还存在，一方生活有困难，另一方就必须履行扶养义务。当双方因扶养费发生纠纷时，可由有关部门调解，也可向人民法院提起请求给付扶养费的诉讼。

3. 夫妻继承权

《婚姻法》第 24 条规定:“夫妻有相互继承遗产的权利。”并且,按照《中华人民共和国继承法》(以下简称《继承法》)的规定,配偶为第一顺序继承人。只要夫妻关系没有在法律上解除,哪怕是分居,也是有继承权的。即使是在离婚诉讼中,夫妻一方死亡,另一方也享有继承权。在实务中,这是一个很复杂的问题。

4. 补偿请求权

《婚姻法》第 40 条规定:“夫妻书面约定婚姻关系存续期间所得的财产归各自所有,一方因抚育子女、照料老人、协助另一方工作等付出较多义务的,离婚时有权向另一方请求补偿,另一方应当予以补偿。”因为生活在一个家庭中,家务并不直接表现出经济价值,但却是夫妻必要的共同义务。一方在家务上付出较多的时间和精力,则参与到社会中创造价值的机会就必然减少,其获得财产的机会也必然减少。因此,法律有必要赋予他在离婚时,行使补偿权,这样可以使得双方的权利、义务得到平衡。

5. 获得帮助权

《婚姻法》第 42 条规定:“离婚时,如一方生活困难,另一方应从其住房等个人财产中给予适当帮助。”基于婚姻这种特殊的法律关系,法律从一般的社会正义理念出发,做出这一规定。因为从根本上来说,即使是约定财产,在婚姻期间创造的财产是凝结了双方劳动的,所以获得帮助也是合情合理的。

6. 赔偿请求权

赔偿请求权是新《婚姻法》增加的一个条文。该权利的设定旨在维护婚姻秩序,保护婚姻权,防止家庭暴力等恶性事件的发生。因此,《婚姻法》第 46 条规定:“有下列情形之一,导致离婚的,无过错方有权请求损害赔偿:重婚的;有配偶者与他人同居的;实施家庭暴力的;虐待、遗弃家庭成员的。”有上述情形之一,不管是有过错方提出离婚,还是无过错方提出离婚,无过错方都可以向有过错方请求损害赔偿。

三、婚姻权的行使

婚姻权的行使是指权利人为实现自己的婚姻权利而实施一定的行为,是权利人实现其婚姻权利内容的利益,以满足其需要的过程。婚姻权行使的结果就是婚姻权利的实现,如行使结婚权可以建立夫妻关系,行使离婚权可以解除夫妻关系。婚姻权的行使,应当依法进行,遵循以下几项原则。

(一)自由行使原则

婚姻权是权利人在婚姻方面的自由,应依当事人的意愿行使,当事人是否愿意建立夫妻关系,同谁建立夫妻关系,以及夫妻关系是否继续下去,都是当事人自己的事情,他人不得干涉。所以,《宪法》《婚姻法》等一系列有关调整婚姻关系的法律,都把婚姻自由列为调整婚姻关系的最基本的原则。如《宪法》第 49 条第 4 款规定“禁止破坏婚姻自由”,《婚姻法》第 2 条规定“实行婚姻自由……的婚姻制度”。这些“自由”所指的都是婚姻权行使的自由,排除他人的干涉。

(二)正当行使的原则

这项原则要求婚姻权必须由当事人亲自行使,不得由他人代理。婚姻权首先属于人身权的范畴，并且，婚姻关系具有绝对的对象性，婚姻关系中的男女双方具有不可替代性。因此，要求“结婚的男女双方必须亲自到婚姻登记机关进行结婚登记”。“男女双方自愿离婚的，准予离婚。双方必须到婚姻登记机关申请离婚”。

同时，行使婚姻权还须遵循诚实信用的原则。在行使婚姻权时，必须诚实不欺，讲究信用。婚姻是以爱情为基础的，不能为了其他目的，把婚姻当作筹码，欺骗对方，欺骗社会。尤其是在财产问题上，现实生活中，很多人钻法律的空子，以婚姻为手段来达到占有对方财产的目的。有的甚至不惜牺牲有爱情的婚姻来达到某些不可告人的目的。因此，《婚姻法》规定了“无效婚姻制度”和“离婚过错制度”来救济诚信一方的权利。

（三）禁止权利滥用的原则

权利滥用是指权利人行使权利时，超过了一定界限，并侵害了他人的利益或者社会利益。权利滥用的成立应具备以下条件。

（1）行为人享有权利。

（2）行为人行使权利的行为迫害了社会或他人利益。

（3）行为人主观上有过错。

例如，当事人享有结婚权，但如果一个处于既存夫妻关系中的人要与第三者行使“结婚权”的话，显然就构成了重婚，无论对夫妻关系中的另一方，还是对于第三者，该结婚权的行使都构成了权利的滥用。因此，法律对这类行使婚姻权的行为都予以禁止。

四、婚姻权的法律保护

婚姻权是公民的一项极为重要的民事权利，法律为公民享有婚姻权和行使婚姻权提供了一个多层级的法律保护体系。

（一）宪法上的保护

《宪法》是国家的根本大法，具有最高的法律效力。《宪法》第 49 条规定，婚姻受国家的保护，并禁止破坏婚姻自由。这为公民享有婚姻权、自由行使婚姻权提供了最根本的法律依据；这不仅是对公民享有婚姻权的确认，也为有关婚姻立法提供了宪法依据。同时，《宪法》作为根本法，任何机关、单位或者个人必须以宪法为最高准则。因此，依据宪法精神，任何人都不得侵犯公民的婚姻权。

（二）民法上的保护

根据宪法的原则，《民法通则》及《婚姻法》把公民的宪法性婚姻权具体化。在对婚姻权的保护上，《民法通则》首先是确立了侵犯婚姻权的标准，并界定哪些行为是侵犯婚姻权的行为。

侵犯婚姻权的行为，一般要具备如下四个要件：要有损害事实，即由该行为造成的婚姻主体在婚姻方面的不当利益；损害与行为间有因果关系，即损害正是由该行为所引起；行为具有违法性，即行为不合法律要求，违反法律规定；行为人主观上有过错，即行为人进行该行为时，主观心理存在故意或者过失。据此，《婚姻法》将包办、买卖婚姻、借婚姻索取财物等行为列为侵犯婚姻自由的行为；把重婚、有配偶者与他人同居、家庭暴力及夫妻间的虐待和遗弃等列为侵犯配偶权的行为。并且，《民法通则》《婚姻法》和《继承法》等一系列的民事法律对侵犯婚姻财产权的行为也进行了界定，如擅自处理夫妻共有的不动产就是一种夫妻间侵犯财产权的行为。

《民法通则》除了界定侵权之外,更重要的是它提供了民法救济措施。首先,《民法通则》第 134 条规定了民事责任的承担方式,这些方式在保护婚姻权中,都可以适用。在救济方式上,被侵权人可以请求调解,当然也可以行使诉讼权,向人民法院提起诉讼。诉讼是一种非常重要的保护手段,尤其在保护离婚权时,当事人根据《中华人民共和国民事诉讼法》(以下简称《民事诉讼法》)的规定,提出离婚诉讼,这是最重要的离婚权保护方式。因此,《民事诉讼法》在保护婚姻权中,同样也起着极其重要的作用。

(三)行政法上的保护

婚姻权在行政法上的保护主要体现在以下两个方面。

1. 确认当事人具体的婚姻权利内容

通过婚姻登记,当事人之间的婚姻状态得到法律的认可,当事人由此获得了具体的婚姻权利。通过结婚登记,当事人之间的夫妻关系得到了确认,夫妻分别获得了法律层面上的夫妻间的权利和义务;通过离婚登记,夫妻关系从法律上解除,夫妻间的权利、义务也告消灭。婚姻登记是登记机关对男女双方婚姻状态或婚姻关系的确认,并不登记权利,婚姻权由法律直接规定。

2. 对具体的侵犯婚姻权行为予以制裁

这种制裁主要是指对侵犯婚姻权的有关人员给予行政处罚。行政处罚是行政机关或法定授权的其他组织,依法对因行政违法但不够刑事处罚的人做出的处罚。行政处罚是保护婚姻权的重要方式,如《中华人民共和国治安管理处罚条例》第 22 条规定:"虐待家庭成员,受虐待人要求处理,该行为尚不够刑事处罚的,处 15 日以下拘留、200 元以下罚款或者警告。"根据有关法律规定,以下行为适用行政处罚:包办买卖婚姻或其他干涉婚姻自由的行为,尚未使用暴力的;有配偶者与他人非法同居的;弄虚作假,骗取结婚证、离婚证的;虐待遗弃家庭成员,不够追究刑事责任的;其他侵犯婚姻权的行为,需要予以行政处罚的。

(四)刑法的保护

在保护婚姻权的各种法律措施中,刑事制裁是最为严厉的。《中华人民共和国刑法》(以下简称《刑法》)把一些严重侵害婚姻权的行为规定为犯罪,并做出了相应的刑罚规定。《刑法》第 257 条至第 261 条共五个条文分别对暴力干涉婚姻自由罪、重婚罪、破坏军婚罪、虐待罪和遗弃罪做出规定。但在规定暴力干涉婚姻罪和虐待罪的同时,又规定了"告诉才处理"的限制。这主要是考虑,犯这两种罪的人,往往与受害者关系比较密切,而且这两种罪侵犯的客体是受害者的人身权,行为人的主观恶性也不大,因此,如果受害人原谅了侵害人,不要求追究侵害人的刑事责任的话,公诉机关一般也不主动提起公诉。

第 3 节　继承

一、继承法概述

(一)继承法的概念

继承法是公民死亡遗留的个人财产转移给其继承人承受的法律规范的总称。

1. 继承与继承权

继承就是依照法律的规定或依照遗嘱的规定，由继承人取得被继承人(即死者)的遗产所有权。继承人享有的这种权利就是继承权。

2. 被继承人与继承人

被继承人(即死者)指依照法律规定，或者依照他的遗嘱而将他的遗产(包括遗赠)被他人(继承人)所继承的人。取得被继承人遗产的人就是继承人。

3. 遗产

遗产就是死者遗留下来的个人私有财产和法律规定可以继承的其他合法利益，如著作、发明等知识产权以及有价证券和履行标的为财物的债权等。

(二)我国继承法的基本原则

(1)保护公民私有财产继承权。

(2)男女平等。

(3)权利与义务相一致。

(4)养老育幼、团结互助、巩固家庭。

(5)遗产和债务实行限定继承。

限定继承是指继承人对被继承人既有权继承其遗产，同时对被继承人所负的债务，也负有清偿的义务。但继承人只能以被继承人所遗财产为限偿还被继承人所欠的债务，如遗产抵偿债务有余，多余部分即为继承人所继承；如抵偿债务尚不足，继承人只能以遗产为限抵债，不足部分，继承人不负清偿责任。

(三)法定继承

法定继承就是按照《继承法》或继承政策所规定的继承法则，对被继承人的遗产进行处理。

1. 法定继承的范围、顺序

配偶、子女(婚生子女、非婚生子女、继子女、养子女)、父母(生父母、养父母、继父母)为第一顺序。兄弟姐妹、祖父母、外祖父母为第二顺序。继承开始先由第一顺序继承人继承，没有第一顺序继承人或第一顺序继承人全部放弃或丧失继承权时，由第二顺序继承人继承。我国《继承法》规定：丧偶儿媳对公婆，丧偶女婿对岳父母尽了主要赡养义务的，无论其是否再婚，都是第一顺序继承人。

2. 代位继承

代位继承是指被继承人的子女先于被继承人死亡，由被继承人子女的晚辈直系血亲代位继承的一种法律制度。适用代位继承应注意以下几个问题。

(1)这里的直系血亲，指法定继承人中的亲生子女，并且包括有继承权的养子女和继子女，他们的子女都有代位继承权。

(2)有代位继承权的人，无论他们的共同继承人(兄弟姐妹)有多少，只能继承他们已死亡父母所应得的那一部分遗产。

(3)代位继承权只适用于法定继承。

（四）遗产分配的原则

如果无其他争议，同一顺序继承人继承遗产的份额，一般应当均等。对遗产作不均等分配有以下几种情况。

（1）应根据继承人对被继承人生前所尽义务的多少。

（2）应考虑各继承人劳动能力的有无和强弱。

（3）应根据每个继承人的经济情况的好坏。

（4）经继承人协商同意的，可以不均等。

二、遗嘱继承

遗嘱继承就是被继承人在生前用书面或口授的方式阐述自己的财产在他死后如何处分，遗产由哪些人继承以及每个人应得的继承份额，有关遗产的其他嘱咐。遗嘱继承优先于法定继承，被继承人如有遗嘱，就应该按照遗嘱处理。只有在没有遗嘱的情况下，或是虽有遗嘱，但遗嘱被法院判为无效时，才依法定继承处理。

（一）遗嘱的形式要件

1. 自书遗嘱

自书遗嘱由立遗嘱人亲笔书写和签名，并写明订立遗嘱的地点和日期。

2. 代书遗嘱

代书遗嘱是指立遗嘱人不能自书遗嘱，或因其他情况委托他人代笔书写的遗嘱。代书遗嘱必须有两个以上的证明人，代书遗嘱要由立遗嘱人亲笔签名或按指印，并写明订立遗嘱的日期和地点，代笔人和见证人都必须亲笔签名。

3. 口头遗嘱

如果立遗嘱人处于生命垂危之时，或在其他紧急情况下，不能按正常情况自书或托人代写遗嘱，为保障立遗嘱人的立遗嘱能力，可以允许立遗嘱人作口头遗嘱，就是由立遗嘱人在两个以上见证人在场的情况下，口述他的遗嘱内容，由见证人做出书面或口头证明。

代书遗嘱的代笔人和口头遗嘱的见证人与遗嘱继承有利害关系的都必须回避。无行为能力人、限制行为能力人不能作为遗嘱见证人。

（二）遗嘱的实质要件

（1）遗嘱必须是真实的，必须体现立遗嘱人的自由意志，不是伪造或者受到篡改的。

（2）遗嘱必须是合法的。遗嘱内容不能违反国家法律和违背公共利益、道德准则，否则无效。

（3）遗嘱不能取消或者减少法定继承人中无劳动能力又无生活来源的人，以及尚未出生的人的应继承份额。

（4）无行为能力人和限制行为能力人不能订立遗嘱。

小资料

2016 年度北京法院大数据报告

案由：继承纠纷

案件样本数量：562 份

案件整理截止时间：2017 年 3 月 2 日

本研究报告以北京市为地理坐标，对该地区2016年继承纠纷涉及的当事人、诉讼代理人、遗嘱情况、诉讼情况、房产分割等数据进行可视化整理，以分析研究北京目前继承纠纷的司法现状。

近三年北京市继承案件在民事案件中所占比例相对稳定，保持在1.5%左右。

继承纠纷发生率较高的地区为海淀、丰台、西城，发生率较低的地区为平谷、房山、延庆。根据《民事诉讼法》的规定，因继承遗产纠纷提起的诉讼，由被继承人死亡时住所地或者主要遗产所在地人民法院管辖，故继承案件集中在人口密集的区域或房产较多的城区。

北京市近三年继承案件概况

北京市继承纠纷一审案件占全国继承纠纷一审案件的比例，2014年为11%，2015年为9.6%，2016年为7.4%，比例上有相对减少的趋势。但从案件数量上看，趋于平稳。

统计结果显示，各种案由占比大小依次为：法定继承占54%，遗嘱继承占31%，析产继承占6%，被继承人债务清偿占5%，遗赠占3%，遗赠扶养协议占1%。

85%的继承纠纷为法定继承纠纷和遗嘱继承纠纷，这说明在实践中，大部分继承纠纷都源于没有遗嘱或者遗嘱效力有问题。另外，析产继承纠纷的数量多达34起，在样本中占比6%，但继承纠纷案由中未列明此项，按照目前的民事案由规定，析产争议仅存在于家庭婚姻中的同居关系纠纷案由中。实际上，许多家庭中也存在析产问题，如，在被继承人去世前，家庭成员的部分财产处于共有状态，长时间未进行析产分割，导致继承开始后被继承人的遗产范围不清，法院在分割遗产前必须先行析产。但因长时间的财产共有，相关证据缺乏或已灭失，给查明案件事实带来很大的困难。因此，不论是否出现继承事由，在家庭成员财产共有的情况下及时分割共有财产或拟定析产协议是必要的，明确权利、财产的归属，以防止财产共有时间过长导致个人遗产范围难以认定。同时，在拟定析产协议时要注意其效力问题，以免出现新的争议。

统计结果显示，79%的继承纠纷诉讼中，当事人委托了诉讼代理人，其中单方委托的占37%，双方委托的占42%，而且诉讼代理人最多的是专业律师，比例为85%，这应当与继承纠纷案件的当事人人数众多且关系复杂、标的额大以及案件事实复杂、诉讼程序专业化等因素有很大关系。

根据《继承法》的规定，不论是法定继承还是遗嘱继承，确定的继承人在法定继承人范围内，即第一顺序的配偶、子女、父母与第二顺序的兄弟姐妹、祖父母、外祖父母。

统计结果显示，作为案件争议的原被告，其身份主要集中在被继承人的子女、配偶、代位继承或转继承的孙子、孙女（8%，18%）；其次为父母、儿媳女婿，而身为第二顺序被继承人的兄弟姐妹在原被告中分别占比3%和2.5%。

统计结果显示，54%的继承案件为一位被继承人，46%的案件中出现了两位被继承人。两位被继承人的案件中，两位被继承人一般为夫妻关系，一方去世后未进行遗产分割，至另一方去世时发生纠纷诉至法院。

统计显示，从继承开始到法院做出一审判决的时间在两年以内的案件占32%，两年到五年的占24%，五年以上的占44%。

样本中有42%的被继承人留有遗嘱，且留有遗嘱的样本中，一份遗嘱的占82%，两份以上遗嘱的占18%。由于中国文化传统忌讳谈“死”，大部分人不习惯通过遗嘱方式对他们的财产等后事提前做出安排。另外,遗嘱份数的比例说明大部分人并没有及时对遗嘱进行更新。实际上,我国《继承法》已确立了遗嘱执行人的身份,但在实践中尚未得到充分重视。在立遗嘱的同时指定遗嘱执行人对遗嘱进行管理,可以充分保证遗嘱的完备性和可执行性,比如,能够在财产发生重大变化时及时更新遗嘱内容,在继承发生后,能严格按照遗嘱执行继承事宜,减少纠纷。

遗嘱形式——都用什么方式立遗嘱?

自书遗嘱和代书遗嘱所占比重最大,合计达到 69%;另外,为保证遗嘱的效力,越来越多的人也会选择公证遗嘱方式,其占比为 25%;而录音遗嘱和口头遗嘱占比最少,分别为 2% 和 4%。这表明,由于自书遗嘱或代书遗嘱的低成本优势,人们更加愿意选择自书遗嘱或代书遗嘱的方式。公证遗嘱占四分之一的比例表明,很多人已经开始意识到遗嘱效力的重要性而选择更加专业的公证机关办理遗嘱事宜。

30% 的遗嘱因有瑕疵或重大缺陷而部分无效甚至全部无效,其中部分无效的占 14%,全部无效的占 16%。

遗嘱无效的原因主要集中在以下几个方面:被继承人遗嘱能力、遗嘱内容、遗嘱形式。比如,被继承人被认定为无民事行为能力或限制民事行为能力的占 17%;无权处分其他人(主要是被继承人配偶)的财产而导致遗嘱部分无效的占 39%;遗嘱形式不符合法律规定的占 18%;遗嘱意思不明的占 18%;见证人存在利害关系的占 3%。

在无效的遗嘱中,人们习惯采用的自书遗嘱和代书遗嘱分别占 39% 和 41%,口头遗嘱占 11%,被法院认定为无效的遗嘱中公证遗嘱占 8%。

在统计的样本中,律师进行见证乃至代书遗嘱的比例为 11%。律师见证下,遗嘱的有效率为 96%,但仍然有 4% 的比例为无效。当事人在选择代书遗嘱的方式时尽量委托在相关领域较为专业的律师进行见证或代书,一方面能保证见证人的中立性,另一方面可通过律师的专业知识保证遗嘱的有效性。

本案统计的案件中,有三分之一的案件当事人提供了证人证言,证人证言的采纳率为 88%。我们通过阅读大量案例发现,大部分证人证言被采纳是因为有证据能相互佐证,单独被采纳的概率极低。

在继承纠纷中,证人证言的出现率以及单独采纳率均很低,故在诉讼中应尽量搜集其他类型的证据,如物证、书证和鉴定意见等,辅之以证人证言,这样会取得更好的效果。

继承纠纷中通常会出现哪些取证问题?

根据样本统计,有 18% 的继承案件涉及取证问题,其中,申请房产评估的有 59 件,占保全种类的 57%;调查取证的有 29 件,占 27%,笔迹鉴定的有 16 件,占 16%。这与继承案件的特征有关,因为继承案件中房产的价值以及遗嘱署名的真实性一般是主要争议点,故诉讼中需要进行房产评估和笔迹鉴定的情况较多。但笔迹鉴定和房产鉴定的费用一般需要由原被告自己承担,很多案件的当事人会放弃申请鉴定。

继承案件中涉及比较多且价值相对较大的遗产是房产,有关房产的分割方式也一直是法院裁判的主要内容。根据统计的结果, 53% 的案件涉及房产,其中,法院判决按份共有的占 54%,判决折价补偿的占 46%。

对比发现，继承案件中，采用普通程序审理的比例高于其他类型民事案件。原因应为大部分继承案件当事人人数众多，送达法律文书所需时间长、案情复杂，以及涉及房产评估、遗嘱笔迹鉴定、调查取证和亲子鉴定等情况，直接影响到案件审理的时间。

诉讼费用是当事人的必要诉讼成本，法院会根据具体情况判决原被告各自承担的比例。从统计的结果可以看出，67% 的案件诉讼费用在 10 000 元以内，18% 在 10 000~20 000 元，7% 在 20 000~30 000 元，8% 在 30 000 元以上。这应当与继承纠纷案件涉及较大的遗产价值，如房产、车辆等有关。除此之外，很多继承案件中申请笔迹鉴定和房产评估等的费用亦相当大。

（资料来源：http://www.sohu.com/a/134848042_170807）

思考题

1. 简述婚姻权的行使应遵循哪些原则。
2. 试述保障婚姻自由的禁止性规定。
3. 我国继承法的基本原则有哪些？

第3章 婚姻家庭咨询

学习目标

1. 了解婚前咨询与辅导的内容。
2. 掌握夫妻关系调适的基本原则和技巧。
3. 掌握家庭关系调适的原则和技巧。
4. 掌握离婚咨询与辅导的流程。

导入案例

近些年,离婚这个家庭话题引发了越来越多的社会关注和讨论,原因之一,就是离婚数量惊人增长。据民政部统计,从2003年开始,我国离婚数量已经连续14年增长,2003年离婚数量是133.1万对,到了2016年,已经增长到485万对。不仅增加的数量多,增长率也相当惊人,而且据相关资料统计,“80后”群体已经成为现在的离婚主力人群。

面对不断攀升的离婚率,法院很头疼。已经协商一致离婚的夫妻,可以直接去民政部门登记离婚;对于有着各种纠纷的夫妻而言,他们离婚则需要上法院。如何让有着形形色色纠纷的夫妻冷静下来,仔细思考自己的婚姻是否还有转圜的余地,就成了各地法院的难题。怎么做呢?前不久,四川省安岳县人民法院发出了四川省第一张“离婚冷静期通知书”。

这张通知书上写着:奉劝你们静下心来,细细考虑对方的付出与艰辛,互相理解与支持,用积极的态度沟通与交流,用智慧和真爱去化解矛盾,用理解和温情去解决问题,用耐心和真情去温暖子女,珍惜身边人。

2017年3月8日,四川一对“85后”夫妻收到四川省安岳县人民法院的“离婚冷静期通知书”,回家冷静了3个月后,他们决定不离婚了。

其实类似于这起婚姻调解案例的离婚案件在全国还有很多,对于法院来说,一起离婚案件究竟要不要进行调解,取决于这段婚姻是不是已经“死亡”,如果夫妻双方感情并未破裂,只是因为一些生活纠纷而产生了离婚的冲动,那么这种离婚案例是可以通过调解来挽回的,对于法院来说,挽回实质上并未破裂的婚姻,也有着积极的社会意义。

当婚姻遭遇危机时,需要静静。类似四川省安岳县人民法院的冷静书,广西自治区南宁市江南区人民法院也在推行。而上海市静安区人民法院,从2016年6月实施离婚案件“冷静期”起,在45天时间里,67起离婚案件中,成功挽回了27个濒临破碎的家庭。而这背后是最高法正在全国118个中基层法院开展的家事审判方式和工作机制改革试点。

相比影响范围,已经14年连续增长的离婚率更让人惊讶。其中结婚3年内申请离婚的超过40%,“80后”已成为离婚大潮中的“主力军”。高企的离婚率造成的负面影响也不容忽视。

家庭的纷争已经不仅仅是百姓的私事,也是关系到社会和谐稳定的大事。

其实,很多提出离婚的"80后"夫妻,仅仅是因为一些生活中的小事而产生矛盾,实质上感情并未破裂。离婚是公民的权利,但是离婚后,受影响的不仅仅是夫妻双方,他们的家庭,尤其是他们的孩子都会受到影响。希望更多的夫妻能谨慎对待离婚,结婚是大事,需要慎重考虑,离婚更是如此。

(资料来源:http://www.taihainet.com/news/txnews/cnnews/sh/2017-06-16/2022842.html)

引　言

婚姻是人类永恒的主题,单一的爱情并不等于全部的婚姻,婚姻不是两个人有爱就能成功。在婚姻生活中,要接受彼此的家庭并尽相应的责任,接受彼此的工作,接受彼此的贫富,接受彼此的生活方式,如果不能相互调适,就会出现各种问题和危机。

婚姻,很多时候都需要奉献和宽容。拥有完美和幸福的婚姻,两个人必须心智成熟、积极乐观,并且彼此忠诚,注重自我更要兼顾为爱人和家庭奉献。

第1节　婚前咨询与辅导

一、婚前咨询与辅导的概念

婚前咨询与辅导,就是婚姻家庭咨询师在男女双方结婚前对双方的性格、工作经历、生活背景、婚姻期待、沟通互动以及冲突处理等内容进行问卷调查,为男女双方今后的婚姻生活提出一些可行性建议和训练,帮助双方更好地适应婚姻生活,进而实现和谐美满的婚姻生活。

二、婚前咨询与辅导的主题

(一)婚姻期待

男女双方对婚姻的意义和期待有充分的讨论和认识,并达成一致。

(二)沟通互动

男女双方有更好的沟通方式、能力和技巧,通过沟通分享,夫妻(伴侣)彼此更加了解,关系更加融洽。

(三)冲突处理

男女双方在意见不同或发生冲突的时候,能够进行有效的讨论和解决。

(四)原生家庭

男女双方对于对方的原生家庭有充分的了解,也知道原生家庭的影响并做出恰当的心理和关系调整。

(五)权利界限

男女双方对于家庭中的角色定位和家务分工,以及夫妻(伴侣)和个人的界限有充分的讨论并达成共识。

(六)亲密关系

男女双方通常能了解、也能满足彼此的情感需求,能时常通过情感表达、共同兴趣活动等,使彼此的关系更加亲近和亲密。

(七)性关系

男女双方对彼此的性生理和性心理有充分的了解,也对家庭生育计划做出恰当的规划。

(八)价值观

男女双方对彼此的生活和工作的价值及观念有充分的理解,并针对彼此的差异进行讨论和调整,厘清个人与家庭的生活价值与理念。

(九)财务管理

男女双方对于未来家庭的财务规划和管理有清楚的讨论和分工,同时在消费观念上达成共识。

(十)婚姻与婚前测验

婚姻与婚前测验是指有效评估男女双方的婚姻关系以及婚前伴侣的适婚程度,并依据评估结果给出适当的建议。

三、婚前心理状态

(一)婚前恐惧症

1. 婚前恐惧症的定义

婚前恐惧症是指在结婚前出现对婚姻生活的恐惧等症状。这是由于预测到从婚前到婚后的角色转变,害怕自己对生活方式的反差不适应所造成的。正是婚前婚后的角色转换、生活方式的反差,致使一部分人在即将步入婚姻殿堂时,对自己的未来人生状况产生一种捉摸不定、莫名其妙的恐惧。产生婚前恐惧症的最大原因是当事人对结婚没有做好心理上的准备,害怕面对婚后的生活。

2. 婚前恐惧症的治疗

婚前恐惧症对生活和工作都会有影响,其“症状”通常是烦躁、脾气急躁,有的人也会沉默寡言,进而影响到工作和生活。如果对婚姻有疑虑和恐惧,要保持开放的心态,去跟对方沟通交流,进而打消这种疑虑,或者向家人、朋友求助,寻找解决问题的办法。如果担心不适应未来的生活,可以经常到对方家里坐坐,了解他的家人;或者和对方多谈谈他的家人,间接地了解未来的家庭成员的生活习惯等。这个过程也是心理适应的过程。如果协调得好,对婚后的生活也是有利的,在自我调节收效甚微的情况下,可以向专业的心理咨询师或者婚姻家庭咨询师寻求帮助。

(二)婚前焦虑症

1. 婚前焦虑症的概念

婚前焦虑症是指对自身与配偶即将形成的婚姻/夫妻关系的担忧和顾虑,害怕和担心婚姻及家庭方面的压力,包括潜意识存在的和客观现实存在的方方面面。例如对家庭成员相处问题的担忧,对婚姻中夫妻生活的担忧,对生育下一代的担忧等。

2. 婚前焦虑症的治疗

尽量放松自己,做一些简单、不用费力思考的事情,或者整理收藏品,回忆过去美好的事情,缓解焦虑;做有氧运动,运动疗法不但能锻炼身体,更能缓解焦虑;分散注意力,和未婚夫(妻)做一些与筹备婚事无关的事情,来一场说走就走的旅行就是一个不错的选择;必要时,可以用药物或寻求专业的心理咨询师或者婚姻家庭咨询师缓解焦虑症状。

(三)婚前抑郁症

1. 婚前抑郁症的概念

婚前恐惧症和婚前焦虑症可能发展演变成婚前抑郁症。婚前抑郁症是指当事人在结婚前排斥祝福、提及结婚无端地愤怒发火,患得患失,甚至产生逃婚、取消婚礼或者干脆分手的念头。婚前抑郁症比婚前恐惧症和婚前焦虑症的心理不适程度更深,对准备步入婚姻殿堂的双方影响更大,破坏力更强。

2. 婚前抑郁症的治疗

患有婚前抑郁症的人可以在心情忐忑的时候,听一些新婚辅导的讲座,或者阅读有关书籍,从书本中了解日后的生活状态,以便排除空想和对未来生活的恐惧;与恋人进行讨论,告诉对方你自己的状况,让沟通代替争吵,和对方一起解决问题,缓解自身不安的心理;经济条件允许的情况下,最好能外出旅行,看看外面的大千世界,在大自然中舒缓自己紧张的神经;通过饮用静心茶等平复心情;必要时向专业的心理咨询师或者婚姻家庭咨询师寻求帮助。

第2节　婚姻调适辅导

一、婚姻调适的概念

男女双方结为夫妻是动态的开始,而非静态的终止。婚姻需要互动行为,夫妻在互动中构建独特的、和谐统一的关系。婚姻由两个性格、人格不同的男女组合而成,两个人的出生家庭不同,生长环境不同,接受的教育不同,人生理想、价值观和世界观也不尽相同,两人一旦结婚,生活在一起,朝同餐,晚同衾,长相厮守,如果不互相调适,难免龃龉时生,终将酿成劳燕分飞的悲剧。

调适本身是一种过程,个人在此过程中求得心理、生理、文化、社会等基本需求的满足。社会学家斯宾塞认为生命是内在关系对外在关系的调适。换言之,婚姻调适是夫妻双方在愿望、态度、情操等方面,互相进行调适,满足彼此在生理、心理、文化、社会等方面的需要。

由于传统社会赖以维系家庭和谐与婚姻稳固的种种信仰及价值逐渐丧失殆尽,结婚的主要目的逐渐演变成为个人而非家庭,夫妻在婚姻关系中所要得到的是双方人格的充实、情感需求的满足、性及全面生活的协调。因此,现代社会婚姻调适重视夫妻间的性满足、休闲生活、情投意合、人格发展等,婚姻调适就成为相互的你将我就,创造水乳交融的和谐关系。

二、导致夫妻矛盾的主要原因

夫妻关系中存在着大量的道德、法律、经济、劳动、心理、情感等方面的互动,容易引起矛盾和分歧的因素包括以下几个方面。

(一)开支失衡

经济开支过程中,夫妻之间失去平衡。例如妻子"娘家人"多,支出大,如果丈夫不满意,两人就会出现矛盾,反之亦然。另外,夫妇消费需求不一,或者花钱自作主张,都可能导致一方对另一方的不满。

(二)地位变化

夫妇中一方地位变化引起对方或自身的思想变化,导致夫妇间的隔阂甚至离异。

(三)感情转移

夫妻中一方情感转移到第三者身上,这时,夫妻之间的感情就会出现裂痕。

(四)缺乏约束

夫妻之间不加约束,为所欲为,言行放肆,伤害对方。

(五)不良习性

夫妻一方或双方有酗酒、赌博等不良的嗜好,粗暴、猜疑等不良的性格,如果婚后不加约束,不能矫正,就会造成夫妻关系的紧张与冲突。

(六)性生活不协调

性生活不协调也是引起夫妻关系不和谐的一个重要原因。

三、婚姻调适的基本原则

(一)相互宽容

夫妻感情失和往往肇端于生活中的小事。毫不夸张地说,许多微不足道的事情,却往往会触发家庭中的一场"世界大战"。两个人生活习惯、兴趣爱好的不同,也会触发矛盾,因此,相互宽容就显得尤其必要。每个人都会犯一些错误,人们往往容易忽略自己的缺点,夸大自己的优点,对自己的过失和错误轻易原谅,而对别人的不足难以容忍。这种不良的心理品质在夫妻关系中极易造成隔阂,甚至导致对立情绪的产生,明智的做法是善于原谅自己,更善于原谅别人。家庭生活中的很多事,难有一个统一的标准模式,既然如此,夫妻之间有不同的看法可以保留,没必要争个高下。

如果一个家庭中,山东的老公顿顿爱吃大葱,而杭州的妻子连葱味儿都闻不得,那么,作为男人大可体谅自己的妻子,不强求她也一起吃,除此之外一定要注意吃完喝完之后,不能只顾着自己酣畅淋漓,而不刷牙漱口,影响夫妻间的亲密行为;而作为妻子,也要尊重老公的生活习惯,而且多食葱蒜又有益于身体健康,纵使自己千万个不情愿,他爱吃就让他吃。只要彼此谦让,互相包容,无论在生活中遇到什么困难,两个人都能够携起手来同甘共苦,共渡难关。

(二)相互适应

因为爱情,一对情投意合的男女坠入爱河;因为爱情,两个涉世未深的异性结成朝夕相处的伴侣。自你情我愿在一起的那天起,之前所有的习惯和方式都会改变,这是一个即将开启的长期的并伴有一定痛苦的适应过程。夫妻生活既有行为和事务上的合作,又有精神和情感上的交流,因此,从经济收支到家务劳动,从生活习惯到兴趣爱好等诸多方面,都存在一个适应和协调的过程。成家过日子,首先面临的问题就是平添了过去不曾遇到的家务琐事,做饭、洗衣、养育孩子,日复一日,无穷无尽。

婚前所有的家务都由父母包揽,婚后乍一做起来确实感到吃力和厌烦。双方如果再不合理安排,共同承担,势必发生口角,这种现象在很多年轻夫妻中屡见不鲜。其实平心静气地想一想,家务劳动和生活琐事不可避免,既然结婚,就得男女分工,各尽其能。只要能认识到这一点,就可以尽快地适应新生活。

(三)相互理解

人们常常把"理解万岁"挂在嘴边!但是,夫妻在生活中一旦意见不同,方法有别,或明辨对错时,往往都会忘记这句自己熟知的口头禅。夫妻相处最基本的原则是宽容、适应,继而才能上升到理解的层面。只具备宽容的心态和良好的适应能力,远远不够,只有理解才是最关键的调和剂。理解,意味着两颗心的碰撞和交流,由此而发生的爱才更加真挚、更加深沉。只要彼此理解,一个眼神、一句暗语都是夫妻沟通思想、传递感情的桥梁。善于互相体谅理解的夫妻,常常细微之处见真情。

举例来说,老公在外面是某个单位的领导,下属对他唯命是从,回到家却愁眉苦脸、叫苦不迭,完全没有了在单位的那股气概,这是为什么呢?因为只有家才是他避风的港湾,能给他温暖和安慰,只有妻子才是他倾诉内心真实情感的对象。如果妻子不能理解,必然会产生误会,进而影响夫妻之间的感情。这个时候,妻子要做的就是递上一杯热茶,或者是说一些体贴的话语,让老公得到理解和同情、得到满足,老公自然就会对妻子加倍疼爱。相反,老公一回家,妻子就对他呼来喝去,无疑会刺痛对方的感情神经,容易导致夫妻感情失和。

四、婚姻调适的主要方法

(一)相互谅解与相互调适

夫妻之间巩固与增强感情的基本途径是相互谅解与相互调适。恋爱期间,男女双方往往努力表现自己的优点来吸引对方,而自觉或不自觉地掩饰自己的缺点。同时,恋爱期间的交往局限在一定的范围之内,对对方缺乏全面的了解,并且热恋中的人潜意识会把对方的缺点也蒙上一层悦目的光彩。结婚之后,在夫妻共同组织生产、消费、生儿育女、料理家务日常生活的琐事中,彼此的个性或缺点全方位表现出来,甚至使对方产生完全判若两人的感觉。这种时候就需要对对方的缺点给予谅解,对对方的个性给予尊重,同时,彼此改变自己婚前的个性和习惯去适应配偶。

夫妻关系的调适,关键在于结婚初期,同时也发生在家庭生命周期的其他各个阶段。社会学理论一般把家庭生命周期分成四个阶段:从结婚到孩子出生前,为第一阶段;从生下孩子到孩子成年之前,为第二阶段;从孩子成年到孩子结婚,为第三阶段;孩子结婚之后,为第四阶段。在家庭生命周期的不同阶段,夫妻关系也处于不同的家庭生活环境之中。在第二、三阶段,夫妻具有配偶与父母双重角色;在第四阶段,夫妻则具有更多重的角色,夫妻关系中也会加入新的价值观念、新的行为准则。

(二)提高夫妻对话的艺术

对话是夫妻交流思想感情和传达信息的主要方式,也是增强夫妻心理认同感、密切婚姻关系的纽带。夫妻之间的爱情、尊重、信任、谅解、期望、关心、体贴等都可以通过对话来表现。在婚姻生活中,夫妻对话分为事务性对话和感情性对话两类。事务性对话就是就事论事,比较简单,但却是处理家庭事务所必需的。这种对话的方式有命令式、祈求式、协商式、通报式等。其中,祈求式和协商式体现了夫妻之间的平等地位、民主气氛和相互尊重,对构建和谐的夫妻关系有很好的作用,应当多采用。感情性对话在很大程度上是为了满足夫妻间的心理需要,它比事务性对话复杂,具体包括调剂式、安慰式、互酬式等。它们可以调节生活节奏,安慰彼此情绪,体现对对方的关心等,同样是构建和谐的婚姻关系的很好方法。

(三)协调好家庭关系

婚姻生活中不仅存在夫妻关系,还包括亲子关系、婆媳关系、姑嫂关系等。其中婆媳关系、姑嫂关系不太好处理,而且这两种关系在很大程度上会影响婚姻关系的质量。处理这两种关系,一般要注意以下几个方面。第一,满足各种角色期望。只当了好丈夫而忽视了对父母或兄弟姐妹的照顾,也会产生矛盾,影响婚姻关系。第二,生活照顾和情感满足兼顾,尤其对于老人而言,仅有物质生活上的照顾,而忽视心理情感上的亲近,也会造成矛盾。第三,外紧内松,两人的矛盾一般不要让家庭其他成员知道。

其他注意事项还包括平等相处与相互负责;求同存异,化解矛盾;感情专一;保持性生活和谐等。

第3节 其他家庭成员关系调适的咨询与辅导

一、亲子关系调适

(一)亲子关系概述

亲子关系,就是父母与子女的关系。亲子关系是由夫妻关系派生出来的一种最基本的家庭关系。亲子关系首先是以血缘为基础的感情关系。天然的遗传联系使父母与子女之间充满了骨肉情感,充满了纯洁与深沉的爱。父母与子女的爱是其他任何人之间的感情所不能比拟的。亲子关系在法律上是指父母和子女之间的权利、义务关系。父母和子女是血缘最近的直系血亲,亲子关系是家庭关系的重要组成部分。

(二)亲子关系分类

1. 自然血亲的父母子女关系

这是基于子女出生的法律事实而发生的,包括生父母和婚生子女的关系、生父母和非婚生子女的关系。其特点为:自然血亲的父母子女关系,只能因依法送养子女或父母子女一方死亡的原因而终止。通常情况下,他们之间的相互关系是不允许解除的。

2. 拟制血亲的父母子女关系

这是基于收养或再婚的法律行为以及事实上抚养关系的形成,由法律认可而人为设定的,包括养父母和养子女的关系,继父母和受其抚养教育的继子女的关系。其特点为:拟制血亲的父母子女关系,可因收养的解除或继父(母)与生母(父)离婚及抚养关系的变化而终止。

(三)亲子关系调适的原则

亲子关系调适的基本原则:善于尊重和理解青少年心理发展的特点——独立意识和"成人感",既要看到他们想独立和趋向成熟的一面,又要看到他们还不太成熟,需要严格要求和恰当指导的一面。对孩子既要表现出尊重和信任,又能给予及时的帮助和指导。

(四)亲子关系的调节

1. 父母的角色定位

处理好父母与子女的关系,首先要正确认识父母在家庭中的角色定位。父母的角色定位包含两个方面的内容,即作为整体父母的共同角色定位和父母各自的分工定位。父母要理解尊重子女,重视每一位家庭成员在教育子女方面的作用,共同承担教育子女的责任与义务。

1)父母共同的角色定位

第一,对于子女尤其是未成年子女而言,父母是社会文化传承的载体,通过这个载体,子女可以直观地学习社会文化,接受社会道德观和价值观,模仿和学习各种行为模式,实现个人的社会化。第二,对于社会而言,父母是社会权力在家庭中的代理人。社会及其成员所拥有的教化权力、约束权力、惩罚权力、奖励权力等,一方面通过法律等社会规范施加于其他社会成员,另一方面通过委托让渡的形式下放到家庭中,其代理人就是父母。现代社会,父母不仅可以行使权力使子女感受到社会的制约作用,而且更多地通过以身作则、率先垂范等方式施以身教。第三,对于未成年子女而言,父母是精神上、生活上的保护人和依赖者,子女在成长过程中所必需的精神上、情感上的依赖,物质生活上的照顾等都是由父母提供的。

2)父母分工的角色定位

第一,严父与慈母的分工。所谓"严父"与"慈母",主要是针对传统社会父亲一般更多地承担惩罚或约束子女的职责,母亲则更多地行使具体抚育照管子女的职责而言的。传统社会对男、女在社会、家庭中的分工和价值界定是不同的,男子的社会分工就是修身、齐家、治国、平天下,女子的职责就是相夫教子,因此就演变为一种约定俗成的家庭角色定位。在现代社会,父母在家庭中的角色没有绝对的界限,父母与子女在感情交流上也无大的差异,都是社会规范的体现者,家庭生活的管理者、照顾者,只是女性特有的细腻、耐心等特质,使母亲更多地表现出"慈祥"。第二,事业成功者和生活管理者的分工。在传统观念中,父亲是事业成功者,是家庭社会地位的体现和经济收入的来源,而母亲则是家庭生活的具体管理者和操办者,即所谓的"男主外,女主内"。这种观念在现代社会仍有延续,一般家庭也比较认同父亲是事业成功者、母亲是家庭生活管理者的模式,但也无绝对的界限。第三,"社会性事务参谋者"与"个人性事务参谋者"的分工。在子女成长过程中尤其是进入青少年时期后,子女在遇到重大社会性事务时,更愿意征求父亲的意见和建议,而在遭遇个人生活事务方面的困难时更愿意听取母亲的意见和建议。第四,"理性化性格象征"和"情绪化性格象征"的分工。在家庭中,父亲往往被赋予坚毅、冷静、果断、理性的性格特征,而母亲则更多地被赋予温柔、激动、谨小慎微、优柔寡断等性格特征。

从父母共同的角色定位和各自不同的角色定位分析可见,做一对合格的父母是一件非常不容易的事,构建和谐的家庭关系与亲子关系,对夫妻双方都有严格的要求,是一个值得高度重视和深思的问题。

2. 家庭子女教育的主要内容

(1)人身安全教育,主要是培养子女的自我保护意识和自我防护能力。

(2)生活自理能力和良好生活习惯教育。生活自理能力方面的教育应当从小开始进行,从简单的家务劳动到处理个人日常事务都是教育的内容。良好生活习惯的养成也要从小进行,包括说话习惯、学习习惯、游戏习惯、运动习惯等。

(3)社会生活常识和社会规范教育。社会生活常识教育包括社交礼仪、法律法规常识等内容;社会规范教育包括是非、善恶、美丑的判断标准等内容。

(4)性知识和性行为规范教育。性知识和性行为规范教育的目的是帮助进入青春期的子女破除性领域的神秘感,确立健康的两性交往观念和行为模式,其内容包括生理卫生知识教育、性科学教育、性行为规范教育等。

(5)成年期的准备教育,包括教育子女学习性别角色,训练子女情感上的独立意识,帮助子女做好职业选择和经济独立的准备,对子女进行婚前教育、社会价值观教育等。

3. 亲子沟通的原则

(1)关爱原则。所谓关爱原则是指父母必须从生理上、情感上真正关心和爱护子女,使之感受到家庭的温情,从而培养自己的自信心和责任感。

(2)感召原则。所谓感召原则就是父母通过关爱和个人的人格示范,对子女形成强大的感召力。

(3)理性化原则。在与未成年子女沟通的时候,不能感情用事,既不能过分溺爱、纵容、娇宠,也不能过分严厉、苛刻,应当在关心爱护的前提下按照适度的、理性的原则来处理其成长过程中的各种情况和问题。

4. 亲子沟通的方法

(1)父母保持一致。在处理与子女有关的问题时,父母要尽可能保持一致,否则,往往导致子女在父母面前的尴尬和无所适从,或者为迎合父母的意见,选择沉默或撒谎。长此以往,一方面子女可能产生自闭性格,另一方面子女可能形成虚伪作假、不诚实的性格,这就意味着父母教育的失败。要保持彼此意见的统一,一个可以采取的办法就是在处理问题做出决定之前先进行沟通和协商,形成比较统一的处理意见后,再与子女沟通。另一个方法就是当遭遇突发问题和情况,父母意见发生较大分歧时,一方保持沉默,等另一方处理过后,双方私下再商量更好的处理或补救办法。

(2)批评、处罚要适当。对待子女所犯错误,批评和处罚要以警醒、矫正为目的,而不能以处罚为目的。当子女出现问题和错误时,父母的批评和处罚要适度,达到引起子女警醒和反省的目的即可。另外,在纠正子女问题和错误时,要先纠正再指点,在纠正错误的基础上为子女指出正确的处理方法和行为准则,否则将导致子女无所适从。

(3)避免横向比较。由于望子成龙或恨铁不成钢的心理,很多家长常常把自己的子女与其他家庭的子女进行横向比较,夸耀别人的子女而贬损自己的子女,会给子女带来羞辱感和挫折感,影响子女成长,这是应当避免的。

(4)尊重子女隐私。父母不能因对子女拥有法律上的监护权而为所欲为,比如有的家长私看子女的日记、私拆子女信件、偷听子女电话、私查聊天记录以及干涉子女婚姻等,给子女心理上造成极大伤害。尊重子女的隐私,放手让子女处理生活中能够处理的问题,既是对子女的一种尊重,也是对子女的一种锻炼,锻炼子女应对复杂情况的能力,锻炼子女对人生的选择把握能力,有利于培养子女的独立性、自主性。

(五)亲子关系调适技巧

1. 尊重孩子的独立意识,选择民主的家教方式

家长应致力和子女建立较为平等的亲子关系,努力在家庭中营造相互信任、理解、尊重的和谐气氛,把孩子当作家庭中地位平等的一员,有关家庭的一些决定可让孩子参与并发表自己的看法。

2. 关注孩子的精神世界,并给予适当的指导

由于身心的快速发育,青春期的孩子会面临巨大的心理转变。他们既有面对剧变不知如何应对而陷入孤独之中的一面,同时又有渴望得到别人的体谅、关怀、指导的一面。心理学家斯普兰格曾经说过这样一段话:“没有任何人会像青年那样深深地陷入孤独之中,渴望被人接近和理解；没有任何人像青年那样，站在遥远的地方，向人们呼唤着……”因此，家长们要正视孩子这一精神需要，克服封建意识和难为情的心态，主动承担起舒缓孩子情绪压力的责任。

3. 掌握批评的艺术，保护孩子的自尊心

俗话说："玉不琢，不成器；人不学，不知义。"当孩子有过失行为时，家长们不可放任不管，要通过批评的方式去纠正，但须掌握批评的分寸和原则。批评的最高境界在于既不伤害孩子的自尊心，又能使孩子为自己的过失感到难过和内疚，进而从内心深处萌发改正错误的意愿。批评要公正，注意场合，切忌在众人面前批评孩子，也忌用挖苦、讽刺、翻旧账的方式批评孩子，批评时避免使用伤害孩子自尊心和人格的语言。

二、其他家庭关系的调适

除了夫妻关系与亲子关系，家庭中还有婆媳关系、兄弟姐妹关系、祖孙关系等。我们在这里只作简单介绍。

婆媳关系是与夫妻、亲子关系密切相关的一种关系，它主要存在于扩大家庭之中，是家庭中最难处理、最微妙的一种关系。在封建社会，婆媳关系是不平等的，媳妇要俯首听命于婆母，做媳妇是非常不容易的。同时，多年的媳妇可以熬成婆，从而形成一种妇女压制妇女的恶性循环。在现代家庭中，由于媳妇具有独立的社会经济地位，婆媳关系的基本要求是平等，但相处融洽的婆媳关系却并不十分普遍。它需要婆媳双方彼此谦让，彼此容纳，相互尊重、体贴与合作，也需要介于婆媳之间的"中介"，即儿子、丈夫积极调节、从中斡旋，这样才可以形成比较融洽的婆媳关系。

兄弟姐妹关系是以血缘为纽带的一种关系。在现代社会，同一家庭中的兄弟姐妹关系一般发生在未成年期间。兄弟姐妹从小共同生活、一起长大，因此，兄弟姐妹关系具有稳定的感情基础，是一种最容易接受的家庭关系。兄弟姐妹在各自独立后容易产生分歧，主要表现在四个方面：第一，父母偏袒或援助不均衡，父母在经济援助、家务劳动等方面，偏重于某个子女，引起其他子女的不满；第二，赡养父母的责任心有强弱之别，责任心强的子女会对责任心弱的兄弟姐妹产生不满情绪；第三，财产继承分割不平均或要求过分；第四，妯娌关系紧张，一旦妯娌不和，往往会把兄弟也卷进去。

家庭中还有祖孙、翁媳、岳婿、姑嫂、叔侄、姑侄、舅甥、姨甥等关系，这些关系构成了一个复杂的家庭关系网络。在社会主义社会背景下，我国各类家庭的和睦关系日益普遍化，遍布各个角落的和睦家庭正成为巩固与发展社会安定团结局面的重要因素。

第4节　离婚咨询与辅导

一、离婚咨询与辅导的内容与原则

（一）离婚咨询与辅导的内容

离婚咨询辅导的内容包括离婚登记材料咨询、离婚程序咨询、离婚过程即时咨询辅导和个案跟进服务。

离婚咨询辅导分当事人主动求助、婚姻家庭咨询师主动介入等形式。

（二）离婚咨询与辅导的基本原则

离婚咨询与辅导的基本原则：坚持以人为本，助人自助的原则；坚持婚姻家庭咨询与辅导本土化、专业化、规范化的原则；坚持案主自决与正面引导相结合的原则，协助案主改变不良状态或境遇；坚持理解、接纳与尊重原则，尊重和关切当事人及其他参与人的生活习惯和诉求，对待当事人及其他参与人应当做到称谓恰当、语言得体、语气平和、态度公允；坚持保守秘密原则，对于当事人隐私须恪尽保密职责，不以任何理由泄露案主隐私；坚持同理原则，换位思考，为案主增权赋能；坚持中立原则，不偏向任何一方；坚持齐推并进原则，综合运用社会工作、心理咨询、法律援助等方法，评估并澄清受助夫妻婚前基础、婚后感情、离婚原因（动机）、有无和好可能等事实，与当事人一起制定解决问题的方案。

二、离婚咨询与辅导的流程

（一）求助申请，接案甄别

求助接案是离婚咨询辅导的第一步，也是整个辅导的基础。当事人寻求帮助，婚姻家庭咨询师须信任当事人，真诚接纳当事人并认真做好咨询辅导来访登记记录，与当事人建立专业关系，了解当事人基本情况并进行分析整理，做出准确的问题判断。

（二）倾听陈述，分析诊断

倾听当事人的语言陈述，婚姻家庭咨询辅导的两个重要任务就是鼓励当事人多说话，自己多倾听。婚姻家庭咨询师的倾听不是盲目的，而应该是有目的的，要适当进行引导，在倾听时注意分辨当事人叙述中的经验部分、行为部分和情感部分。在当事人倾诉过程中，婚姻家庭咨询师可通过观察当事人的言行举止来了解当事人的性格特征，掌握更多当事人的信息，并做好记录，准确分析存在的问题，对症下药。

（三）澄清问题，舒缓情绪

沟通本来就是一件困难的事情，每个人的内心都是一个独特的世界，各自拥有不同的生活空间，不是通过几句话就可以了解的。婚姻家庭咨询辅导不是普通的人际沟通，而是需要深入地沟通互动，婚姻家庭咨询师必须对当事人有较全面、深刻的了解，才能真正按照其需求提供帮助。所以婚姻家庭咨询师在辅导过程中应主动引导当事人对模糊不清的陈述作更详细、清楚的解说，使之成为明确、具体的信息。在辅导过程中，如双方说及伤心往事时情绪激动或言辞激烈，婚姻家庭咨询师应及时发挥润滑剂的作用，通过赞扬对方的优点等小技巧，平复当事人的情绪，协调双方关系。如当事人双方发生激烈争吵，婚姻家庭咨询师应及时提醒当事人保持冷静，让对方把话说完。

（四）化解矛盾，弥合分歧

咨询辅导进行到第四步，婚姻家庭咨询师基本掌握了当事人信息，了解到当事人之间发生矛盾冲突的原因，应根据不同当事人、不同性格特征与沟通的有效程度来劝解当事人，帮助当事人理性认识问题，化解矛盾。总结当事人想表达的想法，婚姻家庭咨询师应该在适当的时候把它表达出来。总结是指婚姻家庭咨询师把当事人的口语表达、情绪感受和行为进行综合，整理后向当事人表达，找到谈话的重点，帮助当事人更加专注而具体地探索自己的问题。总结技巧能够将当事人提供信息的若干元素联系起来，把零散的想法和感觉整合起来；辨别出明显的主题或者模式，促进当事人更细致地讨论某个主题；引导谈话的方向，巧妙中止当事人重复、凌乱的谈话;调整会谈节奏,提供适合双方心理的空间;回顾在过去会谈中的成效,工作者在总结中提到当事人的长处会更加有用,协助当事人发掘自己未曾利用的资源和能力。

(五)转移引导,解开心结

在辅导过程中,婚姻家庭咨询师运用认知行为疗法,倾听当事人内心真实的想法;以同情心理解当事人的痛苦或诉求,站在当事人角度为其着想;帮助当事人改变一些看法,用一种崭新的视角看待自己、看待他人,乐观积极处理生活中遇到的问题;提高当事人的自我价值感,从而在一定程度上帮助当事人自主解决婚姻家庭问题。

夫妻争吵往往都会抓住一些生活小事不放,听不进对方的解释,认为解释就是掩饰,不解释就是心中有愧。在夫妻争吵过程中,对方一个小小的缺点也会被无限放大,双方的情绪难以平复。所以婚姻家庭咨询师应找准切入点,耐心引导当事人转移至其他话题,不再纠结于过去闹心的小事;同时,适当运用人生回顾疗法,让两个人多想想在一起时的幸福快乐时光,引发当事人思考,使其珍惜当下。

(六)跟进服务,评估反思

离婚咨询辅导的结束,并不意味着服务的结束。婚姻家庭咨询师应通过电话访谈、入户探访、其他约访等方式开展跟进服务,对典型个案开展个案跟进服务,并对服务过程进行评估和反思。辅导遵循以人为本的原则,婚姻家庭咨询师不能代替当事人进行决定。对于婚姻家庭咨询师提供的解决方案,当事人有权否定、接纳或更正。辅导结束后,当事人可能牵手和好,可能平和分手,也有可能会不欢而散最终走上法庭,婚姻家庭咨询师只能运用专业知识,帮助当事人正确分析问题,从而引导其做出理性的判断。无论结果怎样,婚姻家庭咨询师都应尊重当事人做出的决定,并给予积极支持,希望他们可以开始新生活。

辅导结束后,婚姻家庭咨询师应运用科学的研究方法和技术,对辅导过程及结果进行评估。当事人是婚姻家庭咨询师服务的使用者,他们最清楚服务是否符合他们的需求以及哪些地方需要改进,在评估中他们是最有发言权的人。所以,婚姻家庭咨询师可以采用服务满意度评估等方式,收集当事人的看法及意见,结合自身的主观感受等,对婚姻家庭咨询辅导的每一个阶段,每一个步骤,辅导的方法技巧、最终效果,对服务对象产生的影响等进行评估反思,丰富自己的工作经验,提高服务水平。

婚姻家庭咨询师要坚持保密原则,注意维护当事人的利益,保护其自尊和隐私。婚姻家庭咨询师还需要定期对当事人进行回访和跟进,随时关注后续状况,必要时应及时提供帮助。

第5节　再婚咨询与辅导

一、再婚的概述

随着社会的不断进步,无论是社会持续发展的要求,还是个人价值实现的要求,都呈现出多元化、多层次的变化,离异或丧偶人群的需求也在不断发生着变化,他们原来从配偶那里得到的关心、体贴和心理支持消失,导致出现心理失衡现象,感到孤独空虚。一方面,他们希望重新获得配偶感情上的支持和生活上的帮助,另一方面,上一段婚姻的创伤让他们不安,再婚更加需要勇气。

二、再婚咨询和辅导

(一)再婚咨询和辅导的内容

再婚咨询和辅导的内容包括离异者再婚咨询和辅导、丧偶者再婚咨询辅导等。

(二)再婚咨询和辅导的主题

再婚咨询和辅导的主题是在再婚群体的咨询和辅导过程中,帮助服务对象克服对婚姻的恐惧心理,引导其客观、积极地看待婚姻生活。具体从以下几方面进行引导。

1. 忘记过去,不藕断丝连

离异后再婚者应该严格做到这一点。有些人在法律上已经离婚,但在感情上依依不舍,藕断丝连。这种情况一旦被现任配偶发现,往往会大伤感情,使第二段婚姻重蹈覆辙。

2. 胸襟开阔,不乱加猜疑

夫妻双方要彼此信任,相互尊重,分清工作中的正常联系和友情,不能认为男女一有接触就是行为不端。

3. 相互适应,遇事共同商量

不能有“男尊女卑”或“女尊男卑”的思想。有些女性性情泼辣,在经济上对丈夫严格控制,迫使丈夫俯首帖耳,言听计从。有些男性大显夫权主义,把妻子看作自己的附属品。这些不健康的夫妻关系都要摒弃。

4. 双方子女不亲此疏彼

组成新家庭以后,双方应该正确对待孩子的教育问题。作为继父、继母要加倍关心和爱护对方的孩子,使其感到温暖,不能偏袒自己的孩子,责难对方的孩子,造成彼此感情疏远和对立。

5. 金钱财富不斤斤计较

对于双方的工作收入,要做到支出民主,统一协商,合理使用。

小资料

中国人婚姻数据:晚婚明显　离婚率走高

1987 年到 2017 年, 31 年的民政部数据显示,“晚婚”现象明显,近 5 年 25~29 岁结婚登记的公民最多。自 2003 年起,中国的离婚率逐年上升。

民政部的统计数据显示,北上广等经济发达地区结婚率普遍较低,其中结婚率最低的 5 个省市分别是上海、浙江、天津、江西和山东,其结婚率分别为 0.45%、0.61%、0.61%、0.62%、0.63%。

为什么那么多人选择晚婚呢?

物质条件不成熟,经济压力大

结婚成本有多高,看看铺天盖地的彩礼报道就知道。彩礼问题也酿成了不少的悲剧。如,2018 年 3 月 18 日,年仅 20 岁的淮北小伙小马,因为无法承担女友家里索要的 30 万彩礼,竟然在宾馆割腕自杀。后来幸好房东发现得早,送到医院紧急抢救才捡回了一条生命。

有人说婚姻不是买卖,但这旧俗到目前为止仍然没有消亡的倾向。

当代青年男女对于婚姻的渴求少不了物质基础,但不同以往,物质基础并不是只有彩礼而已,都希望能买车买房,而现实却很揪心,房价便是最明显的阻碍。再加上就业难、收入不高,这一系列的难题摆在眼前，青年男女并不是只要到了适婚年龄就可以结婚，他们刚毕业，没有物质条件和基础，结婚就有了无形的压力。

没遇到合适的人，享受单身生活

"享受一个人的自由"和"遇到合适的人才恋爱"成为年轻人的普遍情感追求。很多都市适婚青年表示"宁缺毋滥"，不着急结婚，而且十分享受单身生活。北京大学社会学系教授陆杰华表示，随着经济社会的发展，代际间的婚育观念已经发生了很大的改变，对于很多"80后""90后"而言，晚婚、不婚等现象越来越常见，社会包容度也在提高，婚姻不再是唯一的选择。他们独自生活娱乐，十分享受。

工作压力大，没有恋爱时间

当被催婚时，可能很多人的理由都是：没有时间。随着就业压力的增大和职场竞争的日益加剧，现在的"80后""90后"除了要面临低廉的薪水，还要承受巨大的工作压力，在为生计奔波的时候，便没有了谈情说爱的时间，找对象就成了难题，晚婚便成了迫不得已。

哪些行业单身率高呢？

一项针对1980年后出生的职场青年的问卷调查显示，专业服务、广告传媒、公关会展成为年轻人单身重灾行业，超半数的从业者没有恋爱对象。金融、汽车和互联网行业的单身率紧随其后，也不容乐观。长期加班、频繁出差、社交圈子小，成为这些行业年轻人单身的三大原因。

现代社会包容度很高，婚姻并不是唯一的选择，但这一现象也会造成出生率的降低和老龄化问题，应该引起重视。

（资料来源：http://ah.people.com.cn/n2/2018/0817/c229939-31946070-2.html）

思考题

1. 婚姻家庭咨询辅导有哪些内容？

2. 谈谈婚姻家庭咨询与辅导的必要性。

3. 离婚咨询与辅导一般有哪些流程？

第 3 编

婚姻登记实务

第1章　婚姻登记基础

学习目标

1. 了解什么是婚姻登记。
2. 理解婚姻登记制度建立的意义。
3. 掌握与婚姻家庭有关的国籍常识。
4. 了解并掌握婚姻登记机关。

导入案例

《婚姻登记条例》的新规定

2003年8月8日,国务院公布了《婚姻登记条例》,自2003年10月1日起施行。《婚姻登记条例》的颁布实施,是我国婚姻法制定建设中的一件大事和喜事,标志着婚姻登记法制化进入了一个新阶段。

新颁布的《婚姻登记条例》与1994年的《婚姻登记管理条例》相比,在立法理论和指导思想上有了一些新的变化,在制度上也有一些新的规定,主要体现在以下几个方面。

第一,将《婚姻登记管理条例》改为《婚姻登记条例》,去掉了"管理"二字,从而淡化了婚姻登记的行政色彩,突出了民事登记的特征。第二,为适应2001年修正的《婚姻法》,《婚姻登记条例》增加了补办结婚登记、无效婚姻和可撤销婚姻的规定。第三,统一了婚姻登记程序。第四,将结婚登记需由单位出具婚姻状况证明改为由本人做出无配偶声明。第五,适当集中了农村居民办理结婚登记的机关。第六,对婚前医学检查未作规定。

(资料来源:http://www.mca.gov.cn)

引言

婚姻登记是依婚姻当事人的申请,婚姻登记机关对申请人的婚姻登记申请加以审查和确认,进行正式的记载,签发相关证件。婚姻登记是婚姻关系成立和解除的必经程序,包括结婚登记、离婚登记。婚姻登记是国家管理婚姻秩序的方式。

婚姻登记主体是国家的婚姻登记机关。既然婚姻登记是国家的行政管理活动,婚姻登记权属于国家行政权的范围,那么,婚姻登记权就应当由法定的行政主体来享有和行使,婚姻登记就应当由法定的行政主体来进行。《婚姻登记条例》对此做出了明确的规定,民政部门和乡(镇)人民政府为法定的婚姻登记机关,即婚姻登记主体。

婚姻登记是婚姻登记机关对申请人的婚姻状况及法律地位的确认。在婚姻登记中,婚姻登记机关依法对登记申请人之间是否建立夫妻关系或者解除夫妻关系,以及登记申请人之间的法律地位进行确定、认可、证明并予以宣告。因此,婚姻登记是一种行政确认,也就是说,婚姻登记不是登记机关为登记申请人创设夫妻关系或终止夫妻关系,而是对当事人之间的关系和行为是否合法的认可。

婚姻登记必须依当事人的申请做出。婚姻登记属于依申请的行为，即登记机关处于被动的状态，非经登记申请人请求，不依职权主动进行登记，换句话说，登记申请人的申请是婚姻登记的先行程序和必要条件。但是，一旦登记申请人提出了登记申请，登记机关就必须对该申请依法进行审查，并做出登记或不登记的决定。

婚姻登记属于羁束行政行为。所谓羁束行政行为，是指法律规范对其范围、条件、形式、程序等作了较详细、具体、明确规定的行政行为。行政主体实施这样的行政行为时，必须严格依法定范围、条件、形式、程序进行，没有自行斟酌、选择、裁量的余地。婚姻登记的目的是确认登记申请人的法律地位和权利义务。建立或解除婚姻关系的条件完全由《婚姻法》和《婚姻登记条例》规定，登记机关在对当事人的婚姻状态和婚姻关系进行确认和登记时，只能根据事实并严格按照法律的规定来操作，不能自由裁量、自定标准。

第1节　婚姻登记

一、婚姻登记的实施

婚姻关系的成立或解除皆须经一定的程序。我国实行的是婚姻登记制度，按照《婚姻法》的有关规定，当事人结婚、复婚和双方自愿的离婚，必须经过婚姻登记机关的登记，才能产生法律上的效力，夫妻关系才受法律保护。对婚姻进行登记，是国家对社会事务进行管理的一个重要组成部分，民政部门代表国家主管这项工作。婚姻登记属于行政确认行为，不是行政许可行为。

婚姻登记包括结婚登记和离婚登记，是婚姻登记机关依法确立或者终止当事人之间婚姻关系的具体法律行为。当事人办理结婚登记并领取结婚证，即意味着他们之间的婚姻关系得到了法律的认可和保护，其他人必须承认并尊重他们的婚姻关系。当事人办理离婚登记并领取离婚证，即意味着他们的婚姻关系已经终止，他们之间不再存在夫妻权利义务关系。

（一）婚姻的成立称为结婚

结婚程序或方式，是指婚姻成立所必须履行的程序或方式。《婚姻法》第8条规定："要求结婚的男女双方必须亲自到婚姻登记机关进行结婚登记。符合本法规定的，予以登记，发给结婚证。取得结婚证，即确立夫妻关系。"

（二）婚姻的解除称为离婚

离婚程序，是指配偶间解除婚姻关系所必须履行的法律手续，主要有两种程序。一种是行政程序，即双方自愿离婚的程序。自愿离婚的男女双方，须亲自到一方户口所在地登记机关申请离婚。婚姻登记机关在查明双方是否确实自愿，对子女、财产、离婚后生活问题是否有适当处理后，依法准予或不准予登记。准予登记时，收回结婚证，发给离婚证。另一种是诉讼程序，即一方要求离婚的程序。要求离婚的一方可向被告所在地人民法院提起离婚诉讼。人民法院受理离婚案件后，首先进行调解，调解成功的，按撤诉处理，调解后达成离婚协议的，制作调解书，协议离婚；调解无效时，则由人民法院依法做出准予离婚或不准予离婚的判决。

二、婚姻登记法律关系

婚姻登记法律关系作为一种特殊的法律关系，具有它自身的特征。

（一）主体的一方是登记机关，另一方是公民（自然人）

一方面，婚姻登记是一种行政行为，婚姻登记权是国家的行政权，因此婚姻登记权必须由法定的机关来行使。也就是说，只有婚姻登记机关在行使职权时，才会产生婚姻登记法律关系。另一方面，非自然人是不享有婚姻权的，婚姻权是自然人专有的。婚姻登记是对公民（自然人）的婚姻关系和法律地位的确认，登记行为对自然人的婚姻权会产生一定的影响，并且，登记程序必须由自然人的申请来启动，所以，婚姻登记法律关系的另一方是自然人。

（二）非对等性

婚姻登记法律关系作为行政法律关系，其主体双方的权利和义务是不对等的。结婚和离婚的法定条件是明确的、非选择性的，登记机关在审查和登记时，只忠于法律和事实，不存在与申请人协商的问题；在确认申请人之间的法律关系和法律地位过程中，登记机关依职权单方面做出是否予以登记的决定，申请人不得与登记机关讨价还价，更不得强迫登记机关做出某种决定。

（三）主体的权利和义务的法定性

婚姻登记机关和申请人之间不能相互约定权利和义务，不能自由选择权利和义务，而必须依据法律规范取得权利并承担义务。对于登记机关来说，职权、职责都是法定的，如《婚姻登记条例》第 7 条明确规定："婚姻登记机关应当对结婚登记当事人出具的证件、证明材料进行审查并询问相关情况。对当事人符合结婚条件的，应当当场予以登记，发给结婚证；对当事人不符合结婚条件不予登记的，应当向当事人说明理由。"对于申请人来说，其在婚姻登记中的权利和义务，同样由法律直接规定，如《婚姻登记条例》第 5 条的规定。

（四）登记主体实体上的权利和义务的重合性

进行婚姻登记既是婚姻登记机关的职权，又是其职责。对于婚姻当事人的申请，登记机关有权审查，并做出是否登记的决定；同时，对当事人的申请，登记机关也有义务审查并做出是否登记的决定。因此，登记机关的职权是不可放弃的，否则，就构成了失职行为。

第 2 节　婚姻登记制度的建立

一、婚姻登记制度的沿革

我国的婚姻登记法律制度，是在党领导人民进行革命的过程中逐步建立起来的。到了第二次国内革命战争时期（1928—1937 年），随着农村革命根据地的创建，工农民主政权的建立和一系列的社会民主改革的进行，婚姻家庭制度的改革也随之进行，并用立法形式确定下来。1931 年，中央苏维埃颁布的《中华苏维埃共和国婚姻条例》规定："男女结婚，须向乡苏维埃或城市苏维埃进行登记。"这是我国首次以法律形式规定的婚姻登记制度，自此以后，党领导下的抗日根据地和解放区，都以这个条例为基础，制定了婚姻登记的具体规定。

中华人民共和国的成立，使我国婚姻家庭制度的改革进入了一个新的发展时期。1950 年，中央人民政府通过并公布了《中华人民共和国婚姻法》，这是 1949 年后的第一部婚姻法，也是中华人民共和国成立初期一项极为重要的立法,标志着在旧中国遗留下来的封建婚姻制度被彻底废除,新的婚姻制度遍行全国。该法对婚姻登记作了原则性的规定。

1955 年,经国务院批准,内务部颁布了《婚姻登记办法》,这个办法对有关婚姻登记工作作了比较详细的规定。至此,我国的婚姻登记制度在全国范围内基本确立下来。

“文化大革命”时期,婚姻登记工作受到了严重破坏。1978 年民政部恢复后,婚姻登记工作逐步走上了依法管理的轨道。1980 年 9 月 10 日,第五届全国人大三次会议对 1950 年颁布的《中华人民共和国婚姻法》进行了修改。为了配合修改后的《中华人民共和国婚姻法》,1980 年 11 月 11 日民政部发布了《婚姻登记办法》,该办法重申婚姻登记的程序,要求婚姻当事人在一方户口所在地提出申请,对申请离婚的,审查人员要做调解工作。

随着改革开放的进一步深入和人口自由流动的加速,婚姻家庭出现了各种各样的新情况,1986 年 3 月 15 日,经国务院批准,民政部又颁布了《婚姻登记办法》。该办法明确了婚姻登记的执法地位,建立了婚姻登记档案制度和出证制度,补充了对违法婚姻的处理办法,明确规定患有麻风病或性病未治愈的人不准结婚,对于婚姻登记工作人员的条件和违法行为的处理办法都作了相应的规定。

为了适应婚姻家庭方面出现的新情况、新问题,进一步规范婚姻登记工作,经国务院批准,民政部又对 1986 年的《婚姻登记办法》进行了修改,并于 1994 年 2 月 1 日发布了《婚姻登记管理条例》。该条例明确了婚姻登记管理工作的主管部门及其职责,要求民政部门从原来的婚姻登记向婚姻管理转变;规定了离婚当事人的权利和义务;新增加了监督管理、婚姻当事人对婚姻登记管理机关有监督的权利等内容。

2001 年 4 月 28 日,第九届全国人民大表大会常务委员第二十一次会议通过了《关于修改〈中华人民共和国婚姻法〉的决定》(以下简称《决定》),根据该《决定》,对 1980 年 9 月 10 日第五届全国人民代表大会第三次会议通过的《中华人民共和国婚姻法》进行了修改并颁布实施。2001 年 12 月 25 日以来,最高人民法院先后公布了《关于适用〈中华人民共和国婚姻法〉若干问题的解释(一)、(二)、(三)》,对《婚姻法》实施过程中较为普遍存在的重大问题做出了明确的解释。

作为《婚姻法》的配套法规,《婚姻登记管理条例》亦需要作相应的修改。此外,针对《婚姻登记管理条例》实施十年来出现的新情况、新变化,需要对《婚姻登记管理条例》规定的有关制度予以修改和完善。针对上述情况,2002 年 8 月 8 日国务院颁布了《婚姻登记条例》。

为了配合《婚姻登记条例》的实施, 2003 年 9 月民政部颁布实施了《婚姻登记工作暂行规范》。这一规范的实施,在进一步完善婚姻登记工作的同时也将为进行婚姻登记的人们提供更多的服务与便利。

自 2003 年《婚姻登记工作暂行规范》实施以来,我国婚姻登记工作更加规范,婚姻登记当事人权益得到更好的保护。随着经济社会的快速发展,《婚姻登记工作暂行规范》已不能满足当前婚姻登记工作的实际需要,亟须修订。2015 年 12 月,民政部颁布了《婚姻登记工作规范》,主要对内地居民、港澳台居民、华侨和外国人办理婚姻登记的登记机关、婚姻登记员、婚姻登记内容、当事人应当提交的材料、审核办理程序等做出了具体的规定。修订的重点包括:首次提出乡(镇)婚姻登记机关的设置标准和要求;明确婚姻登记机关应当配备专职婚姻登记员;将婚姻家庭辅导和结婚登记颁证工作纳入《婚姻登记工作规范》;提出了婚姻登记机关信息化建设的相关要求;补充完善了补领证件的程序和要求;明确了婚姻登记机关应当加强与本地区人民法院的婚姻信息共享工作,为规范婚姻登记进一步提供支撑条件等。

二、建立婚姻登记制度的意义

人们在结婚、离婚和复婚时办理登记手续,是国家对公民的婚姻问题采取负责态度的具体表现。婚姻登记不仅可以使合法的婚姻得到及时的承认和保护,使破裂的婚姻及时地得到解除,同时还可以帮助当事人树立正确的婚姻观念,使本人和周围的群众受到教育。可见,婚姻登记绝不是一种可有可无的例行手续,而是一项严肃的法律制度。认真执行有关婚姻登记的各项规定,对于巩固和发展社会主义婚姻制度具有重要意义。

(一)反映了国家对人民的关怀

中国古代的历代王朝和国民党统治时期,都不要求结婚向政府机关登记,而我们党从中央苏维埃时代到现在,都要求公民在成立或解除婚姻关系时向政府登记。这就反映出不同性质的政权和人民的不同关系。中国古代的统治者把婚姻看作老百姓的私事,漠不关心,置之不问,而人民政府出于对人民的关心和爱护,对人民的婚姻问题采取了认真负责的态度,其具体做法是成立专门的机构来管理这项事务。

(二)有助于社会主义精神文明建设

我国现时的婚姻关系,是一种具有法的意义的伦理性的社会关系,也就是说,我国现时的婚姻关系既要符合法律的规定,又要符合以共产主义思想为核心的道德原则。所以,作为指导人民群众正确处理婚姻问题的婚姻登记,是促进社会主义精神文明建设的一项重要工作。

(三)保证《婚姻法》的贯彻执行

保护合法婚姻,是婚姻登记的基本职能。所谓合法,有两种含义:其一是说准予登记的结婚和离婚,必须符合《婚姻法》规定的条件;其二是说只有通过婚姻登记确立的婚姻关系,才能得到法律的承认和保护。婚姻登记机关通过准予登记或者不予登记,保证《婚姻法》的贯彻执行,成为社会主义婚姻制度的宣传者、保护者,并引导人民群众与破坏《婚姻法》的行为作斗争。

(四)有利于和睦民主家庭的建立

家庭是人类最基本的社会组织形式,它是以婚姻关系为基础,以血缘关系为纽带而组成的共同体。和睦民主的家庭,可以通过婚姻登记,在男女双方结成夫妻后建立起来。婚姻登记机关在婚姻当事人申请结婚时,通过认真审查,防止出现违背当事人真实意愿的婚姻,从而使婚姻建立在平等、相互爱慕的基础上,为和睦民主家庭的建立提供良好的条件。

三、《婚姻登记条例》的立法目的

《婚姻登记条例》第1条规定:"为了规范婚姻登记工作,保障婚姻自由、一夫一妻、男女平等的婚姻制度的实施,保护婚姻当事人的合法权益,根据《中华人民共和国婚姻法》,制定本条例。"根据这一规定,《婚姻登记条例》的立法目的有三项。

(一)规范婚姻登记工作

规范婚姻登记工作是有效实施《婚姻法》的重要保障。1950年我国颁布了第一部《婚姻法》,《婚姻法》关于婚姻登记的规定有个明显的特点,就是《婚姻法》虽然规定了婚姻登记制度，但都是原则性的条款，只有通过制定配套法规才具有可操作性。婚姻登记工作是由为数众多的各地方婚姻登记机关及其婚姻登记员具体实施的，如果没有统一的婚姻登记工作规范，婚姻登记工作就无法开展。婚姻登记包括结婚登记、补办结婚登记、离婚登记、复婚登记、撤销受胁迫的婚姻以及补发结婚证、离婚证等诸多事项，婚姻登记机关能否依法履行职责，直接关系到婚姻登记制度能否得到有效实施以及当事人的合法权益能否得到保障。

（二）保障婚姻自由、一夫一妻、男女平等的婚姻制度的实施

婚姻自由，是指婚姻当事人按照法律的规定享有自主地决定自己婚姻的权利。婚姻自由包括结婚自由和离婚自由。结婚自由，就是男女双方本人完全自愿，不许任何一方对他方加以强迫，或者第三方加以干涉。保障结婚自由，是为了使男女双方能够基于自己的意愿结为夫妻。离婚自由，是指婚姻当事人有权自主地处理婚姻关系。保障离婚自由，是为了使无法维持的婚姻关系得以解除。婚姻自由与包办婚姻、买卖婚姻是相对立的，与轻率离婚或者不严肃地对待两性关系毫无共同之处。实行婚姻自由制度，就是要制止包办婚姻、买卖婚姻的行为，抵制随心所欲的两性行为。

一夫一妻，是指一男一女结成的夫妻。其中，一个男人只能娶一个妻子，一个女人只能嫁一个丈夫，任何一个人不能同时与两个或者两个以上的异性缔结婚姻关系。同时，我国法律也禁止同性之间的婚姻。保障一夫一妻制度，是在婚姻关系上实现男女平等的必要条件。一夫一妻制与一夫多妻制或者重婚行为是相对立的，重婚是破坏一夫一妻制的严重违法行为，实行一夫一妻制就必须坚决反对重婚。我国《刑法》将重婚规定为犯罪行为，可以判处两年以下有期徒刑，《刑法》第 258 条规定："有配偶而重婚的，或者明知他人有配偶而与之结婚的，处两年以下有期徒刑或者拘役。"

男女平等，是指夫妻在政治、经济、文化和家庭生活等各个方面享有平等的权利、承担平等的义务。男女平等的制度是与中国历史上封建的男尊女卑制度相对立的。保障男女平等制度，是在婚姻关系上实现婚姻自由的必要条件。

（三）保护婚姻当事人的合法权益

婚姻当事人依法缔结或者解除的婚姻关系才能受到法律的承认和保护。保护婚姻当事人的合法权益是婚姻制度的一项重要内容。合法权益是指法律规定的权益。权益是权利和义务的统一，只有当事人依法地履行义务时，权利人才能从依法享有的权利中得到利益。婚姻当事人既有他们共同的合法权益，也有他们各自分别的合法权益。婚姻当事人共同的合法权益，在财产方面表现为夫妻在婚姻关系存续期间所得的某些财产归夫妻共同所有。婚姻当事人的合法权益也存在于夫妻自身的许多方面，如在人身关系方面，夫妻之间有相互扶养的权利和义务，一方应当依法履行的扶养义务就是另一方应当享有的合法权益；在财产关系方面，夫妻之间有相互继承财产的权利。

第 3 节　国籍常识

国籍是指个人属于某个国家的公民资格或国民资格。基于这种资格，使他与该国发生法律关系。国籍法则是调整有关国籍问题的法律原则、规则和制度的总称。

一、国籍的取得、丧失和恢复

（一）国籍的取得

1. 原始国籍的取得

原始国籍又叫生来国籍，是指一个人在出生时即由一个国家赋予的国籍，主要有两种情况：一是以亲子关系为准，即以父母的国籍决定子女的国籍，称为血统主义，如中国、日本和德国；二是以子女的出生地为准，即以出生地决定国籍的标准，如英国、美国。

2. 继有国籍的取得

继有国籍是根据当事人的意愿或某种法律规定和事实而取得的国籍。主要有以下几种情况。

（1）婚姻改变国籍，指一个国家的公民与另一个国家的公民结婚，即可以取得另一个国家的国籍，这主要涉及妇女的国籍。也有婚姻不改变国籍的，主要指不因与外国人结婚而改变女子的国籍，要改变国籍，必须通过正式申请等法律程序予以解决。

（2）收养改变国籍。公民收养外国或无国籍儿童时，被收养的儿童可取得收养人所在国的国籍。但是，能否取得收养人所在国的国籍，还要由各国立法和国际公约而定。

（3）选择国籍。这主要发生在根据国际条约转移、迁移居民，或根据平等互利的原则交换一部分领土时，往往给当地居民以重新选择国籍的机会。

（4）申请入籍。申请入籍，必须基于申请人的自愿。大多数国家都允许外国人或无国籍人向居住地提出入籍申请，但需经过一定的法律手续，并对申请入籍人做出种种规定。

（二）国籍的丧失

具有一国国籍的人，失去作为该国公民资格或国民资格，叫国籍的丧失。除因婚姻、收养和选择国籍等原因而丧失原有国籍外，还有因不履行民族、国家义务，危害国家利益等行为被剥夺国籍的。

（三）国籍的恢复

国籍的恢复指原具有一国国籍的公民，因某种原因而丧失了原有国籍，现在又要求申请恢复原国籍。如因婚姻丧失原国籍的妇女，可在丈夫去世后，申请恢复原国籍。

二、国籍的抵触

国籍的抵触是指一个人同时具有不止一个国家的国籍，或处于无国籍的法律状态。

（一）积极的国籍抵触

一个人具有双重或多重国籍，称为积极的国籍抵触。这种现象主要发生在采取出生地为原则的国家里出生的婴儿身上。如出生在美国的婴儿，根据美国法律，取得原始国籍以出生地为原则，孩子当然取得美国国籍，但如果他的父母是法国人，根据法国法律他又有法国国籍，这样就造成婴儿具有双重国籍。再如，一个俄罗斯妇女与一个法国人结婚，根据法国法律，妻子可以成为法国公民，而根据俄罗斯法律，该妇女又可以保留原有国籍。这样，这位妇女即具有双重国籍。

（二）消极的国籍抵触

一个人无任何国籍的现象称为消极的国籍抵触。消极的国籍抵触主要有三种情况。一是出生产生无国籍现象。婴儿出生在采取血统主义的国家里，而父母又无国籍，则婴儿一出生就无国籍。例如，匈牙利实行血统主义，不是匈牙利人所生子女不具有匈牙利籍，阿根廷实行出生地主义，一对阿根廷夫妻如果在匈牙利生子，就可能成为无国籍人。第二种是婚姻产生无国籍现象。有的国家规定本国女子与外国人结婚即丧失本国国籍，而另一国又规定外国女子与本国公民结婚不因婚姻而取得本国国籍。第三种情况则是战争造成无国籍现象。

三、我国国籍法的立法原则

（一）民族平等的原则

《中华人民共和国国籍法》（以下简称《国籍法》）第 2 条规定："中华人民共和国是统一的多民族的国家，各民族的人都具有中国国籍。"这就是说，作为多民族国家，我国各民族人民都平等地拥有共同的中国国籍，不因民族的大小和状况不同而有区别。这既有利于反对大民族主义，主要是大汉族主义，也有利于反对外国挑拨少数民族中的个别人搞民族分裂主义。

（二）血统主义与出生地主义相结合的原则

父母双方或一方为中国公民，本人出生在中国或外国，均具有中国国籍；父母无国籍或国籍不明，定居在中国，本人出生在中国，具有中国国籍。

在因出生取得国籍这个选项上，中国主要采取了血统主义原则：对父母双方或一方为中国公民，本人出生在中国，具有中国国籍；父母双方或一方为中国公民，本人出生在外国，具有中国国籍；但父母双方或一方为中国公民并定居在外国，本人出生时即具有外国国籍的，不具有中国国籍。可见，中国立法在因出生取得国籍的一般情况下是采用血统主义原则的。中国国籍法仅在特殊情况下采用了出生地主义原则：父母无国籍或国籍不明，定居在中国，本人出生在中国，具有中国国籍。

（三）男女平等的原则

男女平等主要表现在两个方面：在因出生取得国籍方面，《国籍法》第 4 条、第 5 条不采取父系血统原则，而采取男女平等原则，即无论父亲或母亲是中国公民，子女都可以取得中国国籍；在因加入取得国籍方面，我国国籍法没有妻随夫籍的规定，体现妇女国籍独立原则。

外国女子与中国男子结婚并不因婚姻关系而当然取得中国国籍，中国女子与外国男子结婚并不因婚姻关系而自动丧失中国国籍，丈夫加入或退出中国国籍并不当然引起妻子国籍的变化。

（四）不承认双重国籍

《国籍法》第 3 条规定："中华人民共和国不承认中国公民具有双重国籍。"体现这一原则的内容是：外国人在中国境内所生子女不具有中国国籍（第 4 条、第 6 条）；父母双方或一方为中国公民并定居在外国，本人出生时即具有外国国籍的，不具有中国国籍（第 5 条）；经批准加入中国国籍的，不得再保留外国国籍（第 8 条）；定居外国的中国公民，自愿加入或取得外国国籍，即自动丧失中国国籍（第 9 条）；申请恢复中国国籍获批准的，不得再保留外国国籍（第 13 条）。

解决双重国籍问题是我们处理国籍问题的重点。特别是历史上遗留下来的华侨的双重国籍问题，一度影响到中国与有关国家的关系。中国政府在平等互利和互不干涉内政的基础上，就华侨的国籍问题与有关国家友好协商，先后与印度尼西亚（1955 年）、菲律宾（1973 年）、马来西亚（1974 年）、泰国（1975 年）等国就华侨双重国籍问题签订条约或发表联合公报，确认了不承认双重国籍的原则。

(五)防止和减少无国籍现象原则

《国籍法》和其他法律,都有利于防止和减少无国籍现象。另外,无国籍人依照《国籍法》的规定可以申请中国国籍。我国《国籍法》和其他法律均不以任何理由剥夺中国国民的国籍。

第4节 婚姻登记机关与婚姻登记员

一、婚姻登记机关

(一)婚姻登记机关的职责、管辖及设置

1.婚姻登记机关的职责

婚姻登记机关是指具有依法履行婚姻登记行政职责的行政机关。

按照《婚姻登记条例》的规定,内地居民办理婚姻登记的机关是县级人民政府民政部门或者乡(镇)人民政府。省、自治区、直辖市人民政府可以按照便民原则确定农村居民办理婚姻登记的具体机关。中国公民同外国人,内地居民同香港居民、澳门居民、台湾居民、华侨办理婚姻登记的机关是省、自治区、直辖市人民政府民政部门或省、自治区、直辖市人民政府民政部门确定的机关。可见,办理婚姻登记的婚姻登记机关主要是县级以上的人民政府民政部门,民政部门是婚姻登记工作的职能机关。

婚姻登记机关的主要职责如下。

(1)办理婚姻登记。

(2)补发婚姻登记证。

(3)撤销受胁迫的婚姻。

(4)建立和管理婚姻登记档案。

(5)宣传婚姻法律法规,倡导文明婚俗。

2.婚姻登记机关的管辖及设置

所谓管辖是指各级婚姻登记机关受理婚姻登记事务的职权划分。婚姻登记机关的职权是按照行政区域划分的。

(1)县、不设区的市、市辖区人民政府民政部门办理双方或者一方常住户口在本行政区域内的内地居民之间的婚姻登记。省级人民政府可以根据实际情况,规定乡(镇)人民政府办理双方或者一方常住户口在本乡(镇)的内地居民之间的婚姻登记。

(2)省级人民政府民政部门或者其确定的机关,办理一方常住户口在辖区内的涉外和涉香港、澳门、台湾居民以及华侨的婚姻登记。办理经济技术开发区、高新技术开发区等特别区域内居民婚姻登记的机关由省级人民政府民政部门提出意见并报同级人民政府确定。

(3)现役军人由部队驻地、入伍前常住户口所在地或另一方当事人常住户口所在地婚姻登记机关办理婚姻登记。

婚姻登记机关不得违反上述规定办理婚姻登记。

(二)内地居民之间办理婚姻登记的机关

根据《婚姻登记条例》的规定,内地居民办理婚姻登记的机关是县级人民政府民政部门或者乡(镇)人民政府,省、自治区、直辖市人民政府可以按照便民原则确定农村居民办理婚姻登记的具体机关。

(三)内地居民与香港居民、澳门居民、台湾居民、华侨,中国公民同外国人之间办理婚姻登记的机关

根据《婚姻登记条例》的规定,中国公民同外国人,内地居民同香港居民、澳门居民、台湾居民、华侨办理婚姻登记的机关是省、自治区、直辖市人民政府民政部门或者省、自治区、直辖市人民政府民政部门确定的机关。

二、婚姻登记员

(一)婚姻登记员的含义

婚姻登记员,就是具体办理婚姻登记的工作人员。《婚姻登记条例》第3条规定:“婚姻登记机关的婚姻登记员应当接受婚姻登记业务培训,经考核合格,方可从事婚姻登记工作。”《婚姻登记工作规范》第24条又进一步明确规定:“婚姻登记员由本级民政部门考核、任命。婚姻登记员应当由设区的市级以上人民政府民政部门进行业务培训,经考核合格,取得婚姻登记员培训考核合格证明,方可从事婚姻登记工作。其他人员不得从事本规范第25条规定的工作。”

婚姻登记是一项十分严肃的工作,结婚登记就是在民事法律关系上建立人身关系,离婚登记就是在民事法律关系上解除人身关系。人身关系的建立或者解除涉及财产关系的变更,但又不同于财产关系的变更,它比财产关系更加复杂。一旦婚姻登记工作出现失误,处理起来的难度往往很大。婚姻登记员只有严格依照法律规定的条件和程序审查和办理婚姻登记,才能保证婚姻登记工作的质量。

(二)婚姻登记员的主要职责

婚姻登记员的主要职责包括如下几个方面。

(1)监誓。负责对当事人有关婚姻状况声明的监誓。

(2)审查。审查当事人是否具备结婚、离婚、补发婚姻登记证、撤销受胁迫婚姻的条件。

(3)办理。办理婚姻登记手续,签发婚姻登记证。

(4)建立婚姻登记档案。

婚姻登记员应当熟练掌握相关法律法规,熟练使用婚姻登记信息系统,文明执法,热情服务。婚姻登记员一般应具有大学专科以上学历。婚姻登记员上岗应当佩带标识并统一着装。

(三)婚姻登记员的考核、培训

婚姻登记员培训考核合格证明由省级人民政府民政部门统一印制。婚姻登记员应当至少每2年参加一次设区的市级以上人民政府民政部门举办的业务培训,取得业务培训考核合格证明。

婚姻登记员进行婚姻登记是依法行政的行为,产生相应的法律后果,这就要求婚姻登记人员必须通晓业务,严格执法。无论是公务员还是其他人员,在办理婚姻登记前,都必须接受婚姻登记工作的业务培训,并经考试取得合格证明。业务培训和考核应当由县级以上人民政府民政部门组织进行。

从培训的方式来看,婚姻登记员的培训应当以集中培训为主,兼以个人自学的方式。没有集中培训很难保证其对法律法规和政策的准确理解、把握,很难避免执法过程中的偏差。没有个人自学，就很难全面提高婚姻登记员的基本素质。从培训的主要内容来看，主要有基本的法律常识；与婚姻登记相关的法律法规，除《婚姻法》和《婚姻登记条例》外，还有《民法通则》《民事诉讼法》《中华人民共和国行政复议法》《中华人民共和国行政诉讼法》《中华人民共和国国家赔偿法》《中华人民共和国收养法》（以下简称《收养法》）等；相关的学科知识，如社会学、心理学、管理学知识，外语阅读和交流等；基本工作技能，如计算机特别是网络方面的知识。同时，婚姻登记员还应加强职业素质、职业道德等方面的培训。各级民政部门必须加强对婚姻登记员的管理和培训，努力建设一支业务精湛、行为规范、执法严明、服务周到、技能全面、素质优良的婚姻登记队伍，展示婚姻登记这一社会主义精神文明建设窗口的良好形象。

三、婚姻登记收费

婚姻登记经历了一个从收取工本费到取消收费的过程。在取消收费前，针对婚姻登记的收费问题，制定了明确合理的收费标准，并要求婚姻登记机关严格执行收费标准。

（一）制定明确合理的收费标准

在取消收费前，制定明确合理的收费标准，是严格执行收费标准的前提条件。婚姻登记费属于行政事业性收费，一般收取工本费。《婚姻登记条例》第21条规定，当事人办理婚姻登记或者补领结婚证、离婚证应当交纳工本费。工本费的收费标准由国务院价格主管部门会同国务院财政部门规定并公布。

以1992年制定的收费标准为例：国内公民办理结婚登记、离婚登记，每对收取工本费9元（简易结婚证为每对2元）；涉外结婚登记、离婚登记每对收费为80元人民币；涉港澳台、华侨结婚登记每对收费60元，离婚登记每对收费80元。2001年，国家计委和财政部规定，我国加入世界贸易组织后，统一执行国内公民办理结婚、离婚9元人民币的收费标准。

（二）严格执行收费标准

在取消收费前，严格执行收费标准是有效实施婚姻登记制度、维护当事人合法权益的重要保障。婚姻登记中存在着乱收费、搭车收费等问题，其形式在不同的时期有不同的表现。乱收费的最大危害是直接冲击了婚姻登记制度。有些人由于对乱收费不满或者无力负担，而不进行婚姻登记，使本应合法登记的婚姻没有得到登记。搭车收费严重侵害了当事人的合法权益，增加了当事人不合理的经济负担，败坏了人民政府的形象，损害了政府与群众的关系，甚至滋生了腐败现象。对此，《婚姻登记条例》第18条明确规定，婚姻登记机关及其婚姻登记员办理婚姻登记或者补发结婚证、离婚证时超过收费标准收取费用的，应当退还当事人，对直接负责的主管人员和直接责任人员依法给予行政处分。

（三）取消收费

2017年3月，财政部发布《关于清理规范一批行政事业性收费有关政策的通知》，规定自2017年4月1日起，取消或停征41项中央设立的行政事业性收费。其中，停征的涉及个人等事项的行政事业性收费共两项：登记费（包括婚姻登记费、收养登记费）及依申请提供政府公开信息收费。此前部分地方已经取消了9元婚姻登记工本费，此次取消婚姻登记费扩大至全国。

小资料

婚姻登记处

婚姻登记处是具体办理婚姻登记的职能机构,它是指县级以上的人民政府民政部门和乡(镇)人民政府设置的专门行使婚姻登记职责的婚姻登记部门。具有办理婚姻登记职能的县级以上人民政府民政部门和乡(镇)人民政府应当按照要求设置婚姻登记处。

省级人民政府民政部门设置、变更或撤销婚姻登记处,应当形成文件并对外公布;市、县(市、区)人民政府民政部门、乡(镇)人民政府设置、变更或撤销婚姻登记处,应当形成文件,对外公布并逐级上报省级人民政府民政部门。省级人民政府民政部门应当相应调整婚姻登记信息系统使用相关权限。

省、市、县(市、区)人民政府民政部门和乡镇人民政府设置的婚姻登记处分别称为:

××省(自治区、直辖市)民政厅(局)婚姻登记处,××市民政局婚姻登记处,××县(市)民政局婚姻登记处;

××市××区民政局婚姻登记处;

××县(市、区)××乡(镇)人民政府婚姻登记处。

县、不设区的市、市辖区人民政府民政部门设置多个婚姻登记处的,应当在婚姻登记处前冠其所在地的地名。

婚姻登记处应当在门外醒目处悬挂婚姻登记处标牌。标牌尺寸不得小于1 500 mm×300 mm或550 mm×450 mm。

婚姻登记处应当按照民政部要求,使用全国婚姻登记工作标识。

具有办理婚姻登记职能的县级以上人民政府民政部门和乡(镇)人民政府应当刻制婚姻登记工作业务专用印章和钢印。专用印章和钢印为圆形,直径35 mm。

婚姻登记工作业务专用印章和钢印,中央刊“★”,“★”外围刊婚姻登记处所属民政厅(局)或乡(镇)人民政府名称,如:“××省民政厅”“××市民政局”“××市××区民政局”“××县民政局”或者“××县××乡(镇)人民政府”。

“★”下方刊“婚姻登记专用章”。民政局设置多个婚姻登记处的,“婚姻登记专用章”下方刊婚姻登记处序号。

婚姻登记处应当有独立的场所办理婚姻登记,并设有候登大厅、结婚登记区、离婚登记室和档案室。结婚登记区、离婚登记室可合并为相应数量的婚姻登记室。

婚姻登记场所应当宽敞、庄严、整洁,设有婚姻登记公告栏。

婚姻登记处不得设在婚纱摄影、婚庆服务、医疗等机构场所内,上述服务机构不得设置在婚姻登记场所内。

婚姻登记处应当配备以下设备:复印机、传真机、扫描仪、证件及纸张打印机、计算机、身份证阅读器。

婚姻登记处可以安装具有音频和视频功能的设备,并妥善保管音频和视频资料。

婚姻登记场所应当配备必要的公共服务设施,婚姻登记当事人应当按照要求合理使用。

婚姻登记处实行政务公开,下列内容应当在婚姻登记处公开展示:

本婚姻登记处的管辖权及依据;婚姻法的基本原则以及夫妻的权利、义务;结婚登记、离婚登记的条件与程序;补领婚姻登记证的条件与程序;无效婚姻及可撤销婚姻的规定;收费项目与收费标准;婚姻登记员职责及其照片、编号;婚姻登记处办公时间和服务电话,设置多个婚姻登记处的,应当同时公布,巡回登记的,应当公布巡回登记时间和地点;监督电话。

婚姻登记处应当备有《中华人民共和国婚姻法》《婚姻登记条例》及其他有关文件,供婚姻当事人免费查阅。

婚姻登记处在工作日应当对外办公,办公时间在办公场所外公告。

婚姻登记处应当通过省级婚姻登记信息系统开展实时联网登记,并将婚姻登记电子数据实时传送给民政部婚姻登记信息系统。

各级民政部门应当为本行政区域内婚姻登记管理信息化建设创造条件,并制定婚姻登记信息化管理制度。

婚姻登记处应当将保存的本辖区未录入信息系统的婚姻登记档案录入婚姻登记历史数据补录系统。

婚姻登记处应当按照《婚姻登记档案管理办法》的规定管理婚姻登记档案。

婚姻登记处应当制定婚姻登记印章、证书、纸制档案、电子档案等管理制度,完善业务学习、岗位责任、考评奖惩等制度。

婚姻登记处应当开通婚姻登记网上预约功能和咨询电话,电话号码在当地114查询台登记。

具备条件的婚姻登记处应当开通互联网网页,互联网网页内容应当包括:办公时间、办公地点;管辖权限;申请结婚登记的条件、办理结婚登记的程序;申请离婚登记的条件、办理离婚登记的程序;申请补领婚姻登记证的程序和需要的证明材料、撤销婚姻的程序等内容。

婚姻登记处可以设立婚姻家庭辅导室,通过政府购买服务或公开招募志愿者等方式聘用婚姻家庭辅导员,并在坚持群众自愿的前提下,开展婚姻家庭辅导服务。婚姻家庭辅导员应当具备以下资格之一:社会工作师;心理咨询师;律师;其他相应专业资格。

婚姻登记处可以设立颁证厅,为有需要的当事人颁发结婚证。

(资料来源:民政部文件《婚姻登记工作规范》)

思考题

1. 什么是婚姻登记?
2. 谈谈你对我国婚姻登记制度建立的看法。
3. 国籍的取得、丧失和恢复的主要内容是什么?
4. 不同类型的当事人在办理婚姻登记时,需要去哪类婚姻登记机关?

第 2 章　婚姻登记的内容及程序

学习目标

1. 了解并掌握结婚登记的条件。
2. 了解并掌握离婚登记的条件。
3. 了解并掌握结婚登记的程序。
4. 了解并掌握离婚登记的程序。
5. 了解并掌握其他婚姻登记的条件和程序。

导入案例

一个案例告诉你，一张结婚证有多重要

一对"准夫妻"在一起同居，但没有领取结婚证。两个人即使平常有多像夫妻，到了关键时刻，还是不能享受配偶该有的权利，因为没有领结婚证，就不是对方的近亲属。

黄某与李某相识相恋，在同居三年后生下女儿小李，但双方一直未办理结婚登记。后来，李某因交通事故意外身亡，事后获得事故责任人赔偿款，除去小李的被抚养人生活费由黄某代为领取之外，其余款项均由死者父亲老李领取。

黄某认为自己是以结婚为目的和死者李某生活在一起，并已共同生育一个女儿，李某的身亡给自己带来了巨大的身心损害，也造成了今后生活的困难，该赔偿款中死亡赔偿金和精神损害抚慰金是其与死者共有的财产，不属于遗产，其应当按照法定的第一顺序平等参与分配，故其向法院起诉要求与其他三人同等分割相应的赔偿款。

交通事故死亡赔偿金和精神损害抚慰金是事故责任人基于所承担的责任对死者未来收入的补偿以及对死者近亲属的精神抚慰所支付的赔偿，获得这两项赔偿的权利人应当是死者的近亲属，而非死者本人或者近亲属之外的他人。

《民法通则》中规定的近亲属包括配偶、父母、子女、兄弟姐妹、祖父母、外祖父母、孙子女、外孙子女。按照此规定，死亡赔偿金和精神损害抚慰金不属于黄某与死者的共有财产。

黄某与死者虽然在同居期间共同生育了一女儿，但双方并未办理结婚登记，不构成法律上的夫妻关系，故黄某不在死者的近亲属之列，依法无权参与该案诉争的死亡赔偿金和精神损害抚慰金的分割。

因此，一审法院这样判决：驳回黄某要求老李返还交通事故赔偿款的诉讼请求。

（资料来源：https://baijiahao.baidu.com/s? id=1581403712995344402&wfr）

引言

根据《婚姻登记条例》的规定，结婚登记的当事人可以分为三大类：一是内地居民之间的结婚登记；二是内地居民与非内地居民之间的结婚登记，其中又包括内地居民与香港、澳门居民之间，内地居民与台湾居民之间，内地居民与华侨之间的婚姻登记；三是中国公民与外国人之间的结婚登记。

婚姻登记条件分为实质条件和形式条件。实质条件是《婚姻法》予以具体规定的，是当事人结婚必须具备的要件，是进行结婚登记的前提；形式条件是《婚姻登记条例》予以规定的，是当事人进行结婚登记必须具备的要件，是进行结婚登记的内容。

第1节 结婚登记

一、结婚登记条件

（一）结婚登记的实质条件

结婚是夫妻关系赖以建立，夫妻身份关系具有法律意义的行为。基于婚姻关系的自然属性和社会属性，申请结婚当事人必须具备一定的条件，只有符合以下实质条件的当事人才能办理结婚登记。

1. 申请结婚登记的双方必须是一男一女

结婚是两性结合，这是婚姻的自然属性所决定的，同性不能结为夫妻也是大多数国家婚姻立法的通例。近些年来，在一些西方国家，同性恋者增多，同性之间要求缔结婚姻关系的也逐渐增多，他们还通过各种方式来争取这种权利，并希望得到法律的确认。但目前只有极个别国家的法律确认同性之间可以结婚。在我国，根据法律规定，同性之间是不能登记结婚而形成婚姻关系的。

2. 男女双方必须完全自愿

我国《婚姻法》第5条规定："结婚必须男女双方完全自愿，不许任何一方对他方加以强迫或任何第三者加以干涉。"这一规定体现了婚姻自由的原则。"双方完全自愿"的内容是统一的、不可分割的整体，它指的是双方自愿，而不是一厢情愿；是本人自愿，而不是出于父母或者第三者的意愿；是完全自愿，而不是勉强同意。总之，是否结婚、与谁结婚的决定权，完全属于当事者本人。当然，我们提倡婚姻自由，但并不排除当事人的亲友或其他人对其婚事提出自己的看法和善意的意见，这样做不但不会干涉当事人的婚姻自由，而且有利于当事人全面地考虑问题，更好地实现婚姻自主。

3. 男女双方必须达到法定婚龄

男女结婚需要达到一定年龄，才具备适合的心理条件和生理条件，才能履行夫妻的义务，承担对家庭和社会的责任。我国《婚姻法》第6条规定："结婚年龄，男不得早于22周岁，女不得早于20周岁。晚婚晚育应予鼓励。"这里规定的年龄就是法定婚龄，其含义就是只有达到或高于这个年龄始得结婚，低于这个年龄结婚就为法律所不允许。法定婚龄是最低婚龄，并不是到了这个年龄就一定要结婚。如果当事人已达法定婚龄，又有结婚的要求，婚姻登记机关就得依法予以登记，不得以任何借口拒绝。

4. 必须符合一夫一妻制

一夫一妻制是我国婚姻立法的一项基本原则。一夫一妻制是指以一男一女结为配偶的婚姻制度。它与一夫多妻、一妻多夫等婚姻制度相对应。实行一夫一妻的婚姻制度是历史的选择,也是以爱情为基础的婚姻的必然要求。人类的婚姻制度经历了从群婚制到对偶婚制,再到一夫一妻制的历史沿革。实行婚姻自由,建立以爱情为基础的婚姻,是社会主义的婚姻关系所要求的。根据我国《婚姻法》的规定,实行一夫一妻制要求:一夫一妻制对任何人都是适用的,任何人都不得有两个或者两个以上的配偶;有配偶者在其婚姻存续期间不得再行结婚,否则,构成重婚,依法承担法律责任;不符合一夫一妻制的男女两性的结合不能称其为婚姻,不受《婚姻法》所规定的夫妻人身关系和夫妻财产关系的保护,他们之间不是夫妻身份,解除时不适用夫妻财产制的规定;禁止重婚和其他违反一夫一妻制的行为。

实行一夫一妻的婚姻制度,符合婚姻的本质,反映了男女性别比例的自然规律,有利于建立稳定的婚姻和和睦的家庭,有利于子女的健康成长。实行一夫一妻制,也是男女平等的要求,对于保障公民在婚姻、家庭中的合法权益具有重要的意义。

(二)结婚登记的形式条件

结婚登记的形式条件是《婚姻登记条例》予以规定的,是当事人结婚必备的程序条件。结婚登记是取得合法婚姻的形式条件,经过婚姻登记手续,取得结婚证,即确定夫妻关系,因此,结婚登记是一项具有法律效力的制度。结婚是男、女双方的一种民事行为,必须严格按照法律规定进行,当事人不得任意而为,这也是法律赋予民政登记机关的一项公共权力,是维护当事人和社会利益的表现。凡符合《婚姻法》和《婚姻登记条例》规定申请结婚登记的,不受单位或个人的干涉,婚姻登记机关要依法办理结婚登记。

只有依法履行结婚登记手续,取得了结婚证,婚姻才能成立,婚姻关系才产生法律效力,并受国家的承认和保护。不进行登记的婚姻是违法的婚姻。结婚登记是婚姻合法有效的必经程序,结婚必须登记,只要进行了结婚登记,即使未同居,未举行婚礼,婚姻也已经成立,进行结婚登记是结婚唯一的法定形式。申请结婚登记的形式条件主要有以下几种。

1. 一男一女

到婚姻登记机关办理结婚登记的双方必须是一男一女。我国《婚姻法》规定结婚的双方必须是一男一女。目前,随着变性人的增多,变性人的婚姻登记问题已经引起人们的关注。民政部办公厅 2002 年发布了《关于婚姻当事人一方变性后如何确定婚姻关系问题的答复》(民办函〔2002〕127 号),关于变性人的结婚登记问题,只要做了变性并按新的性别重新办理了身份证件后,可以按更改后的性别办理结婚登记。

2. 双方必须亲自共同到婚姻登记机关办理婚姻登记

申请结婚的男女双方必须亲自共同到婚姻登记机关办理登记手续,由他人代理表示同意结婚不被法律认可。具体要求有两条:一是不得由他人代理登记;二是不得由一方代表另一方进行登记。结婚属于个人身份行为,当事人享有专属权,要求当事人共同到场,既体现了双方当事人自愿结婚的真实意思表示,也便于婚姻登记机关核实当事人身份,审查当事人的真实意愿,切实保障当事人的婚姻自由。共同到登记机关办理登记的过程包括申请、声明、审查、颁证等。

因此,双方必须亲自到婚姻登记机关提出申请;双方必须亲自到婚姻登记机关填写申请书;双方必须亲自到婚姻登记机关在申请表上亲笔签名或按指纹;双方必须亲自到婚姻登记机关在婚姻登记员面前宣读声明;婚姻登记机关必须进行内容和形式上的审查;结婚证填写完毕后，双方必须亲自领取，婚姻登记机关当场颁证。

3. 必须到婚姻登记机关办理

我国采用的是严格的登记制，要求结婚的男女双方必须亲自到婚姻登记机关办理结婚登记手续，婚姻才告成立，这既起到了公示作用，也有利于国家对婚姻的成立进行有效的监督和管理。

4. 只能在其管辖权范围内办理婚姻登记

根据《婚姻登记条例》关于婚姻登记机关设置的规定，婚姻登记机关只能在其管辖权范围内办理婚姻登记。内地居民办理婚姻登记必须到一方当事人常住户口所在地的婚姻登记机关办理；中国公民同外国人，内地居民同香港居民、澳门居民、台湾居民、华侨在中国内地结婚的，必须到内地居民常住户口所在地的婚姻登记机关办理。

5. 必须提供所需的材料

当事人必须提供《婚姻登记条例》规定的办理结婚登记所需的材料。当事人登记结婚提供的证件和证明材料可以分为三类：一是本人身份的证明文件；二是本人婚姻状况的证明材料；三是本人与对方当事人血亲状况的证明材料。

结婚登记的法律后果：一是履行了结婚登记手续，当事人的婚姻才成立；二是履行了结婚登记手续，当事人的夫妻关系才产生；三是履行了结婚登记手续，当事人的婚姻关系才具有法律效力，受到法律保护。婚姻登记是婚姻合法有效的必经程序，也是唯一的法定程序。

二、不予办理结婚登记的条件

（一）未到法定结婚年龄的

法定婚龄是法律规定的最低结婚年龄，是结婚年龄的下限。我国《婚姻法》第 6 条规定："结婚年龄，男不得早于 22 周岁，女不得早于 20 周岁。晚婚晚育应予以鼓励。"未到法定结婚年龄的，不予办理。

（二）非双方自愿的

婚姻自由是《婚姻法》的基本原则之一。婚姻自由是指婚姻当事人有权按照法律的规定，基于本人的意愿，自主决定自己的婚姻，任何单位和个人不得干涉和强制。婚姻自由包括结婚自由和离婚自由。结婚自由包括两层意思：一是当事人双方自愿，一方不得以任何方式强制胁迫另一方；二是其他任何单位或个人不得干涉、限制当事人双方的结婚自由。婚姻登记机关在办理婚姻登记过程中，如发现当事人不是自愿的，应当立即停止办理程序。

（三）一方或双方有配偶的

我国实行的是一夫一妻制，一夫多妻或一妻多夫是重婚，重婚是法律严格禁止的违法行为，《婚姻法》已将其作为无效婚姻的四种情形之一，《刑法》还规定了重婚罪。重婚包括下列四种情形：一是有配偶者与他人结婚的；二是明知他人有配偶而与之结婚的；三是有配偶者与他人以夫妻名义同居生活的；四是明知他人有配偶而与之以夫妻名义同居生活的。后两者情形的当事人虽然没有履行结婚登记手续，仍然构成重婚罪。婚姻登记机关在明知当事人一方或双方已有配偶的情况下不得办理结婚登记。

（四）属于直系血亲或者三代以内旁系血亲的

禁止近亲结婚的原因有三。一是根据优生学的理论，近亲间结婚容易把双方的生理缺陷和疾病遗传给下一代，给公民健康带来不利的后果。据医学统计，关于痴呆和隐性遗传病的发病率，近亲结婚所生子女比不同血缘结婚所生子女高出150倍。尤其是现在实行优生优育，就更应该讲究人口质量，杜绝近亲结婚。二是基于伦理观念，近亲间结婚在古代称为乱伦，到近现代仍被视为不光彩的事。我国《婚姻法》第7条规定，直系血亲和三代以内的旁系血亲禁止结婚。直系血亲，就是生育自己和自己生育的各代亲属，包括父母、祖父母（外祖父母）、子女、孙子女（外孙子女）等。三代以内的旁系血亲，就是从自身往上数三代同源所出的亲属，包括兄弟姐妹（包括同父同母、同父异母或同母异父的），堂兄弟姐妹；姑、舅、姨表兄弟姐妹，伯、叔、姑与侄、侄女；舅、姨与甥、甥女。近亲结婚不利于后代的健康，这是人类得出的实践经验并已得到科学的验证，同时限制一定范围的近亲结婚也符合人类的伦理道德观念。因此，近亲结婚一直被许多国家的法律所禁止。

（五）患有医学上认为不应当结婚的疾病

男女结婚，须无禁止结婚的疾病。对此各国立法一般都有具体规定。禁止结婚的疾病可分为两类：一类是精神方面的疾病，如精神病、白痴等；另一类是躯体方面的疾病，一般说来，为法律所禁止结婚的疾病仅限于重大不治的恶疾以及足以严重危害对方和下一代健康的疾病，如麻风病等。除疾病外，某些国家在法律上还禁止有生理缺陷、不能发生性行为的人结婚。我国《婚姻法》（1980年版）第6条规定：“患麻风病未经治愈或患其他医学上认为不应当结婚的疾病，禁止结婚。”麻风病是一种恶性传染病，患者若与他人结婚，不仅会传染对方，还会贻害后代。但是由于我国医学技术水平的提高，麻风病已经不是不治之症，所以，法律只限制未经治愈者结婚，如已治愈，其结婚则不受限制。至于其他在医学上认为不能结婚的疾病，我国最新的《婚姻法》并未一一列举，一般来说，主要是指精神失常未经治愈、先天性痴呆以及某些已被实践证明不应结婚的传染病或遗传性疾病。在使用本条规定处理问题时，必须有充分的科学依据，必要时应该进行医学上的专门鉴定。

不符合结婚登记条件的情况有两种：一种是欠缺证件、证明材料等形式条件的；另一种是欠缺结婚实质条件和具有禁止条件的，即未达到法定婚龄、非自愿、已有配偶以及有《婚姻法》规定的禁止结婚的血亲关系或者患有不应当结婚的疾病。对此，婚姻登记机关要依据《婚姻法》的规定，向当事人说明不予登记的理由，对欠缺证件、证明材料的，应提供必要的及可能的指导。

三、补办结婚登记

（一）补办结婚登记的法律规定

补办结婚登记是《婚姻登记条例》新增加的内容。补办结婚登记是指以夫妻名义同居生活，但尚未办理结婚登记的事实婚姻，在当事人采取补办结婚登记补救措施后，事实婚姻即同居关系转化为合法婚姻的行为。《婚姻登记条例》第8条规定：“男女双方补办结婚登记的，适用本条例结婚登记的规定。”根据这一规定，以夫妻名义一起生活而没有办理结婚登记手续的当事人可以按照《婚姻登记条例》关于结婚登记的规定到婚姻登记机关补办结婚登记手续。补办结婚登记所需要提供的证件和证明材料以及补办结婚登记的所有程序均须依照结婚登记来进行。

关于补办结婚登记的规定，从积极的角度重申了办理结婚登记的必要性。但是，对于那些符合《婚姻法》规定的结婚条件但尚未办理结婚登记手续的男女，即便已经举行了结婚仪式或者早已以夫妻名义同居生活，也必须尽早依法补办结婚登记，以使双方的婚姻关系得到法律的有效保护。规定补办结婚登记，不是否认婚姻登记制度，也不是鼓励公民不登记就结婚。补办登记只能是解决历史遗留问题的一种方法。

（二）补办结婚登记的时效

2001 年 12 月 24 日，最高人民法院审判委员会第 1202 次会议通过的《关于使用〈中华人民共和国婚姻法〉若干问题的解释（一）》（法释〔2001〕130 号）第 4 条规定，"男女双方根据《婚姻法》第 8 条规定补办结婚登记的，婚姻关系的效力从双方均符合《婚姻法》所规定的结婚的实质要件时起算"，同时对补办婚姻登记的效力做出了明确规定。

该司法解释第 5 条规定："未按《婚姻法》第 8 条规定办理结婚登记而以夫妻名义共同生活的男女，起诉到人民法院要求离婚的，应该区别对待：（一）1994 年 2 月 1 日民政部《婚姻登记管理条例》公布实施以前，男女双方已经符合结婚实质要件的，按事实婚姻处理；（二）1994 年 2 月 1 日民政部《婚姻登记管理条例》公布实施以后，男女双方符合结婚实质要件的，人民法院应当告知其在案件受理前补办结婚登记；未补办结婚登记的，按解除同居关系处理。"

同居关系不具有法律效力，不受《婚姻法》保护。这个规定既有效维护了婚姻家庭的稳定，又强调了法律的严肃性。对于应当补办登记的，必须补办登记，同时还较好地保证了对"事实婚姻"处理政策的延续性。

《婚姻登记条例》对于补办结婚登记的时效没有作具体的规定，而是要求婚姻登记机关按照关于结婚登记的规定为当事人补办结婚登记。至于补办登记后婚姻的效力追溯至何时，在必要时由人民法院确认。

（三）补办结婚登记与补领结婚证的区别

所谓补领婚姻登记证，是指已经办理过结婚登记或离婚登记手续的当事人，但因结婚证或离婚证丢失或损毁，要求登记机关根据婚姻登记档案为其补发结婚证或离婚证。补办结婚登记则是指以夫妻名义同居生活，但尚未办理结婚登记的事实婚姻，在当事人采取补办结婚登记补救措施后，事实婚姻即同居关系转化为合法婚姻的行为。

关于补领结婚证、离婚证，《婚姻登记条例》第 17 条规定："结婚证、离婚证遗失或者损毁的，当事人可以持户口簿、身份证向原办理婚姻登记的机关或者一方当事人常住户口所在地的婚姻登记机关申请补领。婚姻登记机关对当事人的婚姻登记档案进行查证，确认属实的，应当为当事人补发结婚证、离婚证。"

《婚姻登记工作规范》第 62 条规定："当事人遗失、损毁婚姻登记证，可以向原办理该婚姻登记的机关或者一方常住户口所在地的婚姻登记机关申请补领。有条件的省份，可以允许本省居民向本辖区内负责内地居民婚姻登记的机关申请补领婚姻登记证。"

补领结婚登记证与补办结婚登记主要有以下三点区别。

1. 针对的对象不同

补办结婚登记是针对那些符合《婚姻法》规定的结婚的实质条件，举行了结婚仪式或已经以夫妻名义共同生活，但未履行法定的结婚登记手续的男女；而补领结婚证是指那些已经办理过结婚登记手续，但因结婚证丢失或损毁，要求登记机关根据婚姻登记档案为其补发结婚证的人。

2. 办理的程序不同

补办结婚登记必须符合关于结婚登记的所有的法定要件，如当事人双方必须同时到场，只能在一方当事人常住户口所在地办理；补领结婚证只需一方当事人到场即可，可以到原办理结婚登记的机关申请补领，也可以到一方当事人常住户口所在地的登记机关申请补领。

3. 婚姻效力的起算时间不同

根据最高人民法院《关于适用〈中华人民共和国婚姻法〉若干问题的解释（一）》第 4 条规定："男女双方根据婚姻法第 8 条规定补办结婚登记的，婚姻关系的效力从双方均符合婚姻法所规定的结婚的实质要件时起算。"补领结婚证，其婚姻关系的效力从原办理结婚登记时起算。另外，虽然补办结婚登记后，婚姻关系的效力可以追溯到两人同居之日（如果同居时已经符合结婚的实质条件），但该效力的追溯并不在结婚证上体现，补办结婚登记发给的结婚证只注明补办登记当天的日期。如果日后当事人因婚姻效力的起算日出现争议，可以通过司法程序确认该婚姻发生法律效力的真正时间。可见，补办登记发给的结婚证上注明的日期只表明当事人补办结婚登记的日期。而补领的结婚证应根据结婚登记档案注明原办理登记的日期，同时注明补领当天的日期。

四、复婚登记

复婚登记，就是男女双方离婚之后，又自愿恢复原来的婚姻关系的一种婚姻登记。《婚姻登记条例》第 14 条规定："离婚的男女双方自愿恢复夫妻关系的，应当到婚姻登记机关办理复婚登记。复婚登记适用本条例结婚登记的规定。"复婚登记实际上就是结婚登记，因此，申请复婚登记的条件与结婚登记的条件完全相同。

婚姻关系当事人离婚后，如果想恢复夫妻关系，就必须双方共同到一方常住户口所在地的婚姻登记机关办理复婚登记，无论当事人是登记离婚还是诉讼离婚的。离婚的当事人复婚都必须符合结婚的实质条件，具体地说就是当事人无配偶，即离婚后没有与其他人结婚或者与其他人的婚姻关系已经解除。如果当事人不再次办理结婚登记即同居，法律并不因为当事人曾经有夫妻关系而对其同居关系予以保护，只要不办理婚姻登记，当事人之间就不存在夫妻的权利义务关系。

复婚登记的办理程序与一般结婚登记的程序基本是一样的，即必须符合结婚登记管辖的规定，必须出具结婚登记要求应当出具的证件和证明材料。办理复婚登记时，登记机关在发给当事人结婚证的同时，应当收回或者注销其离婚证。

第 2 节　离婚登记及诉讼离婚

一、协议离婚

（一）协议离婚的含义

协议离婚又称"双方自愿离婚"或者登记离婚，是指婚姻关系当事人达成离婚的合意并通过婚姻登记程序解除婚姻关系的法律制度。其主要特征是：

第一，离婚是双方自愿的行为；

第二,双方当事人在子女抚养、财产及债务等事项处理上达成一致;

第三,双方通过婚姻登记的行政程序解除婚姻关系。

《婚姻法》第 31 条规定:“男女双方自愿离婚的,准予离婚。双方必须到婚姻登记机关申请离婚。婚姻登记机关查明双方确实是自愿并对子女和财产问题已有适当处理时,发给离婚证。”

协议离婚制度是我国离婚制度的重要组成部分,这项制度在多年的实践中,由于充分尊重当事人的意愿,而且程序简便,为婚姻当事人充分接受。婚姻登记机关积累了比较丰富的操作经验,制度也日趋完善。随着我国婚姻家庭法制建设的不断完善,协议离婚方式已经被越来越多的当事人所接受。

(二)协议离婚的实质条件

并非所有的离婚都可以通过协议离婚的方式解决,进行协议离婚必须符合以下三个实质条件,《婚姻法》的规定如下。

1.当事人须为合法夫妻,而且必须具有完全民事行为能力

申请协议离婚的当事人双方应当具有合法的夫妻身份。这一要求意味着,以协议离婚方式办理离婚的,仅仅限于依法办理了婚姻登记的婚姻关系当事人,不包括未婚同居和有配偶而与他人非法同居的男女双方,也不包括未办理结婚登记的“事实婚姻”中的当事人。未办理结婚登记的男女申请离婚的,婚姻登记机关不予受理。其间发生的有关身份关系的纠纷以及涉及子女、财产问题的争议等,可以通过诉讼方式解决。

协议离婚的前提是双方当事人达成了离婚的协议。这就要求双方当事人均必须具有完全民事行为能力,能独立自主地处理自己的婚姻问题。如果一方或者双方为限制民事行为能力人或者无民事行为能力人,就不能通过协议离婚的方式离婚,而只能通过诉讼离婚的方式,这是为了保护具有限制民事行为能力的当事人和无民事行为能力人的合法权益。

2. 协议离婚的当事人双方必须具有离婚的共同意愿

双方自愿是协议离婚的基本前提,没有一致的离婚意愿当然谈不上协议离婚。当事人离婚的意愿必须是真实而非虚假的;必须是自主做出的而不是受对方或者第三方的欺诈、胁迫或者因重大误解而形成的;必须是完全一致的而不是仍然存在分歧的。对于只有一方当事人要求离婚的,另一方不同意离婚的,婚姻登记机关不予受理,当事人只能通过诉讼途径解决离婚问题。

3. 当事人已经对子女的抚养和财产分割等问题达成一致

“对子女和财产问题已有适当处理”是协议离婚的必要的重要条件。如果婚姻当事人不能对离婚后的子女和财产问题达成一致意见,尽管有离婚的合意,也不能通过协议的方式离婚。

“对子女问题有适当的处理”,是指双方对离婚后有关子女抚养、教育、探望等问题,在有利于保护子女合法权益的原则下作了合理的、适当的安排,包括子女由哪一方直接抚养,子女的抚养费和教育费如何负担、如何具体给付等。由于父母与子女的关系并不因父母婚姻关系的解除而消除,因此,协议中还可以约定不直接抚养子女的一方行使探望子女权利的内容,包括探视的方式、时间等。

“对于财产的适当处理”，主要包括以下内容：在不侵害任何一方合法权益的前提下，对夫妻共同财产进行合理分割；就生活困难一方的经济帮助问题进行妥善安排；并切实解决好双方离婚后的住房等问题；在不侵害国家、集体和他人利益的前提下，对共同债务的清偿做出负责的处理。

（三）协议离婚的程序条件

协议离婚不仅要符合实质条件，还要符合程序（形式）条件，即要求离婚的双方必须共同到婚姻登记机关办理离婚登记。

《婚姻登记条例》第 10 条规定：“内地居民自愿离婚的，男女双方应当共同到一方当事人常住户口所在地的婚姻登记机关办理离婚登记。”要求男女双方共同到婚姻登记机关办理离婚登记，是婚姻登记机关办理协议离婚的基本要求，目的是通过和双方当事人的见面，确认离婚是出于当事人的自愿，并且确认双方当事人已经就离婚可能涉及的子女、财产等问题达成了一致的协议。

协议离婚的程序条件包括以下几个方面。

1. 双方当事人亲自到婚姻登记机关

协议离婚需要双方当事人亲自到婚姻登记机关办理，而不是婚姻登记机关“服务上门”。如果夫妻双方中只有一方到婚姻登记机关申请办理离婚登记，而另一方不到婚姻登记机关，婚姻登记机关不能受理该申请。夫妻双方均不到婚姻登记机关，而是双方委托自己的律师或者其他代理人办理登记的，婚姻登记机关也不得受理。

2. 要求夫妻双方都必须到场

要求夫妻双方在提出离婚申请以及领取离婚证时都必须到场。离婚登记的程序：双方当事人提出申请—登记机关对双方当事人的情况进行审查—为双方当事人办理离婚登记—颁发离婚证书。在整个过程中，要求双方当事人都必须在场，共同提出申请，共同接受审查，共同领取离婚登记证书。如果双方当事人共同到婚姻登记机关后，在办理离婚登记的过程中，一方当事人离开登记机关，婚姻登记机关就应中止为当事人办理离婚登记，不得将离婚证颁发给一方当事人。

3. 处理好依法行政和方便当事人的关系

在办理离婚登记工作中，婚姻登记机关要处理好依法行政和方便当事人的关系。依法行政是婚姻登记工作的根本原则，在任何时候，婚姻登记机关都不能超越法律、法规和规章的规定，为当事人办理离婚登记。要求离婚的当事人如果因为无法克服的原因不能亲自到场办理离婚，也不必一定通过协议离婚的方式，可以通过诉讼离婚的方式实现离婚的愿望。在诉讼离婚中，离婚的当事人可以委托律师或者其他代理人代理诉讼，不受必须亲自到场的限制。

（四）协议离婚当事人的条件

《婚姻登记条例》第 10 条规定：“内地居民自愿离婚的，男女双方应当共同到一方当事人常住户口所在地的婚姻登记机关办理离婚登记。中国公民同外国人在中国内地自愿离婚的，内地居民同香港居民、澳门居民、台湾居民、华侨在中国内地自愿离婚的，男女双方应当共同到内地居民常住户口所在地婚姻登记机关办理离婚登记。”要求在中国内地婚姻登记机关办理离婚登记的当事人，应当符合以下两个方面的要求。

1. 只能是自愿协议离婚的当事人

到婚姻登记机关办理离婚登记的当事人只能是自愿协议离婚的当事人，如果当事人的离婚并非出于自愿，或者虽然出于自愿，但当事人对于子女抚养以及财产分割或者债务偿还等没有达成协议，则不属于婚姻登记机关管辖的范畴，此类离婚只能通过诉讼途径解决。

2. 离婚的一方当事人必须是内地居民

在我国的婚姻登记中，按照当事人国籍、居住地的不同，将当事人分为内地居民、香港居民、澳门居民、台湾居民、华侨和外国人共 6 种。根据《婚姻登记条例》第 10 条的规定，可以向内地婚姻登记机关申请离婚登记的夫妻，必须至少其中一方是内地居民，即婚姻登记机关只受理夫妻一方是内地居民的离婚申请。而对于当事人双方均没有内地常住户口的当事人要求在内地离婚的，例如香港居民和澳门居民要求在内地离婚的，或者双方当事人都是外国人要求在内地离婚的，离婚登记机关不能受理。离婚的双方当事人均不是内地居民的，只能通过向人民法院提出离婚诉讼的方式解决。

如果当事人结婚时是内地居民，而要求离婚时夫妻双方均已移居国外或中国香港、澳门、台湾地区，或双方均加入外国国籍，婚姻登记机关亦不能受理离婚申请。这种情况下，婚姻当事人要求在内地离婚，就只能向人民法院提出离婚诉讼。

根据我国《婚姻法》第 31 条的规定，"男女双方自愿离婚的，准予离婚"。《婚姻登记条例》第 10 条关于离婚的规定也是指"男女双方"。根据上述法律的规定，是否可以推论出离婚的当事人必须是男女不同的性别，换句话说，两个男人或者两个女人是否可以提出离婚？对于这个问题，从传统的角度没有问题。但是，近年来，出现这样一些新情况，使得这个问题成为真正的问题。那就是夫妻一方作了变性手术后，提出离婚或者要求撤销婚姻。对于这一现象，2002 年民政部会同最高人民法院，印发了《关于婚姻当事人一方变性后如何解除婚姻关系问题的答复》（民办函〔2002〕127 号），答复指出："（当事人）在办理结婚登记手续时符合结婚的实质要求和形式要件，结婚登记合法有效，当事人要求登记机关撤销婚姻关系的请求不应支持。如果双方对财产问题没有争议，登记机关可以参照协议离婚处理，离婚效力自婚姻关系解除之日起算。双方因财产分割发生争议起诉至人民法院的，人民法院在解除当事人婚姻关系的同时一并解决财产问题。"

（五）协议离婚的登记机关

《婚姻登记条例》第 10 条规定："内地居民自愿离婚的，男女双方应当共同到一方当事人常住户口所在地的婚姻登记机关办理离婚登记。中国公民同外国人在中国内地自愿离婚的，内地居民同香港居民、澳门居民、台湾居民、华侨在中国内地自愿离婚的，男女双方应当共同到内地居民常住户口所在地的婚姻登记机关办理离婚登记。"

根据《婚姻登记条例》的上述规定，婚姻登记机关办理离婚登记，实行内地居民常住户口所在地的婚姻登记机关管辖原则。

《婚姻登记条例》第 2 条规定："内地居民办理婚姻登记的机关是县级人民政府民政部门或者乡（镇）人民政府，省、自治区、直辖市人民政府可以按照便民原则确定农村居民办理婚姻登记的具体机关。中国公民同外国人，内地居民同香港特别行政区居民（以下简称香港居民）、澳门特别行政区居民（以下简称澳门居民）、台湾地区居民（以下简称台湾居民）、华侨办理婚姻登记的机关是省、自治区、直辖市人民政府民政部门或者省、自治区、直辖市人民政府民政部门确定的机关。”这里规定办理婚姻登记的机关，既是办理结婚登记的机关，也是办理离婚登记的机关。

(六)不予受理的协议离婚的情况

当事人向婚姻登记机关提出离婚登记申请后，婚姻登记机关应对当事人的有关情况进行初步审查，经审查，当事人有下列情形之一的，婚姻登记机关不予受理。

1.未达成离婚协议的

双方自愿是协议离婚的前提条件，协议离婚的当事人应当有一致的离婚意愿。这一意愿的表现形式就是双方经协商达成了离婚协议。离婚协议不仅表明当事人双方自愿解除婚姻关系，而且说明双方对子女和财产等问题已做出适当处理。

双方当事人在离婚协议中表现的离婚意愿必须是真实的、自主做出的，而不是受对方或者第三者欺骗、胁迫或因重大误解而形成的。对于一方要求离婚而另一方不同意的，或者双方均同意离婚而对财产、子女如何处理有争议的，当事人不可能达成离婚协议。在这种情况下，婚姻登记机关不受理当事人的离婚申请，当事人只能通过人民法院解决他们之间的分歧。

如果双方当事人没有达成离婚协议，不管是由于当事人对解除婚姻的意愿不一致，还是由于对子女和财产的处理意见不一致，婚姻登记机关都不予受理。

2.属于无民事行为能力人或者限制民事行为能力人的

根据我国《民法通则》的规定，不能辨认自己行为的精神病人和不满十周岁的未成年人为无民事行为能力人；不能完全辨认自己行为的精神病人和十周岁以上的未成年人为限制民事行为能力人。考虑到我国《婚姻法》关于法定结婚年龄的规定，作为婚姻当事人的无民事行为能力人或者限制民事行为能力人指的只能是精神病人。

在法律上，精神病人被认定为无民事行为能力人或者限制民事行为能力人，要由精神病人的近亲属或者其他利害关系人向人民法院提出申请，人民法院以民事特别程序予以宣告确认。

婚姻关系具有强烈的人身属性，协议离婚的双方当事人必须亲自向婚姻登记机关申请办理离婚登记，不适用一般民事行为可以代理的规定。一方或者双方当事人为无民事行为能力人或者限制民事行为能力人的，没有独立处理自己婚姻关系的能力。为保护无完全民事行为能力当事人的合法权益，其婚姻关系的解除只能通过诉讼程序，不适用协议离婚程序。

婚姻登记机关在接受当事人离婚申请时，应通过询问、观察等方式判断当事人的精神状态是否正常。如发现有异常情况，应采取委婉的方式询问当事人是否患有精神病，有无向人民法院提出无民事行为能力人或者限制民事行为能力人宣告申请。经司法程序确认一方或者双方为无民事行为能力人或者限制民事行为能力人的，婚姻登记机关应当对当事人的离婚申请做出不予受理的决定，并告之当事人向人民法院提出离婚诉讼。

3.结婚登记不是在中国内地办理的

以协议离婚方式办理离婚的，仅限于在中国内地依法办理了结婚登记的婚姻关系的当事人。对于那些未经登记即以夫妻名义同居生活的以及在中国内地以外的地方办理结婚登记的，由于其夫妻身份或者结婚证的效力存在确认的问题，婚姻登记机关没有对其进行确认的职责，所以对这部分人的协议离婚申请，婚姻登记机关也不予受理。

二、诉讼离婚

（一）诉讼离婚的含义

诉讼离婚是指婚姻当事人向人民法院提出离婚请求，由人民法院调解或判决来解除其婚姻关系的一种离婚制度。诉讼离婚适用于当事人双方对离婚有分歧的情况，包括一方要求离婚，另一方不同意离婚而发生的离婚纠纷，以及双方虽然同意离婚，但对子女和财产问题不能达成一致意见并做出适当处理的情况。《婚姻法》第 32 条第 1 款、第 2 款规定："男女一方要求离婚的，可由有关部门进行调解或直接向人民法院提出离婚诉讼。人民法院审理离婚案件，应当进行调解；如感情确已破裂，调解无效，应准予离婚。"

（二）诉讼离婚的特征

根据《婚姻法》的规定，我国的诉讼离婚主要有以下三个特征。

1. 诉讼离婚必须具备法定必要条件

具体来说，就是"感情确已破裂，调解无效"。人民法院在审理案件时必须严格执行法律规定的条件，并以此作为裁判当事人是否可以离婚的根据。

2. 诉讼离婚中，人民法院对当事人的争议处理起主导作用

人民法院应对当事人提出的离婚请求和理由进行审查，是否准予当事人离婚取决于人民法院依法定条件进行的裁量。人民法院既可以判决准予离婚，也可以依法驳回当事人的离婚请求。

3. 人民法院的调解和判决具有强制执行力

人民法院依法做出的调解和判决，在发生法律效力后，即具有强制执行力。当事人不履行调解书和判决书中所确定的义务，人民法院可依另一方当事人的申请予以强制执行。

（三）诉讼离婚的管辖

对于诉讼离婚的法院管辖问题，依照相关法律法规，对于当事人提出的民事诉讼，有以下规定。

1. 一般的地域管辖

一般的地域管辖是指诉讼离婚原则上由被告所在地人民法院管辖。

2. 特殊的地域管辖

最高人民法院《关于适用〈中华人民共和国民事诉讼法〉的解释》规定，在特殊情况下，采用特殊的地域管辖，包括以下几种情况。

（1）被告离开住所地超过一年的，由原告住所地人民法院管辖；双方离开住所地超过一年的，由被告经常居住地人民法院管辖，没有经常居住地的由原告起诉时居住地的人民法院管辖。

（2）被告下落不明或者宣告失踪的，由原告住所地人民法院管辖；原告住所地与经常居住地不一致的，由原告经常居住地人民法院管辖。

（3）被告被劳动教养或者监禁的，由原告住所地人民法院管辖；原告住所地与经常居住地不一致的，由原告经常居住地人民法院管辖。

（4）非军人对非文职军人提起离婚诉讼，由原告住所地人民法院管辖；双方当事人都是军人的，由被告住所地或者被告所在地的团级以上单位驻地的人民法院管辖。

（5）被告不在中华人民共和国领域内居住的，由原告住所地人民法院管辖；原告住所地与经常居住地不一致的，由原告经常居住地人民法院管辖。

（6）中国公民双方在国外但未定居，一方向人民法院起诉离婚的，由原告或者被告住所地的人民法院管辖。

（四）诉讼离婚的条件

1. 诉讼离婚的法定理由——感情确已破裂

根据《婚姻法》第32条："人民法院审理离婚案件，应当进行调解；如感情确已破裂，调解无效，应准予离婚。"因此，"感情确已破裂"是离婚的法定理由。

根据《婚姻法》第32条规定，离婚的唯一法定标准是夫妻感情确已破裂，而不应当考虑当事人一方是否有过错。无论是过错方提出离婚，还是无过错方提出离婚，只要符合离婚法定情形，调解无效的，一般应当准予离婚。

人民法院在审理离婚案件中，认定夫妻感情是否确已破裂，不能仅凭当事人诉说，更不能取决于审判人员的主观臆断，而要根据离婚纠纷的客观事实来确定。

2. 诉讼离婚的法定情形

根据《婚姻法》第32条，有下列情形之一的，调解无效的，应准予离婚。

（1）重婚或有配偶者与他人同居的。重婚，是指有配偶者与他人再结婚的行为，或者虽无配偶但明知他人有配偶而与之结婚的行为。在这里，重婚显然是指有配偶而与他人再结婚。1994年最高人民法院在对重婚罪的司法解释中规定，有配偶的人与他人以夫妻名义同居生活的，或明知他人有配偶而与之以夫妻名义同居生活的，应按重婚罪定罪处罚。这里"以夫妻名义同居生活"，是指在一定的长时间里公开以夫妻名义共同生活，包括公然"纳妾"的行为。那种偶尔发生的婚外性行为，不能视为重婚。

有配偶者与他人同居的行为严重违背了夫妻间应该相互尊重、相互忠实、相互扶助的基本义务，对方不能原谅的，表明夫妻感情已破裂，应准予离婚。

（2）实施家庭暴力或虐待、遗弃家庭成员的。家庭暴力，顾名思义是指发生在家庭内部的暴力行为，是家庭成员以殴打、捆绑、禁闭、残害或其他手段，对其他家庭成员进行身体伤害的行为。虐待家庭成员是指经常以打骂、冻饿、捆绑、强迫超强体力劳动、限制自由、凌辱人格、有病不给治等方法，从肉体、精神上迫害、折腾、摧残共同生活的家庭成员的行为。虐待行为的特点是经常连续、长期地发生上述行为。偶尔冲动而发生的打骂、体罚还不构成虐待。遗弃家庭成员，是指对年老、年幼、患病或者其他没有独立生活能力的家庭成员，负有抚养义务而拒绝抚养的行为。这里没有独立生活能力既包括没有经济来源、丧失劳动能力或尚不具备劳动能力、无法独立生活，也包括虽有经济来源，但由于年老、残疾而生活不能自理。我国《刑法》早已明确规定，家庭暴力和虐待、遗弃行为情节严重的，可构成伤害罪、虐待罪和遗弃罪，要受到刑事处罚。夫妻一方做出上述家庭暴力、虐待、遗弃行为之一，已严重伤害了夫妻感情和违反了婚姻义务，不能弥合补救取得对方谅解的，应视为感情确已破裂，准予离婚。

（3）有赌博、吸毒等恶习屡教不改的。赌博、吸毒等恶习与人们的一般缺点有很大的不同。沾染上赌博、吸毒等恶习而且屡教不改，是对所在家庭的伤害。这些恶习本身的特性，使它能牢牢控制住沾染上这些恶习的人，导致赌博、吸毒者把自己所有的财产都花在赌博或吸毒上,导致倾家荡产,严重的还会去偷、抢、卖淫等,走上犯罪道路。在这种情况下,当然谈不上履行家庭义务,夫妻关系也难以维持。如果沾染上这种恶习还屡教不改正,对方提出离婚,应准予离婚。

(4)因感情不和分居满二年的。男女双方结婚后不愿共同生活,分居已达两年之久,足以说明双方的感情确已破裂。因为夫妻共同生活是建立夫妻感情的必然要求,也是婚姻关系的重要内容。这种情况下,继续维持徒有虚名的婚姻关系,已无现实意义,应准予离婚。

(5)一方被宣告失踪,另一方提出离婚诉讼的。《最高人民法院关于适用〈中华人民共和国民事诉讼法〉若干问题的意见》第 151 条规定:"夫妻一方下落不明,另一方诉至人民法院,只要求离婚,不申请宣告下落不明人失踪或死亡的案件,人民法院应当受理,对下落不明人用公告送达诉讼文书。"按照最高人民法院这一精神,一方下落不明满两年,经公告查找确无下落的,可准予离婚。只要从下落不明人与家庭无通信联系之时起算,至公告查找确无下落时止,时间已满两年的,人民法院即可判决准予离婚。如果能证明下落不明人已经死亡,或婚姻一方当事人已经依我国《民法通则》的规定经人民法院宣告失踪人死亡的,则婚姻关系自然终止,无须提出离婚。

(6)其他导致夫妻感情破裂的情形。前面五种情形是夫妻感情破裂应准予离婚的法定情形,但并没有包括夫妻感情确已破裂的全部情形,因此,《婚姻法》又作了概括性的规定,即"其他导致夫妻感情破裂的情形",给审判实践中的法官一定的自由裁量权,根据个案酌定夫妻感情是否确已破裂。

第 3 节 可撤销婚姻与无效婚姻

一、可撤销婚姻

(一)可撤销婚姻的含义

可撤销婚姻,是指当事人因意思表示不真实而成立的婚姻,或者当事人成立的婚姻在结婚要求上有欠缺,通过有撤销请求权的当事人行使撤销请求权,婚姻登记机关或人民法院撤销该婚姻,使已发生法律效力的婚姻关系失去法律效力;或者通过有撤销请求权的当事人放弃行使撤销请求权,使已发生法律效力的婚姻关系继续有效。

对于可撤销婚姻,《婚姻法》第 11 条明确规定:"因胁迫结婚的,受胁迫的一方可以向婚姻登记机关或人民法院请求撤销该婚姻。受胁迫的一方撤销婚姻的请求,应当自结婚登记之日起一年内提出。"

(二)可撤销婚姻的条件

根据《婚姻法》的规定,可撤销婚姻必须符合以下条件。

1. 只能是因受胁迫结婚

婚姻登记机关受理的可撤销的婚姻只能是因受胁迫结婚,且不涉及子女抚养、财产及债务问题。

对于"胁迫"的概念,《最高人民法院关于适用〈中华人民共和国婚姻法〉若干问题的解释(一)》第 10 条明确解释为:"婚姻法第 11 条所称的'胁迫',是指行为人以给另一方当事人或者其近亲属的生命、身体健康、名誉、财产等方面造成损害为要挟，迫使另一方当事人违背真实意愿结婚的情况。”受胁迫结婚的情况很复杂，有被拐卖胁迫成婚的，有因换亲、转亲等包办婚姻被迫成婚的，还有的是受一方或任何第三方干涉胁迫成婚的。

有关法律、解释没有明确规定婚姻登记机关受理因胁迫结婚申请撤销的范围。如果当事人本人系被拐卖胁迫结婚的，则判断是否属于这一范围的主要依据是，当事人的申请和公安机关出具的其本人系被拐卖成婚的证明，或者人民法院对于有关犯罪的刑事判决。这样做的目的是既要维护当事人婚姻自由的合法权益，充分体现结婚必须是男女双方完全自愿的原则，又要维护婚姻登记机关和撤销婚姻的严肃性，便于婚姻登记机关准确判断是否决定撤销，防止有的当事人出于其他个人目的，以被迫为由，随意要求撤销婚姻登记。因为《婚姻法》第 12 条规定：“无效或被撤销的婚姻，自始无效。当事人不具有夫妻的权利和义务。”被撤销婚姻的当事人，其婚姻状况是“未婚”，如果当事人离婚，其婚姻状况是“离婚”，对再次择偶会有一定的影响，从而导致有的当事人婚姻关系不能维系，又不愿离婚，就以胁迫为由要求撤销，所以必须对婚姻登记机关受理可撤销婚姻的条件和范围加以严格限制。如果没有确凿的胁迫证据，特别是撤销结婚登记涉及子女抚养、财产及债务问题时，婚姻登记机关则无权撤销，可建议当事人向人民法院提起撤销结婚登记的诉讼。

2. 提出撤销婚姻申请的只能是受胁迫的当事人本人

因胁迫结婚的，受胁迫方在登记结婚时，不能真实地表达自己的意愿，所建立的婚姻关系违背了受胁迫方的意志和《婚姻法》规定的婚姻自由的基本原则。为了保护当事人的合法权益，受胁迫方可以在胁迫的婚姻关系成立后提出撤销申请。同时考虑到有些胁迫成立的婚姻，尽管登记时受胁迫，但婚后建立了感情，特别是有了孩子，家庭和睦，受胁迫方不愿提出撤销婚姻。因此，必须由受胁迫的当事人本人决定是否提出撤销婚姻申请，使受胁迫方的真实意愿得以充分表达。如果受胁迫方不想维持因胁迫而缔结的婚姻，可以向婚姻登记机关和人民法院申请撤销该婚姻；如果受胁迫方愿意共同生活，可以放弃撤销该婚姻的请求权。提出撤销婚姻申请的只能是受胁迫的当事人一方，其他任何个人和单位均不得提出，包括实施胁迫的当事人，受胁迫方不提出申请，婚姻登记机关或人民法院也不能主动撤销当事人的婚姻关系。

3. 只能在规定期限内提出

申请撤销婚姻只能在结婚之日起一年内提出，被非法限制人身自由的当事人在恢复人身自由之日起一年内提出。提出撤销婚姻申请是受胁迫方的权利，但行使这一权利是有时间限制的。因为如果受胁迫方长期不行使这个权利，将会使婚姻关系长期处于不稳定的状态，不利于保护婚姻双方当事人的合法权益和子女权益，也不利于家庭和社会的稳定。依据规定受胁迫方申请撤销婚姻只能是在结婚登记之日一年内提出，“结婚登记之日”以结婚证上的日期为准。考虑到有的受胁迫方被非法限制人身自由，在解救前无法提出撤销婚姻的申请，故《婚姻登记条例》还规定被非法限制人身自由的受胁迫方申请撤销婚姻要在恢复人身自由之日起一年内提出；“恢复人身自由之日”以公安机关出具的受胁迫方系被拐卖成婚的证明中写明的解救日期为准。如果超过了《婚姻登记条例》规定的时限，受胁迫方就失去了申请撤销婚姻的权利，所缔结的婚姻为合法婚姻，受胁迫方不得再以相同理由申请撤销该婚姻，当事人双方要解除婚姻关系，可向婚姻登记机关申请离婚登记，或向人民法院提出离婚诉讼。

4. 受理撤销婚姻申请的只能是原婚姻登记机关或人民法院

如果受胁迫方要求婚姻登记机关撤销婚姻,必须亲自到原来为其办理婚姻登记的婚姻登记机关提出申请。这是因为双方当事人办理结婚登记的原始档案存放在原登记机关,登记机关在审查受胁迫方撤销婚姻申请时,要核查原始档案,撤销婚姻后,还应及时在原始档案中注明。

原婚姻登记机关对当事人当时的结婚登记情况比较了解,便于做出判断。如果原婚姻登记机关被撤销,受胁迫方可以向有管辖权的婚姻登记机关提出撤销婚姻申请。

撤销婚姻登记后,还应当宣告该婚姻作废。

(三)受理可撤销婚姻申请的程序条件

受理可撤销婚姻不仅要符合上述规定的基本条件,还要符合下列程序要求。

(1)婚姻登记处具有管辖权。

(2)受胁迫的一方和对方共同签署声明书。受胁迫的一方和对方共同到婚姻登记机关签署关于双方无子女抚养、财产及债务问题的声明书。

(3)时间限制。申请时距结婚登记之日或受胁迫的一方恢复人身自由之日不超过1年。

(4)当事人须持有下述文件:本人的身份证,结婚证,要求撤销婚姻的书面申请,公安机关出具的当事人被拐卖、解救证明,或者人民法院做出的能够证明当事人被胁迫结婚的判决书。

二、无效婚姻

(一)无效婚姻的含义

无效婚姻是指欠缺婚姻成立的法定条件的违法婚姻,是因为具有法律规定的瑕疵而不具有法律效力的婚姻。

(二)无效婚姻的法定情形

1. 重婚的

重婚有法律上的重婚和事实上的重婚。法律上的重婚是指已有配偶者而又和他人登记结婚的,或者明知他人有配偶而与之登记结婚的。事实上的重婚是指有配偶的人与他人以夫妻名义同居生活,或者明知他人有配偶而与之以夫妻名义同居生活。重婚违反了一夫一妻制、婚姻自由、男女平等的婚姻法原则。

2. 有禁止结婚的亲属关系的

《婚姻法》规定,禁止直系血亲和三代以内旁系血亲结婚。

3. 婚前患有医学上认为不应当结婚的疾病,婚后尚未治愈的

此规定的目的是为了优生优育,保证人口质量。婚姻当事人的一方对另一方的病情是否知情,不影响该婚姻的无效。但是当前我国法律没有明确规定哪些疾病属于不应当结婚的疾病,且取消了强制婚检,导致这一规定实际上很难操作。一般认为,未经治愈的麻风病,严重的未经治愈的传染病,无法治愈的精神病,属于不应当结婚的疾病。

4. 未到法定婚龄的

男女双方或任何一方未达到法定婚龄而结婚的,在其尚未满法定婚龄前,人民法院根据请求人的申请,宣告该婚姻无效。

（三）申请宣告婚姻无效的法定主体及宣告机构

2001 年《最高人民法院关于适用〈中华人民共和国婚姻法〉若干问题的解释（一）》第 7 条规定，有权向人民法院就已办理结婚登记的婚姻申请宣告婚姻无效的主体，包括婚姻当事人及利害关系人。利害关系人包括：以重婚为由申请宣告婚姻无效的，为当事人的近亲属及基层组织；以未到法定婚龄为由申请宣告婚姻无效的，为未达到法定婚龄者的近亲属；以有禁止结婚的亲属关系为由申请宣告婚姻无效的，为当事人的近亲属；以婚前患有医学上认为不应当结婚的疾病，婚后尚未治愈为由申请宣告婚姻无效的，为与患者共同生活的近亲属。

《最高人民法院关于适用〈中华人民共和国婚姻法〉若干问题的解释（一）》就有权向人民法院申请宣告婚姻无效的主体，人民法院不予支持的情形以及人民法院对无效婚姻做出的判决的法律效力等问题分别作了规定，这些规定明确了只有人民法院有权处理无效婚姻，也就是说只有人民法院才是无效婚姻的唯一宣告机构。

（四）可以申请宣告婚姻无效的法定情形

申请宣告婚姻无效时，法定的无效情形必须依然存在，申请人才能提出申请，否则不能被认定为无效婚姻。

依据我国《婚姻法》的规定，有下列情形之一的，婚姻无效：重婚的；有禁止结婚的亲属关系的；婚前患有医学上认为不应当结婚的疾病，婚后尚未治愈的；未到法定婚龄的。

有上述四种情况之一的当事人，不符合结婚的条件，本不应当结婚。但是，如果当事人采取隐瞒事实的方式结婚的，则该婚姻没有法律效力，不受法律保护。

三、无效婚姻与可撤销婚姻的区别

无效婚姻与可撤销婚姻都是《婚姻法》中新增加的内容，无效婚姻与可撤销婚姻有以下几点区别。

（一）违反婚姻的实质要件不同

可撤销婚姻违反的是当事人意思表示自治这个实质要件，构成可撤销婚姻的情形只有一种，即因受胁迫而结婚。无效婚姻违反了构成婚姻的实质要件，即使婚姻无效的四种情况。

（二）申请范围和申请时限不同

对于可撤销婚姻，只有受胁迫的一方有权提出，而且必须在结婚一年内或者在恢复人身自由之日起一年内提出。而有权宣告婚姻无效的主体包括婚姻当事人及利害关系人，且没有申请时限的限制。

（三）有权处理机关不同

对于可撤销婚姻，申请人可以请求婚姻登记机关，也可以请求人民法院撤销该婚姻。对于无效婚姻，申请人只能向人民法院提出申请。

（四）效力不同

可撤销婚姻在被撤销前有效，撤销后则自始无效，申请人可以行使撤销权，也可以放弃撤销权。在法定时限内放弃行使撤销权的，该婚姻自始有效。无效婚姻只能是自始无效，人民法院的宣告只能是对无效婚姻的确认，而不是因为人民法院的宣告，婚姻才无效。

第4节　婚姻登记程序

一、婚姻登记工作应遵循的原则

婚姻登记工作是对当事人缔结或者解除婚姻关系的行政确认，是一个依法行政的过程，有很强的原则性，各级婚姻登记机关工作人员必须做到了解政策、熟悉业务、准确理解法律，要严格遵循婚姻登记工作的基本原则。

（一）坚持婚姻自由的原则

婚姻自由是我国婚姻家庭制度的基本原则，也是公民的基本民事权利。维护婚姻自由，是婚姻登记工作的基本指导原则。强调婚姻自由，不仅指结婚自由，也包括离婚自由。各级婚姻登记机关工作人员，都要站在维护公民婚姻自由的权利，促进社会主义政治文明发展的高度，重新认识新形势下的婚姻登记，在思想上树立婚姻自由的意识，切实把保障婚姻自由作为指导婚姻登记工作的重要方针。

（二）坚持以民为本的原则

民政为民，民政爱民。以民为本是民政工作的本质特征，婚姻登记作为一项民政工作，直接面对群众，每年办理婚姻登记上千万对，具有很强的群众性特征。因此，婚姻登记机关务必坚持以民为本的原则，把为婚姻当事人服务作为婚姻登记工作的出发点和落脚点。要转变工作作风，真正树立服务意识，工作方式要逐步向人性化、亲情化转变；要把群众满意作为检验婚姻登记工作的根本标准，为婚姻当事人提供多种形式的便民服务，使婚姻登记机关成为政府为民办实事、办好事的窗口。

（三）坚持依法行政的原则

《婚姻法》《婚姻登记条例》和《婚姻登记工作规范》是婚姻登记工作必须遵循的法律法规。较为完备的法律法规体系是婚姻登记工作的独特优势，为婚姻登记机关和登记员依法行政提供了依据。婚姻登记工作人员必须严格依法办事，公开婚姻登记依据的法律、法规及规范性文件；公开婚姻登记要求当事人提供的证件、证明材料；公开婚姻登记工作程序、工作时限、服务指南和收费标准。强调依法办事，要求各级民政部门领导同志要能带头做到依法办事，坚决杜绝搞特殊化的现象发生。坚持依法行政的原则，务必严格执行程序、公开政务、规范管理，务必维护法律的严肃性，保障婚姻当事人的合法权益，树立政府的良好形象。

（四）坚持求真务实的原则

婚姻登记工作面对的是千差万别的婚姻当事人，政策性强，新情况和新问题会不断出现。尽管已经有了比较完善的法律法规体系，也制定了具体的工作规范，但是不能解决今后工作中遇到的所有问题。因此，在严格依法办事的前提下，必须以实事求是的态度去解决法律未明确规定或法律法规难以界定的新情况、新问题，正确处理好普遍性与特殊性、原则性和灵活性之间的关系。对带有普遍性、规律性的问题，要研究对策，涉及有关部门的，要积极协商，制定新政策，与法律法规相衔接。

二、结婚登记的程序与离婚登记的程序

按照《婚姻登记工作规范》的规定，结婚登记和离婚登记都应该按照初审—受理—审查—

登记(发证)的程序办理。

(一)初审

初审是婚姻登记机关对要求结婚登记或离婚登记的当事人出具的证件和证明的材料进行初步审查、审核的行政程序。

1. 对结婚登记的初审

对结婚登记进行初审,主要是对要求结婚登记的当事人出具的证件和证明材料进行审查的行政程序。当事人登记结婚提供的证件和证明材料可以分为三类:一类是本人身份的证明文件;二类是婚姻状况的证明材料;三类是本人与对方当事人血亲状况的证明材料。

登记结婚要求不同身份的当事人提供的证件和证明材料各有不同,同时初审的内容也不同。

1)对内地居民结婚登记的初审

要求办理结婚登记的内地居民必须提供的证件和证明材料可以分为三类:第一类是当事人本人的身份证明文件,包括户口簿和身份证;第二类是婚姻状况声明文件,即本人无配偶的签字声明;第三类是本人与对方当事人的血亲状况声明文件,即本人与对方当事人没有直系血亲关系和三代以内的旁系血亲关系的签字声明。

(1)户口簿,是记载户籍关系的法定证件,由公安机关统一发放。户口簿是我国户籍登记管理制度的重要载体,记载事项包括姓名、性别、出生年月、家庭成员之间的关系、常住户口所在地、公民身份号码等内容。内地居民办理婚姻登记提交户口簿,与我国婚姻登记制度中贯彻的户籍管理地管辖原则是一致的。

(2)身份证,即中华人民共和国居民身份证,是为了证明居住在中华人民共和国境内的居民的身份,保障公民的合法权益,便于公民进行社会活动,维护社会秩序而依法确立的一种法定证件。根据2003年6月28日第十届全国人民代表大会常务委员会第三次会议通过、2004年1月1日起施行的《中华人民共和国居民身份证法》,“居住在中华人民共和国境内的年满16岁的中国公民,应当依照本法的规定申请领取居民身份证”。居民身份证登记的项目包括:姓名、性别、民族、出生日期、常住户口所在地住址、公民身份号码、本人相片、指纹信息、证件的有效期和签发机关。公民身份号码是每个公民唯一的、终生不变的身份代码,由公安机关按照公民身份号码国家标准编制。

(3)婚姻状况声明文件,是指本人无配偶的签字声明。

(4)血亲状况声明文件,是指本人与对方当事人提供本人与对方当事人没有直系血亲和三代以内旁系血亲的签字声明,主要是为了避免无效婚姻情形的发生。实际上,当事人双方是否存在直系血亲和三代以内旁系血亲关系,除了当事人及其近亲属以外,其他人是不容易了解真实情况的。1994年发布的《婚姻登记管理条例》规定当事人所在单位或者村民委员会、居民委员会出具婚姻状况证明,2003年最新发布的《婚姻登记条例》取消了这一制度。这一制度变化标志着我国婚姻登记制度以及基本民事理念上的大变化,更加强调了当事人意思自治和责任自负的理念,与《婚姻法》的基本原则是一致的。

本人无配偶以及与对方当事人没有直系血亲和三代以内旁系血亲关系的签字声明,必须由结婚登记双方当事人共同在婚姻登记员面前按统一的样式做出,当事人签字后,婚姻登记员要认真审查,在有条件的地方,可以通过网络信息,确认当事人声明的真实性。对于符合《婚姻法》和《婚姻登记条例》规定的,予以签字。在当事人签字声明上签字的婚姻登记员,要对当事人的声明承担监誓责任。

2)对香港居民、澳门居民和台湾居民结婚登记的初审

办理结婚的香港居民、澳门居民和台湾居民应当出具四类证件和证明材料:第一类是本人在中国大陆合法居住的证明文件即合法有效的通行证件;第二类是有效的身份证件;第三类是婚姻状况声明文件,即经居住地公证机关公证的本人无配偶的签字声明;第四类是本人与对方当事人的血亲关系证明,即本人与当事人没有直系血亲和三代以内旁系血亲的关系的签字声明。

香港居民和澳门居民的有效通行证,主要是指来往内地通行证或港澳同胞回乡证。根据1986年12月3日国务院批准、1986年12月25日公安部发布的《中国公民因私事往来香港地区或者澳门地区的暂行管理办法》的规定,港澳同胞来往于香港、澳门与内地之间,凭中华人民共和国公安机关签发的港澳同胞回乡证或者出入境通行证,从中国对外开放的口岸通行。

港澳同胞来内地,必须申请领取港澳同胞回乡证。香港同胞回乡证由广东省公安厅签发,申请港澳同胞回乡证须交验居民身份证,填写申请表。不经常来内地的港澳同胞,可申请领取出入境通行证,申请办法与申请回乡证办法相同。港澳同胞要求回内地居住的,应当事先向拟定居住地的市、县公安局提出申请,获准后,持注有回乡定居签注的港澳同胞回乡证,到定居地办理常住户口手续。

台湾居民到内地办理婚姻登记的有效通行证件是指国家主管机关或授权机关签发的旅行证件。根据1991年12月17日中华人民共和国国务院第93号令、1992年5月1日起施行的《中国公民往来台湾地区管理办法》第4条的规定,台湾居民来大陆,凭国家主管机关签发的旅行证件,从开放的或者指定的入出境口岸通行。

台湾居民要求来大陆的,向下列有关机关申请办理旅行证件。(1)从台湾地区要求直接来大陆的,向公安部出入境管理局派出的或委托的有关机关申请;有特殊事由的,也可以向指定口岸的公安机关申请;到香港、澳门地区后要求来大陆的,向公安部出入境管理局派出的机构或者委托的在香港、澳门地区的有关机构申请。(2)经由外国来大陆的,依据《中华人民共和国护照法》,向中华人民共和国驻外国的外交代表机关、领事机关或者外交部授权的其他驻外机关申请。

尽管上述通行证也具有证明当事人身份的功能,《婚姻登记条例》还是要求在内地办理结婚登记的香港居民、澳门居民和台湾居民在提供上述回乡证、入境证或者旅行证等有效通行证件的同时,提供能够证明其身份的身份证件,即香港、澳门、台湾的身份证或者护照等合法有效的证件。

根据《婚姻登记条例》的规定,港澳台居民的本人无配偶声明,以及与对方当事人没有直系血亲和三代以内旁系血亲关系的声明,必须经居住地公证机构公证。《婚姻登记条例》的这一规定,变更了传统的港澳台居民婚姻状况的证明方法。在传统上,香港居民的婚姻状况证明,由香港婚姻注册处出具的翻查结婚记录来证明;澳门居民的婚姻状况证明由澳门民事登记局出具的《结婚资格证明书》《无婚姻记录证明书》或者《结婚记录证明》来证明;台湾居民的

婚姻状况证明由台湾户政部门出具的户籍誊本以及本人的婚姻状况声明书来证明。《婚姻登记条例》明确规定，港澳台居民的本人无配偶声明以及与对方当事人没有直系血亲和三代以内旁系血亲关系的声明全部统一由居住地公证机构公证，这也成为港澳台居民办理婚姻登记的前置程序。

3）对于出国人员、华侨结婚登记的初审

出国人员、华侨办理结婚登记应提供三类证件和证明材料：第一类是本人的身份证明，即本人的有效护照；第二类是本人的婚姻状况证明材料，即居住国公证机构或者有权机关出具的、经中华人民共和国驻该国使馆认证的本人无配偶证明；第三类是本人与对方当事人的血亲关系证明材料，即与对方当事人没有直系血亲和三代以内旁系血亲的证明，或者中华人民共和国驻该国使馆出具的本人无配偶及与对方当事人没有直系血亲和三代以内旁系血亲关系的证明。

出国人员、华侨办理结婚登记应当持有的有效护照，是指中华人民共和国护照和中华人民共和国旅行证等出入境证件。出国人员、华侨提交的婚姻状况证明，包括由居住国公证机构出具、经该国外交机关授权的机构认证并经我国驻该国使馆认证的本人无配偶证明以及与对方当事人没有直系血亲及三代以内旁系血亲关系的证明，或者我国驻该国有关部门使（领）馆认证的本人无配偶证明以及与对方当事人没有直系血亲和三代以内旁系血亲关系的证明。

出国人员、华侨提供的证明本人无配偶以及与对方当事人没有直系血亲和三代以内旁系血亲关系的证明材料，比对内地居民以及香港、澳门和台湾居民要求提供的相关证明材料要求更高。如果说，对国内居民要求的材料主要体现了对当事人声明的信赖，对香港、澳门和台湾居民要求的材料体现了当事人声明和公证机构效力的结合，那么对出国人员、华侨要求的材料则主要是体现了对公证机构公信力和外交机关的信赖。这些规定主要是从保护与出国人员、华侨结婚的国内居民的权利的角度考虑的。

4）对外国人在我国办理结婚登记的初审

外国人在内地与我国内地居民办理结婚登记需要提供的证件和证明材料主要有两类：一类是证明身份的有效证件；另一类是证明婚姻状况的证明材料。证明身份的有效证件是指本人的有效护照或其他有效的国际旅行证件，婚姻状况的证明材料是指所在国公证机构或者有权机关出具的、经我国驻该国使（领）馆认证或者该国驻华使（领）馆认证的本人无配偶的证明，或者所在国驻华使（领）馆出具的本人无配偶的证明。

公证，指国家公证机关根据当事人的申请和法律的规定，依照法定程序，证明法律行为、有法律意义的文书和有法律意义的事实具有真实性、合法性的活动，以保护公共财产，保护公民身份上、财产上的权利和合法利益。我国驻外使（领）馆可以依照我国缔结或参加的国际条约以及国内有关法律的规定，办理驻在国国内的我国公民申请的公证事务。

认证，一般是指外交认证、领事认证，即外交、领事机关在公证证明文件上证明公证机关或认证机关（包括本国和外国的外交、领事机关）的最后一个签名或印章属实，目的是使在一国境内已公证证明的文件能为另一国境内有关当局所承认，不致因后者怀疑印章是否属实而影响其效力。认证的一般程序是，甲国的有关机关（多为外交代表机关）认证证明本国公证机关的印章或其负责人的签名属实，而乙国的有关机关（多为外交代表机关）认证证明甲国认证机关的印章或其负责人的签名属实。我国办理认证的机关是外交部领事司、部分省市政府外事办公室、驻外国使(领)馆。办理认证的手续:由我国公证机关发出到外国去应用的公证文件,由公证机关代当事人向我国外交部领事司(或当地外事办公室)申请认证,经领事司(或当地外事办公室)认证后再转请有关国家驻华使(领)馆认证;也可经我国驻有关国家使(领)馆认证后申请该国外交部认证。凡由外国公证机关发出而在我国境内应用的公证文件,其认证手续与我国相同。根据《婚姻登记工作规范》第 77 条规定,上述婚姻登记时要求当事人提供的无配偶声明或者证明,自出具之日起 6 个月内有效。

2. 对离婚登记的初审

对离婚登记的初审,是婚姻登记机关对申请离婚的当事人所提交的有关证件和证明材料进行初步审查、核查的行政程序。《婚姻登记条例》第 11 条规定:"办理离婚登记的内地居民应当出具下列证件和证明材料:(1)本人的户口簿、身份证;(2)本人的结婚证;(3)双方当事人共同签署的离婚协议书。办理离婚登记的香港居民、澳门居民、台湾居民、华侨、外国人除应当出具前款第(2)项、第(3)项规定的证件、证明材料外,香港居民、澳门居民、台湾居民还应当出具本人的有效通行证、身份证,华侨、外国人还应当出具本人的有效护照或者其他有效国际旅行证件。离婚协议书应当载明双方当事人自愿离婚的意思表示以及对子女抚养、财产及债务处理等事项协商一致的意见。"据此,当事人申请协议离婚时需要提供的证件和证明材料可以分为三类:第一类是证明本人身份的法定文件;第二类是证明当事人之间存在婚姻关系的结婚证件;第三类是证明当事人就离婚已达成协议的离婚协议书。

根据《婚姻登记条例》的规定,不同身份的当事人,应当出具的身份证件不同。内地居民应当出具的身份证件是指本人的户口簿和身份证,该户口簿是指当事人户籍地公安派出所发给当事人的常住户口簿;香港居民、澳门居民的身份证件是指港澳居民往来内地的通行证和香港、澳门居民身份证;台湾居民的身份证件是指台湾居民来往大陆的通行证或者其他有效旅行证件和在台湾地区居住的有效身份证明;华侨的身份证件是中华人民共和国护照;外国人的身份证件是当事人的护照或其他有效的国际证件。当事人申请离婚,应当提交相应的身份证件。

《婚姻登记条例》和《婚姻法》规定,自愿离婚的当事人应当亲自到婚姻登记机关办理离婚登记手续。对于办理离婚登记时,当事人是否亲自到场,到场的是否是当事人本人,婚姻登记机关只能通过当事人出具的本人身份证件查验。因此,申请离婚登记的当事人出具本人的身份证件,是婚姻登记机关受理当事人离婚申请必不可少的程序,是不能忽略的。另外,当事人申请离婚登记时,是否携带本人的身份证件,也是衡量当事人对离婚问题考虑得是否成熟的尺度。如果当事人坚持离婚,应当为办理离婚登记做好充分的准备。婚姻登记机关对申请离婚当事人没有出示身份证件的,不能简单地看成是当事人忘记带来,而应当考虑到当事人可能还对离婚或子女、财产处理有不同的意见和想法。当事人不符合登记条件或者不能提供规定的证件、证明材料的,登记机关不应受理。

离婚不仅仅是夫妻双方个人的事,它还涉及子女的抚养、子女的利益。离婚也不仅仅是双方夫妻身份关系的解除,还涉及财产的分割、共同债务的偿还。这是离婚所不可缺少的法律责任。因此,离婚仅有双方自愿离婚是不够的,还需要双方对离婚后子女的抚养、婚姻存续期间的共同财产及债务处理进行协商,达成一致意见。自愿离婚的夫妻双方就离婚达成的一致意见还必须落实到文字上，形成书面材料，这是他们对离婚、子女、财产问题的再考虑过程，使得当事人对离婚及其他方面的安排更慎重。当事人除口头向婚姻登记机关表明自愿离婚的意愿，还必须提交书面材料，即离婚协议书。当事人不提交离婚协议书的，婚姻登记机关不能受理当事人的离婚申请。

离婚协议涉及的方面较多，内容较全面，是双方当事人共同协商形成的。一般情况下，当事人应提前写好。但是，当事人自愿离婚的意愿和离婚协议书中关于对子女、财产安排的意见，应当在婚姻登记员面前亲笔签署，即申请离婚的双方应当在受理其离婚申请的婚姻登记员面前，分别在离婚协议书上签署"我自愿离婚，完全同意本协议的各项安排，亦无其他不同意见"，并签署自己的姓名。这样做是当事人对离婚问题的最后确认，以防止当事人在私下里因胁迫而违心签名，也防止他人代当事人签名。

《婚姻登记条例》对申请离婚登记应当提交的证件和证明材料进行了简化，去掉了1994年《婚姻登记管理条例》中应当提交"所在单位、村民委员会或者居民委员会出具介绍信"的规定。在此之前的三个《婚姻登记办法》均没有"离婚申请人应当提交介绍信"的规定。1994年《婚姻登记管理条例》实施后，协议离婚需要由"所在单位、村民委员会或者居民委员会出具介绍信"的规定，受到了离婚当事人的抵制和反对。长期以来，在人们的观念里，离婚并不是一件好事，当事人不愿意让更多的人知道婚姻失败。一些自愿离婚的当事人，为了不让单位知道，只好到法院离婚，或通过关系，从其他单位出具介绍信；有的单位也利用出具介绍信的权力，干涉当事人的离婚自由。根据《婚姻法》对离婚的规定，"男女双方自愿离婚的，准予离婚"。婚姻登记机关查明双方确实是自愿并对子女财产问题已有适当处理时，发给离婚证。人民法院审理离婚案件，应当进行调解，调解不是协议离婚的必经程序，调解是诉讼离婚的必经程序。因此，《婚姻登记条例》在申请离婚当事人提交的证件、证明材料中，取消"所在单位、村民委员会或者居民委员会出具的介绍信"，符合《婚姻法》的规定。

（二）受理

受理，是婚姻登记机关对结婚登记申请的证件和证明材料或离婚登记申请的证件和证明材料初审后，认为符合法律规定，而同意予以办理结婚登记或离婚登记的行政程序。

1. 受理结婚登记申请的条件

根据《婚姻登记工作规范》的规定，受理结婚登记申请的条件是：

（1）婚姻登记处具有管辖权；

（2）要求结婚的男女双方共同到婚姻登记处提出申请；

（3）当事人男年满22周岁，女年满20周岁；

（4）当事人双方均无配偶（未婚、离婚、丧偶）；

（5）当事人双方没有直系血亲或三代以内旁系血亲关系；

（6）双方自愿结婚；

（7）当事人提交3张2寸双方近期半身免冠合影照片；

（8）当事人持有《婚姻登记工作规范》第29条至第35条规定的有效证件。

2. 受理结婚登记申请的程序

婚姻登记员受理结婚登记申请，应当按下列程序进行。

(1)询问当事人的结婚意愿。

(2)查验《婚姻登记工作规范》第 29 条至第 35 条规定的相应证件和材料。

(3)自愿结婚的双方各填写一份申请结婚登记声明书;申请结婚登记声明书中"声明人"一栏的签名必须由声明人在监誓人面前完成并按指纹。

(4)当事人现场复述声明书内容,婚姻登记员做监誓人并在监誓人一栏签名。

婚姻登记机关对于不符合婚姻登记条件的,不予受理,但应当给当事人出具《不予办理结婚登记通知书》。不符合婚姻登记条件的可分为两种情况:一种是欠缺证件、证明材料等形式要件的;另一种是欠缺结婚实质要件和具有禁止要件的,即未到法定婚龄、非自愿、已有配偶、有婚姻法禁止结婚的血亲关系及患有医学上认为不应当结婚的疾病。对此,要依据《婚姻法》的规定,向当事人说明不予登记的理由。对欠缺证件、证明材料的,应提供必要及可能的指导。

3. 受理离婚登记申请的条件

根据《婚姻登记工作规范》的规定,受理离婚登记申请的条件是:

(1)婚姻登记处具有管辖权;

(2)要求离婚的夫妻双方共同到婚姻登记机关提出申请;

(3)双方均具有完全民事行为能力;

(4)当事人持有离婚协议书,协议书中载明双方自愿离婚的意思表示以及对子女抚养、财产及债务处理等事项协商一致的意见;

(5)当事人持有内地婚姻登记机关或者中国驻外使(领)馆颁发的结婚证;

(6)当事人各提交 2 张 2 寸单人近期半身免冠照片;

(7)当事人持有《婚姻登记工作规范》第 29 条至第 35 条规定的有效身份证件。

4. 受理离婚登记申请的程序

婚姻登记员受理离婚登记申请,应当按下列程序进行。

(1)询问当事人的离婚意愿。

(2)查验《婚姻登记工作规范》第 29 条至第 35 条规定的相应证件和材料。

(3)自愿离婚的双方各填写一份申请离婚登记声明书;申请离婚登记声明书中"声明人"一栏的签名必须由声明人在监誓人面前完成并按指纹。

(4)当事人现场复述声明书内容,婚姻登记员做监誓人并在监誓人一栏签名。

婚姻登记机对不符合离婚登记条件的,不予受理,但应当给当事人出具"不予办理离婚登记通知单",并提供有关证件咨询服务。

(三)审查

审查是婚姻登记机关对申请结婚登记的当事人提交的证件、证明、声明进行审查和询问,或对申请离婚登记的当事人提交的证件、申请离婚登记声明书、离婚协议书进行审查和询问,认为符合结婚条件的,填写《结婚登记审查处理表》和颁发结婚证;认为符合离婚条件的,填写《离婚登记审查处理表》和颁发离婚证的行政程序。

1. 办理结婚登记时,对当事人提交的证件、证明材料进行审查,并制作笔录

(1)审查当事人的法定证件和证明材料是否齐全。

(2)审查身份证件。内地居民的身份证件是指居民身份证、居民户口簿,过期的身份证无效。如果丢失居民身份证或尚未办理居民户口簿的,应当先到公安部门办理居民身份证、居民户口簿。香港、澳门居民的身份证件是指来往内地通行证或港澳同胞回乡证及香港居民、澳门居民身份证。台湾居民的身份证件是指来往大陆通行证或其他旅游证件及本人在台湾地区居住的有效身份证件。居住在国外的中国公民的身份证件是指中华人民共和国护照或中华人民共和国旅行证等出入境证件。外国人的身份证件是指护照或其他国际旅行证件。

(3)证明当事人无配偶的证明材料。内地公民的证明材料是指本人无配偶以及与对方当事人没有直系血亲和三代以内旁系血亲关系的签字声明。香港居民、澳门居民、台湾居民的证明材料是指居住地公证机构公证的本人无配偶以及与对方没有直系血亲和三代以内旁系血亲的证明。华侨的证明材料是指驻在国有关机构出具、经该国外交机关或外交机关授权的机构认证、并经我国驻该国使(领)馆认证的本人无配偶证明,或我国驻该国使(领)馆出具的本人无配偶证明。外国人的证明材料是指所在国有关机关出具的、经该国外交机关或外交机关授权的机构认证、并经我国驻该国使(领)馆认证的本人无配偶证明,或所在国驻华使(领)馆出具的本人无配偶证明。

(4)审查证件、证明材料内容是否符合要求。主要审查以下内容:第一,对上述身份证件要审查其姓名、性别、出生日期、照片等是否与本人情况相符,本人的几种证件内容是否一致;第二,当事人户口所在地应与婚姻登记机关管辖范围一致;第三,审查护照、回乡证、旅行证件的有效期及当事人是否合法入境;第四,婚姻当事人持有的有关证件、声明应当表明其当前无配偶,且均不患有医学上认为不应当结婚的疾病,并不具有与对方当事人有直系血亲和三代以内旁系血亲关系;第五,除了内地居民要在婚姻登记员面前在声明上签名或按指纹外,当事人的其他证明材料应在有效期内。

2. 对双方当事人进行相关情况的询问,并制作笔录

根据《婚姻法》关于结婚的实质要件的规定,婚姻登记员要进行以下询问。

(1)询问当事人结婚登记是否双方完全自愿,是双方自愿,而不是一相情愿;是当事人自愿,而不是当事人双方之外的第三人用包办、买卖等方式强迫男女双方当事人结为夫妻。

(2)询问当事人的婚姻状况,并了解对方当事人的婚姻状况。

(3)询问当事人双方的年龄,应当以周岁为准。

(4)询问当事人双方有无医学上认为不应当结婚的疾病或者有无法律规定禁止结婚的亲属关系。

(5)婚姻登记员要向当事人讲明《婚姻法》关于结婚的条件、禁止结婚的情形、无效婚姻和可撤销婚姻的规定、违反规定登记的后果。

(6)婚姻登记机关还应填写《婚姻登记审查处理表》。

根据《婚姻登记工作规范》第38条的规定,《结婚登记审查处理表》项目的填写,应按照下列规定通过计算机完成。

(1)“申请人姓名”:当事人是中国公民的,使用中文填写;当事人是外国人的,按照当事人护照上的姓名填写。

(2)“出生日期”:使用阿拉伯数字,按照身份证件上的出生日期填写为“××××年××月××日”。

（3）“身份证件号”：当事人是内地居民的，填写居民身份证号；当事人是香港、澳门、台湾居民的，填写香港、澳门、台湾居民身份证号，并在号码后加注“（香港）”“（澳门）”或者“（台湾）”；当事人是华侨的，填写护照或旅行证件号；当事人是外国人的，填写当事人的护照或旅行证件号。证件号码前面有字符的，应当一并填写。

（4）“国籍”：当事人是内地居民、香港居民、澳门居民、台湾居民、华侨的，填写“中国”；当事人是外国人的，按照护照上的国籍填写；无国籍人，填写“无国籍”。

（5）“提供证件情况”：应当将当事人提供的证件、证明逐一填写，不得省略。

（6）“审查意见”：填写“符合结婚条件，准予登记”。

（7）“结婚登记日期”：使用阿拉伯数字，填写为：“×××× 年 ×× 月 ×× 日”。填写的日期应当与结婚证上的登记日期一致。

（8）“结婚证字号”填写式样按照民政部相关规定执行。

（9）“结婚证印制号”：填写颁发给当事人的结婚证上印制的号码。

（10）“承办机关名称”：填写承办该结婚登记的婚姻登记处的名称。

（7）登记员签名。登记员签名应由批准该结婚登记的婚姻登记员亲笔签名，不得使用个人印章或者计算机打印。

（8）在“照片”处粘贴当事人提交的照片，并在骑缝处加盖钢印。

（9）《结婚证》填写。结婚证上“结婚证字号”“姓名”“性别”“出生日期”“身份证号”“国籍”“登记日期”应当与《结婚登记审查处理表》中的相应项目完全一致；“婚姻登记员”一栏由批准该结婚登记的婚姻登记员使用黑色墨水钢笔或签字笔亲笔签名，不得使用个人印章或者计算机打印；在“相片”栏粘贴当事人双方合影照片；在照片与结婚证骑缝处加盖婚姻登记工作业务专用钢印；“登记机关”栏盖婚姻登记工作专用印章（红印）。婚姻登记员在完成结婚证填写后，应当进行认真核对、检查。对打印或书写错误、证件被污染或损坏的，应当将证件报废处理，重新填写。

3. 办理离婚登记时，对离婚登记进行审查、询问和制作笔录

婚姻登记机关对离婚登记当事人出具的证件及证明材料进行初步审查并询问相关情况，对当事人不具有《婚姻登记条例》第 12 条规定的不予办理离婚登记的情形，婚姻登记机关应当受理当事人的协议离婚申请。

受理后，婚姻登记机关应当对当事人的离婚申请进行审查、询问和制作笔录。

（1）查明当事人所带证件和证明材料是否齐全。

（2）查明证件、证明材料内容是否符合要求。

（3）询问当事人双方是否是自愿离婚。

（4）查明离婚协议书是否合法有效。要注意当事人对子女抚养、财产、债务等问题达成的协议是否符合法律规定。对于不公平或者对不利于保护妇女儿童权利的离婚协议，婚姻登记机关可以给予当事人善意的提醒，但协议的内容还是以尊重当事人的意愿为准。对于以逃避债务为目的的离婚协议，婚姻登记机关应明确向当事人指出这样的协议是非法的，并要求当事人重新达成离婚协议后再申请。

（5）对双方当事人分别进行相关情况的询问并制作询问笔录。询问当事人是否具有完全民事行为能力，对方是否具有完全民事行为能力；询问双方的离婚意愿，是否完全同意离婚，是否是经过深思熟虑后做出的决定；询问是否已对子女抚养、财产及债务处理等事项已协商一致；是否知道法律关于子女抚养、财产及债务处理的法律规定；询问双方对协议处理的财产是否具有所有权；询问当事人对上述意思表示是否属实；告知当事人如果隐瞒事实，将承担相应的法律责任。

（6）填写《离婚登记审查处理表》。根据《婚姻登记工作规范》第57条规定，《离婚登记审查处理表》和离婚证的填写分别参照《结婚登记审查处理表》和结婚证的填写方式。

（四）登记（发证）

登记（发证）是婚姻登记机关对婚姻登记当事人的结婚申请及文件和离婚申请及文件进行初审、受理、审查程序后，对要求结婚的婚姻当事人颁发结婚证并进行登记，对要求离婚的当事人颁发离婚证并进行登记的行政程序。

1.结婚证的颁发

根据《婚姻登记工作规范》第41条的规定，颁发结婚证，应当在当事人双方均在场的情况下按下列步骤进行。

（1）向当事人双方询问核对姓名、结婚意愿。

（2）告知当事人双方领取结婚证后的法律关系以及夫妻权利、义务。

（3）见证当事人本人亲自在《结婚登记审查处理表》上的“当事人领证签名并按指纹”一栏中签名并按指纹；“当事人领证签名并按指纹”一栏不得空白，不得由他人代为填写、代按指纹。

（4）将结婚证分别颁发给结婚登记当事人双方，向双方当事人宣布：取得结婚证，确立夫妻关系。

（5）祝贺新人。

2.离婚证的颁发

根据《婚姻登记工作规范》第59条的规定，颁发离婚证，应当在当事人双方均在场的情况下按下列步骤进行。

（1）向当事人双方询问核对姓名、出生日期、离婚意愿。

（2）见证当事人本人亲自在《离婚登记审查处理表》中“当事人领证签名并按指纹”一栏中签名并按指纹；“当事人领证签名并按指纹”一栏不得空白，不得由他人代为填写、代按指纹。

（3）在当事人的结婚证上加盖条型印章，其中注明“双方离婚，证件失效。××婚姻登记处”。注销后的结婚证复印存档，原件退还当事人。

（4）将离婚证颁发给离婚当事人。

（五）办理结婚登记与离婚登记的时限

1.办理结婚登记的时限

关于办理结婚登记的时限，《婚姻登记条例》规定，对于当事人符合结婚条件的，应当当场予以登记，并发给结婚证。所谓“当场予以登记”，是对于办理结婚登记时限的规定，即经登记机关审查，只要当事人符合结婚登记的条件，登记机关不得以其他任何理由拖延办理。

2. 办理离婚登记的时限

关于办理离婚登记的时限,《婚姻登记条例》修改了离婚登记的时限。1994 年《婚姻登记管理条例》规定,婚姻登记机关对当事人的离婚申请进行审查,自受理之日起 1 个月内,对符合离婚条件的,应当予以登记,发给离婚证,注销结婚证。离婚是一件比较重大的事情,对于子女和当事人都有重大的影响,应当非常慎重。当时规定 1 个月内办理,其目的是给当事人一定期限的"冷静期",同时便于结婚登记机关、村(居)民委员会、有关单位进行调解。但由于办理期限相对较长,也给当事人带来了不便。

申请离婚登记首先要达成离婚协议,在离婚协议形成过程中,当事人已对离婚问题进行反复的考虑。同时,离婚是当事人之间的私事,为保护当事人的隐私,调解有必要,但不是对每对离婚当事人都必须进行调解,故《婚姻登记条例》对离婚登记的办理时限未作明确规定。

关于注销结婚证。1994 年《婚姻登记管理条例》规定,婚姻登记机关给当事人发放离婚证,应当注销其结婚证。而新的《婚姻登记工作规范》明确规定,要"在当事人的结婚证上加盖条型印章,其中注明'双方离婚,证件失效。× × 婚姻登记处'。注销后的结婚证复印存档,原件退还当事人"。故婚姻登记机关在发放离婚证书时应当注销当事人的结婚证。

三、补办结婚登记的程序和复婚登记的程序

(一)补办结婚登记的程序

《婚姻登记条例》第 8 条规定:"男女双方补办结婚登记的,适用本条例结婚登记的规定。"根据这一规定,所谓补办结婚登记程序是指以夫妻名义一起生活而没有办理结婚登记手续的当事人,按照《婚姻登记条例》关于结婚登记的规定,到婚姻登记机关补办结婚登记手续的行政程序。

补办结婚登记的规定,从积极的角度重申了办理结婚登记的必要性。尤其是对于那些符合《婚姻法》规定的结婚条件但尚未办理结婚登记手续的男女,他们即便已经举行了结婚仪式或者早已以夫妻名义同居生活,也必须尽早依法补办结婚登记,以使双方的婚姻关系得到法律的保护。规定补办结婚登记,不是否认婚姻登记制度,也不是鼓励公民不登记就"结婚"。补办登记只能是解决历史遗留问题的一种方法。

根据《婚姻登记条例》第 8 条的规定,补办结婚登记所需要提供的证件和证明材料以及补办结婚登记的所有程序均依照结婚登记来进行。《婚姻登记工作规范》第 42 条规定:"申请补办结婚登记的,当事人填写《申请补办结婚登记声明书》,婚姻登记机关按照结婚登记程序办理。"可见,补办结婚登记程序与结婚登记的程序相同。

(二)复婚登记的程序

《婚姻登记条例》第 14 条规定:"离婚的男女双方自愿恢复夫妻关系的,应当到结婚登记机关办理复婚登记。复婚登记适用本条例结婚登记的规定。"婚姻关系当事人离婚后,如果想恢复夫妻关系的,就必须双方共同到一方常住户口所在地的婚姻登记机关办理复婚手续,不管当事人是协议离婚,还是诉讼离婚,离婚的当事人复婚也必须符合结婚的实质要件,具体地说就是当事人无配偶,即离婚后没有与其他人结婚或者是与其他人的婚姻关系已经解除。如果当事人不再次办理结婚登记即同居的话,法律并不因为当事人曾经是夫妻而对其同居关系予以保护,当事人之间不存在夫妻的权利义务关系。

《婚姻登记工作规范》第43条规定："申请复婚登记的，当事人填写《申请结婚登记声明书》，婚姻登记机关按照结婚登记程序办理。"可见，复婚登记的办理程序与一般结婚登记的程序基本是一样的，即必须符合结婚登记管辖的规定，必须出具结婚登记应当出具的证件和证明材料。办理复婚登记时，登记机关在发给当事人结婚证的同时，应当收回或者注销其离婚证。

四、撤销婚姻的登记程序

撤销婚姻的登记程序是指受胁迫的婚姻的当事人，向原办理该结婚登记的机关请求撤销其婚姻的行政程序。

撤销婚姻，关系到当事人双方的切身利益，要严格执行撤销程序，根据《婚姻登记工作规范》第47条规定，撤销婚姻应当按照初审—受理—审查—报批—公告的程序办理。

（一）初审

初审，是婚姻登记机关对要求撤销婚姻登记的申请人提出的申请及各类证明材料进行初步审查的程序。

（二）受理

受理，是婚姻登记机关对要求撤销婚姻登记申请人提供的有关材料进行初审后，对符合受理撤销婚姻申请条件的，决定给予其办理撤销婚姻登记的程序。

受理撤销婚姻申请必须符合的条件见本章第3节。

除受胁迫结婚之外，以任何理由请求宣告婚姻无效或撤销婚姻的，婚姻登记机关不予受理。并且提出撤销婚姻申请的只能是受胁迫的当事人本人。受胁迫方不提出申请，婚姻登记机关或人民法院不能主动撤销当事人的婚姻关系。

符合撤销婚姻条件的，婚姻登记机关按下列程序处理。

（1）查验。查验《婚姻登记工作规范》第48条规定的证件和证明材料。

（2）填写申请书。当事人在婚姻登记员面前亲自填写《撤销婚姻申请书》；双方当事人在"声明人"一栏签名并按指纹。当事人不会写字的，可由当事人口述，第三人代为填写，当事人在"申请人"一栏按指纹。第三人应当在申请书上注明代写人的姓名、身份证号码、住址及其与申请人的关系。婚姻登记机关工作人员不得作为第三人代申请人填写。

（3）宣读申请书。当事人宣读本人的申请书，婚姻登记员做监誓人并在监誓人一栏签名。

（三）审查

审查，是指婚姻登记机关对申请撤销婚姻登记的当事人及有关材料进行审理、查明的程序。

婚姻登记机关必须对是否属于婚姻登记机关的受理范围，是否属于法定的申请人，是否在规定的时间内提出申请，是否属于本机关管辖等进行查证，同时应当与出具被拐卖结婚材料的公安机关进行核对。

对于情况属实的，宣告撤销婚姻；对于不符合撤销婚姻条件的，应当告知不予撤销的原因，并告知当事人可以到人民法院请求撤销婚姻。

（四）报批

报批，是指婚姻登记机关对符合撤销婚姻条件的申请所做出的撤销婚姻的决定，报所属的民政部门或者乡（镇）人民政府批准的程序。

婚姻登记机关对于符合撤销婚姻条件的申请应拟写“关于撤销 ××× 与 ××× 婚姻的决定”并报所属民政部门或者乡(镇)人民政府批准,批准后印发撤销决定。

(五)公告

公告,是指民政部门或者乡(镇)人民政府批准撤销婚姻的决定后,应当将《关于撤销 ××× 与 ××× 婚姻的决定》在公告栏中进行公告的程序。

公告的程序是,婚姻登记机关在收到人民政府民政部门或者乡(镇)人民政府批准撤销婚姻的决定后,应将《关于撤销 ××× 与 ××× 婚姻的决定》送达当事人双方,并在婚姻登记公告栏中公告,公告期限为30日。

五、补领婚姻登记证的程序

补领婚姻登记证是指已经办理过结婚登记或者离婚登记手续,但因结婚证或离婚证丢失或损毁,要求登记机关根据婚姻登记档案为其补发结婚证或者离婚证的程序。

《婚姻登记工作规范》规定,当事人遗失、损毁婚姻证件,可以到原办理该结婚登记的机关或者一方常住户口所在地的婚姻登记机关申请补领。因此,申请补领婚姻登记证的管辖机关为两个:一是原办理该婚姻登记的机关;二是一方常住户口所在地的婚姻登记机关。

婚姻登记机关为当事人补发结婚证、离婚证应当按照初审—受理—审查—发证的程序进行。

(一)初审

初审,是指婚姻登记机关对要求补领婚姻登记证的当事人的申请及其他有关材料进行初步审查的程序。

(二)受理

受理,是指婚姻登记机关决定受理当事人补领结婚证、离婚证的申请的程序。

按照《婚姻登记工作规范》的规定,受理的条件是:婚姻登记处具有管辖权;当事人依法登记结婚或者离婚,至今仍然维持该状况;当事人持有《婚姻登记工作规范》第29条至第35条规定的身份证件;当事人亲自到婚姻登记机关提出申请,填写《申请补领婚姻登记声明书》。

当事人因故不能到婚姻登记处申请补领婚姻登记证的,有档案可查且档案信息与身份信息一致的,可以委托他人办理。委托办理应当提交当事人的户口簿、身份证和经公证机关公证的授权委托书。委托书应当写明当事人姓名、身份证件号码、办理婚姻登记的时间及承办机关、目前的婚姻状况、委托事由、受委托人的姓名和身份证件号码。受委托人应当同时提交本人的身份证件。

当事人结婚登记档案查找不到的,当事人应当提供充分证据证明婚姻关系,婚姻登记机关经过严格审查,确认当事人存在婚姻关系的,可以为其补领结婚证。

婚姻登记机关对不具备补发结婚证、离婚证受理条件的,不予受理。

(三)审查

审查,是指婚姻登记员对当事人提交的证件、证明材料进行审查,查明婚姻登记处是否具有管辖权;当事人是否依法登记结婚或者离婚,至今仍然维持该状况;当事人持有的身份证件是否真实、合法等事项。符合补发条件的,填写《补发婚姻登记证审查处理表》和婚姻登记证。

（四）发证

发证，是指婚姻登记机关对当事人的补领婚姻证件申请及文件进行初审、受理、审查后，对要求补领证书的婚姻当事人颁发结婚证并进行登记，或颁发离婚证并进行登记的行政程序。

当事人办理过结婚登记或者离婚登记，申请补领时的婚姻状况因离婚、丧偶或者是复婚发生变化的，不予补发婚姻登记证。也就是说，当事人申请补发结婚证、离婚证应当是该婚姻关系存续或者解除的事实仍然存在时提出。如果当事人已经离婚或已经丧偶就不能再补发结婚证。因为一旦离婚或丧偶后，原来的婚姻关系已经不存在了，因此不能再补发结婚证。如果当事人已经离婚了，只要没有复婚，就可以要求补发离婚证，因为不管当事人是否已经再婚，原离婚事实是一直存续下来的，因此可以补发离婚证，这与《婚姻登记条例》规定的再婚当事人无须离婚证精神是一致的。

小资料

民政部结婚登记颁证词推荐版本

结婚登记颁证词推荐版本一

颁证员：我是 ××× 民政局颁证员 ×××，很高兴能为二位颁发结婚证。

颁证员：请问您是 ××× 先生吗？（男方回答）请问您是 ××× 女士吗？（女方回答）请问 ××× 先生、××× 女士，你们是自愿结婚吗？（双方回答）

颁证员：我国实行婚姻自由、一夫一妻、男女平等的婚姻制度；夫妻双方应当互相忠实，互相尊重；家庭成员间应当敬老爱幼，互相帮助，共同维护平等、和睦、文明的婚姻家庭关系。请问你们能做到吗？

（双方回答）

颁证员：经审查，你们符合结婚登记的条件，请二位上前领取结婚证。

（双方分别上前签字领证）

颁证员：《中华人民共和国婚姻法》规定，取得结婚证，即确立夫妻关系。你们的婚姻关系已经在这一刻成立了，我衷心祝福你们，祝你们婚姻美满，家庭幸福！

结婚登记颁证词推荐版本二

颁证员：我是 ××× 民政局颁证员 ×××，很高兴能为二位颁发结婚证。请你们牵手走到颁证台前，一起经历人生最美好的时刻。

颁证员：××× 先生，请问您愿意娶 ××× 女士为妻吗？（男方回答）

颁证员：××× 女士，请问您愿意嫁给 ××× 先生吗？（女方回答）

颁证员：××× 先生、××× 女士，经审查，你们符合结婚登记的条件，请二位上前领取结婚证。

（双方分别上前签字领证）

颁证员：今天是 ×××× 年 ×× 月 ×× 日，这是你们一生中最值得纪念的日子。你们的爱情，因为今天而绽放美丽；你们的婚姻，因为今天而拥抱幸福。二位已经结为合法夫妻了，希望在未来的岁月里，你们彼此珍惜，相亲相爱，相濡以沫，牵手一生！

结婚登记颁证词推荐版本三

颁证员：我是 ××× 民政局颁证员 ×××，很高兴能为二位颁发结婚证。

颁证员：今天是 ×××× 年 ×× 月 ×× 日，是你们喜结良缘的好日子。你们在茫茫人海中寻觅到对方，牵手走进了婚姻这神圣的殿堂。我衷心祝福你们！

颁证员：常言道：百年修得同船渡，千年修得共枕眠。婚姻是相伴一生的约定，它标志着人生新阶段的开始。生活告诉我们：美满的婚姻，既有温馨、浪漫和甜蜜，更有义务、责任和付出。希望你们在今后的生活中不论遇到什么困难，都能以一颗宽容的心去善待、包容和理解对方，共享家庭的温暖，共历人生的风雨，请问你们能做到吗？

（双方回答）

颁证员：请二位上前领取结婚证。

（双方分别上前签字领证）

颁证员：结婚证是证明两位夫妻关系的法律凭证，希望你们珍藏一生！祝你们相亲相爱，天长地久！

结婚登记颁证词推荐版本四

颁证员：我是 ××× 民政局颁证员 ×××，很高兴能为二位颁发结婚证。今天是个神圣的日子，请二位郑重回答我的问题：请问你们是自愿结婚吗？

（双方回答）

颁证员：请二位面对庄严的国旗和国徽，一起宣读《结婚誓言》。

双方宣读：

《结婚誓言》

我们自愿结为夫妻，从今天开始，我们将共同肩负起婚姻赋予我们的责任和义务：上孝父母，下教子女，互敬互爱，互信互勉，互谅互让，相濡以沫，钟爱一生！

今后，无论顺境还是逆境，无论富有还是贫穷，无论健康还是疾病，无论青春还是年老，我们都风雨同舟，患难与共，同甘共苦，成为终生的伴侣！我们要坚守今天的誓言，我们一定能够坚守今天的誓言！

宣誓人：×××
宣誓人：×××

颁证员：请你们牢记今天许下的承诺，共同承担起家庭的责任，携手走过未来的人生。请你们共同签署《结婚誓言》，并领取结婚证。

（双方分别签领结婚证和《结婚誓言》）

（资料来源：http://www.mca.gov.cn/）

思考题：

1. 谈谈结婚登记的条件。
2. 谈谈离婚登记的条件。
3. 结婚登记的程序有哪些？
4. 离婚登记的程序有哪些？
5. 无效婚姻和可撤销婚姻的条件和程序分别有哪些？

第3章　婚姻登记档案管理

学习目标

1. 了解婚姻登记档案管理的特点。
2. 了解并掌握婚姻登记档案的管理方法。
3. 掌握我国婚姻登记档案的保管规定。
4. 了解婚姻登记档案的移交。

导入案例

婚姻档案快捷数字化的可行性及实例

婚姻登记机关在办理结婚登记、离婚登记、补发婚姻登记证的过程中形成的具有凭证作用的各种记录就是婚姻登记档案。婚姻登记档案是个人婚姻历史的真实凭证，在处理家庭财产分割纠纷、房产过户、银行贷款、子女抚养权益问题等诸多事务中发挥着不可或缺的凭证作用，它是国家档案的重要组成部分。所以说，做好婚姻登记档案工作，不仅是婚姻登记机关的重要任务，也是档案行政管理部门的一项重要职责。特别是随着近年来县级婚姻登记档案利用频率的不断提高，在管理工作中如何利用计算机进行管理，适应时代发展的需求，是对档案管理工作提出的新要求。

一、婚姻档案数字化的重要性

婚姻档案是民生档案的重要信息资源，它有记载时间跨度大、数量多、信息丰富、查阅频率高等特点。大量的各方面的知识，使婚姻档案的整理工作烦琐，重复劳动多，劳动强度大。在档案整理的立卷、归档、保管、查阅等工作中，利用计算机等现代化手段整理档案，可以收到事半功倍的效果，既降低了人为因素在文件归档工作中的负面影响，又能发挥计算机的管理优势，减少了手工操作，提高了工作效率。

同时，婚姻文书档案均为纸质文档，要想方设法延长其保存期限，过去的材质和现行的纸质材料，都难以达到这一目的。但数字化管理，如利用计算机扫描技术对这些文献做数字化处理，制作数字化副本供利用和交流，把原件妥善地保存起来，便可以有效地延长原件的保存时间，以防长期翻阅造成的字迹模糊或破损，甚至是天灾人祸导致的毁灭性破坏。档案数字化工作为有效保护原纸质档案起到了重要作用。

另外，纸质档案数字化还能改善档案在信息社会中的利用方式。档案的数字化管理，可以使纸质档案原件的数字化副本不再受“孤本”的限制，一份文件可以同时提供给所有需要它的人共享。从技术上讲，此时，使用者可以不用到档案馆来，通过任何一台上网的计算机就能利用档案馆内已经开放的档案。这不仅免去了使用者的奔波之苦，更大的好处在于扩大了档案的利用空间。综上，随着计算机网络的进一步发展，档案管理数字化越来越明显地表现出优越性，要充分认识到档案管理数字化的意义，更多地考虑如何加强数字化建设。

二、婚姻档案快捷数字化的可行性

目前，档案数字化工作已在档案管理部门中全面启动、推广，大多是依据档案目录，以卷为单位对原始库存档案进行拆钉（线）、电子扫描、装订、再立卷等工作，电子扫描的数字化文档信息还需进行修边、编号、整理及挂接等工作。人们可以在计算机中查找、阅览、传输、打印数字化的文档信息，不用再去翻阅原始档案。但婚姻档案有其特殊的时效性要求，即对婚姻档案要求短时间内便可以进行查询，如一些结婚或离婚档案往往在登记注册后半年或一年内就进行查询，若按一般档案年度结束后（有的两三年后）再进行整理或数字化工作，虽然也能提供档案服务，但增加了档案管理人员调档、查档的工作量，工作效率降低，不能适应群众对档案服务的需求。这就对婚姻档案工作提出了新要求，那就是婚姻档案快捷数字化，缩短婚姻档案从登记注册到能数字化查询的时间。若能提前在档案形成的过程中，对档案进行数字化，即时扫描，快速整理归档，就能实现档案的快捷数字化管理工作。

三、婚姻档案快捷数字化的实例

鹿寨县婚姻登记处负责全县42万多人的婚姻登记工作，每年登记档案约6 000件，每天约20件150页。县档案局按档案管理的要求，现场指导档案快捷数字化工作，做到每天扫描档案文档，一季度整理、编档、挂接，实现一体化的婚姻档案登记、扫描、整理工作，快速地进行档案的数字化和整理工作。

大致工作步骤如下。工作日：婚姻登记—档件分类和编号—分类扫描—文书装订，利用高速扫描仪扫描约15分钟。每季度：文书档案的整理编号入档，数字化数据编号、入库、挂接。在每季度结束后，文书档案也归档整理，数字化档案信息也能录入挂接查询。在该项工作中，县婚姻登记所现场配置高速扫描仪和平板仪，档案局技术员指导文档扫描、编号、整理、存储等工作，做到当天登记档案当天扫描，这是快捷数字化档案工作的关键。虽然每天增加十多分钟的扫描工作量，但是文书档案只需一次装订，一次整理即可，减少对档案多次拆封的损害，提高了整理效率。目前，鹿寨县婚姻档案已可以查询2017年度及以前的数字化信息，2018年第一季度数字档案正在挂接中，真正做到了快捷数字化档案工作。

在经济社会快速发展的今天，对信息的需求力求准确、快速、便捷。在档案数字化的大趋势下，在各行各业开展快捷的档案数字化工作，既是时代的要求，也是档案工作适应新时代的要求。特别是在公文档案工作中，快捷数字化传输和利用有其广大的社会需求和应用前景。

（资料来源：http://lzdaj.liuzhou.gov.cn/xwdt/jyjl/201806/）

引　言

《婚姻登记档案管理办法》第15条规定了婚姻登记档案利用的原则，根据该条规定，婚姻登记档案的利用应当遵守下列规定。

（1）婚姻登记档案保管部门应当建立档案利用制度，明确办理程序，维护当事人的合法权益。

（2）婚姻登记机关可以利用本机关移交的婚姻登记档案。

（3）婚姻当事人持有合法身份证件，可以查阅本人的婚姻登记档案；婚姻当事人因故不能亲自前往查阅的，可以办理授权委托书，委托他人代为办理，委托书应当经公证机关公证。

(4)人民法院、人民检察院、公安和安全部门为确认当事人的婚姻关系,持单位介绍信可以查阅婚姻登记档案;律师及其他诉讼代理人在诉讼过程中,持受理案件的法院出具的证明材料及本人有效证件可以查阅与诉讼有关的婚姻登记档案。

(5)其他单位、组织和个人要求查阅婚姻登记档案的,婚姻登记档案保管部门在确认其利用目的合理的情况下,经主管领导审核,可以利用。

(6)利用婚姻登记档案的单位、组织和个人,不得公开婚姻登记档案的内容,不得损害婚姻登记当事人的合法权益。

(7)婚姻登记档案不得外借,仅限于当场查阅;复印的婚姻登记档案需加盖婚姻登记档案保管部门的印章方为有效。

婚姻登记机关应按照《婚姻登记档案管理办法》的规定利用婚姻登记档案,在提供利用时要严格掌握以下原则:一是婚姻登记档案可以按照规定向上述人员提供查阅;二是有关机关、组织、个人因特殊情况需要使用时,须确认其利用目的的合理性并经婚姻登记机关负责人批准;三是其他人查阅婚姻登记档案须持单位介绍信或有效身份证件,经审查同意后方可利用,并办理查阅手续;四是查阅仅限于当场查阅,不得外借。

在开展婚姻登记档案利用工作时,婚姻登记机关应注意以下几点:一是建立健全婚姻登记档案的查阅制度;二是严格查阅手续;三是确保婚姻登记档案原件的完整和安全;四是对复制、摘抄婚姻登记档案严格审查把关。

第1节　婚姻登记档案基础

一、婚姻登记档案的含义

婚姻登记档案是婚姻登记机关在办理结婚登记、撤销婚姻、离婚登记、补发婚姻登记证的过程中形成的具有凭证作用的各种记录。可见,婚姻登记档案是婚姻登记机关在办理婚姻登记过程中形成的记载当事人婚姻关系、依法应当妥善保存的专用文书材料。婚姻登记档案是查证当事人婚姻关系的原始材料,对于证明当事人婚姻关系是否合法存在或者是否已依法解除具有重要意义,建立婚姻登记档案并加以长期妥善保管是婚姻登记机关的重要职责。

二、婚姻登记档案的特点

婚姻登记档案来源于婚姻登记机关依法进行的婚姻登记活动。婚姻登记档案材料的内容较单一,具有固定的文件名称和格式,它是不同于一般文书材料的一种专用文书材料。这些文书材料无须像公文那样经过文书处理程序,而是在婚姻登记业务中直接形成的。因此,婚姻登记档案,除了具有一般档案的共同属性外,还具有如下特点。

(一)专业性

婚姻登记档案是婚姻登记机关在依法为婚姻当事人办理婚姻登记的专业活动中形成的,其反映的对象、形成的程序、文件的内容都具有专业性特点。

(二)法定性

婚姻登记档案是婚姻登记机关代表国家对婚姻当事人进行监督管理的一种行政执法行为的历史记录。其记载对象、记录程序、记录内容都必须符合国家关于婚姻登记法律法规的规定。婚姻登记档案一旦形成，就具有法律效力，受到国家的法律保护；同时成为婚姻登记管理机关进行婚姻管理工作、婚姻当事人维护自身权益的法律依据。

（三）成套性

婚姻登记档案是以一对婚姻当事人为单位建立的。凡是办理婚姻登记的，婚姻当事人必须按照《婚姻登记条例》的规定出具各种证件和证明材料，婚姻登记机关按照法定程序为其进行登记。因此，婚姻登记过程中形成的文件材料的种类、份数都有专门要求，每一例登记形成的档案具有明显的成套性。

（四）同一性

婚姻登记档案材料中，《申请结婚登记声明书》《申请补办结婚登记声明书》《结婚登记审查处理表》《离婚登记审查处理表》《补发婚姻登记证审查处理表》《结婚证》等都是按照国家统一规定的格式印刷的；离婚协议、户口簿、身份证、婚姻状况等证件和证明材料的内容、格式也都有统一的规定；甚至每对婚姻当事人的每一例登记，其文件材料的种类、份数都是基本相同的。

（五）顺序性

每个婚姻登记机关形成的婚姻登记档案，都有自然的时间顺序，婚姻登记机关必须严格按照时间顺序排列顺序号。这个顺序号既是各类婚姻证书的编号，同时又是归档的案卷号。

（六）机密性

婚姻登记档案包括婚姻当事人的各种证件和证明材料，这些材料记载了当事人的自然情况，包括姓名、民族、年龄、户籍、国籍、文化程度、住址、职业、身份、健康状况、婚姻状况等，涉及当事人的个人信息，有较强的保密性，不宜对公众开放。

三、婚姻登记档案管理体制和婚姻登记机关档案工作职责

从管理体制来看，《婚姻登记档案管理办法》规定，婚姻登记主管部门对婚姻登记档案工作实行统一领导，分级管理，并接受同级地方档案行政管理部门的监督和指导。

从婚姻登记机关档案工作职责来看，婚姻登记机关应当履行下列档案工作职责：及时将办理完毕的婚姻登记材料收集、整理、归档；建立健全各项规章制度，确保婚姻登记档案的齐全完整；采用科学的管理方法，提高婚姻登记档案的保管水平；办理查档服务，出具婚姻登记记录证明，告知婚姻登记档案的存放地；办理婚姻登记档案的移交工作。

第2节　婚姻登记档案管理

一、婚姻登记档案的管理方法

（一）确定婚姻登记专用文书材料的归档范围

根据《婚姻登记档案管理办法》规定，凡是办理婚姻登记过程中应出具和形成的、具有查考利用价值的专用文书材料，均属归档范围。具体范围如下。

（1）办理结婚登记（含复婚、补办结婚登记，下同）形成的下列材料应当归档。

①《结婚登记审查处理表》。

②《申请结婚登记声明书》或者《申请补办结婚登记声明书》。

③香港特别行政区居民、澳门特别行政区居民、台湾地区居民、出国人员、华侨以及外国人提交的《婚姻登记条例》第5条规定的各种证明材料(含翻译材料)。

④当事人身份证件(从《婚姻登记条例》第5条规定,下同)复印件。

⑤其他有关材料。

(2)办理离婚登记形成的下列材料应当归档。

①《离婚登记审查处理表》。

②《申请离婚登记声明书》。

③当事人结婚证复印件。

④当事人离婚协议书。

⑤当事人身份证件复印件。

⑥其他有关材料。

(3)办理补发婚姻登记证形成的下列材料应当归档。

①《补发婚姻登记证审查处理表》。

②《申请补领婚姻登记证声明书》。

③婚姻登记档案保管部门出具的婚姻登记档案记录证明或其他有关婚姻状况的证明。

④当事人身份证件复印件。

⑤当事人委托办理时提交的经公证机关公证的当事人身份证件复印件和委托书,受委托人本人的身份证件复印件。

⑥其他有关材料。

(4)办理撤销婚姻形成的下列材料应当归档。

①婚姻登记机关关于撤销婚姻的决定。

②《撤销婚姻申请书》。

③当事人的结婚证原件。

④公安机关出具的当事人被拐卖、解救证明,或人民法院做出的能够证明当事人被胁迫结婚的判决书。

⑤当事人身份证件复印件。

⑥其他有关材料。

(5)人民法院宣告婚姻无效或者撤销婚姻的判决书副本。

①人民法院宣告婚姻无效或者撤销婚姻的判决书副本归入撤销婚姻类档案。

②婚姻无效或者撤销婚姻的,应当在当事人原婚姻登记档案的《结婚登记审查处理表》的"备注"栏中注明有关情况及相应的撤销婚姻类档案的档号。

(二)婚姻登记档案的立卷归档的原则和方法

1. 原则和方法

《婚姻登记档案管理办法》第10条规定,婚姻登记材料的立卷归档应当遵循下列原则与方法。

(1)婚姻登记材料按照年度归档。

(2)一对当事人婚姻登记材料组成一卷。

（3）卷内材料分别按照本办法第5、6、7、8条规定的顺序排列，即《婚姻登记档案管理办法》规定的办理结婚登记、离婚登记、撤销婚姻和补发婚姻登记证的归档材料的范围和顺序。

（4）以有利于档案保管和利用的方法固定案卷。

（5）按本办法第9条的规定对案卷进行分类，并按照办理婚姻登记的时间顺序排列，即《婚姻登记档案管理办法》规定，婚姻登记档案按照年度—婚姻登记性质分类。婚姻登记性质分为结婚登记类、撤销婚姻类、离婚登记类和补发婚姻登记证类四类。

（6）在卷内文件首页上端的空白处加盖归档章（见《婚姻登记档案管理办法》附件1），并填写有关内容。归档章设置全宗号、年度、室编卷号、馆编卷号和页数等项目。

①全宗号：档案馆给立档单位编制的代号。

②年度：案卷的所属年度。

③室编卷号：案卷排列的顺序号，每年每个类别分别从"1"开始标注。

④馆编卷号：档案移交时按进馆要求编制。

⑤页数：卷内材料有文字的页面数。

（7）按室编卷号的顺序将婚姻登记档案装入档案盒，并填写档案盒封面、盒脊和备考表的项目。

档案盒封面应标明全宗名称和婚姻登记处名称（见《婚姻登记档案管理办法》附件2）。

档案盒盒脊设置全宗号、年度、婚姻登记性质、起止卷号和盒号等项目（见《婚姻登记档案管理办法》附件3）。其中，起止卷号填写盒内第一份案卷和最后一份案卷的卷号，中间用"—"号连接；盒号即档案盒的排列顺序号，在档案移交时按进馆要求编制。

备考表置于盒内，说明本盒档案的情况，并填写整理人、检查人和日期（见《婚姻登记档案管理办法》附件4）。

（8）按类别分别编制婚姻登记档案目录（见《婚姻登记档案管理办法》附件5）。

（9）每年的婚姻登记档案目录加封面后装订成册，一式三份，并编制目录号（见《婚姻登记档案管理办法》附件6）。

2. 婚姻登记材料的归档质量要求

（1）当年的婚姻登记材料应当在次年的3月31日前完成立卷归档。

（2）归档的婚姻登记材料必须齐全完整，案卷规范、整齐。复印件一律使用A4规格的复印纸，复印件和照片应当图像清晰。

（3）应归档的文书材料应做到种类齐全、份数完整，每份文件不得缺张少页，并组成保管单位。

（4）卷内文件排列有序。

（5）卷内文件依次排列后应编页号和件号，逐件登记在卷内目录上。卷内目录可直接印在案卷封面的背面。

（6）归档章、档案盒封面、盒脊、备考表等项目，使用蓝黑墨水或碳素墨水钢笔填写；婚姻登记档案目录应当打印；备考表和档案目录一律使用A4规格纸张。

（7）使用计算机办理婚姻登记所形成的电子文件，应当与纸质文件一并归档，归档要求参照《电子文件归档与电子档案管理规范》（GB/T 18894—2016）。

（8）向档案室移交的案卷应分门别类按登记证号的顺序排列，并编制案卷目一式两份。

二、我国婚姻登记档案的保管规定

婚姻登记档案对于证明当事人婚姻关系，确保婚姻登记机关工作的正常展开意义重大，但实践中常发生婚姻当事人在婚姻登记机关无档案可查的情况，发生这种情况的主要原因：一是婚姻登记制度设立之初，婚姻档案管理尚未步入正轨，在此期间形成的档案，或流失或损毁或根本就没建立起来，导致无档案可查；二是因为"文化大革命"的影响，在此期间以及先前形成的很多婚姻档案都未能保存下来。实际上，我国的婚姻登记档案管理制度是从20世纪70年代末、80年代初，特别是1987年《中华人民共和国档案法》（以下简称《档案法》）出台后才逐步建立并完善起来的。

但是，婚姻登记档案制度建立以后，仍有遗失或损毁婚姻登记档案的现象发生，其主要原因是登记机关管理不善，比如婚姻登记机关在搬迁或登记职能发生转移（由街道办事处、乡（镇）转归民政部门）过程中，将某一阶段的婚姻登记档案部分或整体遗失。婚姻登记档案的损毁、遗失使得许多查证工作无法正常进行，损害了当事人的合法权益，也影响了政府的形象。

婚姻登记档案应属机关档案中的专门档案。结婚登记、离婚登记、撤销婚姻的档案记载了公民个人的婚姻状况，其主要作用是为当事人服务。因此，《婚姻登记档案管理办法》第13条规定，婚姻登记档案的保管期限为100年。对有继续保存价值的可以延长保管期限直至永久。这主要是为祖孙三代查考利用考虑的。涉外婚姻和国内知名人士及特殊情况登记档案的保管期限可以适当延长或永久保存。

三、婚姻登记档案的移交

《婚姻登记档案管理办法》第14条规定了婚姻登记档案移交的原则，根据该条规定，婚姻登记档案应当按照下列规定移交。

县级（含）以上地方人民政府民政部门形成的婚姻登记档案，应当在本单位档案部门保管一定时期后向同级国家档案馆移交，具体移交时间由双方商定。

具体办理婚姻登记职能的乡（镇）人民政府形成的婚姻登记档案应当向乡（镇）档案部门移交，具体移交时间从乡（镇）的规定。乡（镇）人民政府应当将每年的婚姻登记档案目录的副本向上一级人民政府民政部门报送。

被撤销或者合并的婚姻登记机关的婚姻登记档案应当分别按照县级（含）以上地方人民政府民政部门和具有办理婚姻登记职能的乡（镇）人民政府形成的婚姻登记档案移交的规定及时移交。

县以上婚姻登记机关业务部门每年3月底完成归档任务，并向机关综合档案室移交归档。具体办理婚姻登记职能的乡（镇）婚姻登记处要在每年3月底前向县级民政部门移交上一年度的婚姻登记档案。按照惯例，婚姻登记档案在形成机关保存5~10年后，应移交当地同级国家档案馆。

四、婚姻登记档案的鉴定销毁

《婚姻登记档案管理办法》第16条对婚姻登记档案的鉴定销毁作了规定，按照该条规定婚姻登记档案的鉴定销毁应当符合下列要求：婚姻登记档案保管部门对保管期限到期的档案要进行价值鉴定，对无保存价值的予以销毁，但婚姻登记档案目录应当永久保存；对销毁的婚姻登记档案应当建立销毁清册,载明销毁档案的时间、种类和数量,并永久保存;婚姻登记档案保管部门应当派人监督婚姻登记档案的销毁过程,确保销毁档案没有漏销或者流失,并在销毁清册上签字。

五、婚姻登记机关档案室的设置

为妥善保管婚姻登记档案,婚姻登记机关应当设有专门的档案室并配有必要的管理人员及设施。档案室应防潮、防火、防虫、防盗、通风、透气,以确保档案的安全;应有专人负责婚姻登记档案的管理;档案的装订要规范,分类要合理,查阅要方便,以便于工作中对档案的利用。婚姻登记机关应逐步采用先进的技术,实现婚姻档案管理的现代化、网络化。

目前,很多婚姻登记机关档案室的设置还不能完全满足婚姻登记档案长期妥善保管的要求。我国婚姻登记量每年约1 000万对,保管好婚姻登记档案是一项艰巨的任务。1999年发布的《中华人民共和国档案法实施办法》第13条规定:"机关、团体、企业事业单位和其他组织,应当按照国家档案局关于档案移交的规定,定期向有关的国家档案馆移交档案。属于中央级和省级、设区的市级国家档案馆接收范围的档案,立档单位应当自档案形成之日起满20年即向有关的国家档案馆移交;属于县级国家档案馆接收范围的档案,立档单位应自档案形成之日起满10年即向有关的县级国家档案馆移交。经同级档案行政管理部门检查和同意,专业性较强或者需要保密的档案,可以延长向有关档案馆移交的期限;已撤销单位的档案或者由于保管条件恶劣可能导致不安全或者严重损毁的档案,可以提前向有关档案馆移交。"因此,婚姻登记机关可以根据该规定将部分婚姻登记档案移交给有关档案馆保管。同时,新颁布的《婚姻登记档案管理办法》第14条也对档案的移交进行了规定。

小资料

婚姻登记证书

一、婚姻登记证书的种类

婚姻登记包括结婚登记和离婚登记,相应地,婚姻登记证书也有结婚证和离婚证两种。1994年《婚姻登记管理条例》规定,证明当事人婚姻关系的除婚姻登记证书外,还有"夫妻关系证明书"和"解除夫妻关系证明书"。《婚姻登记条例》为进一步规范对当事人所持有的婚姻证件的管理。将《婚姻登记管理条例》要求出具"夫妻关系证明书"和"解除婚姻关系证明书"的规定改为补发结婚证、离婚证。这不仅维护了婚姻证件的严肃性,也便于当事人使用。《婚姻登记条例》实施以前,当事人依据1994年《婚姻登记管理条例》领取的"夫妻关系证明书""解除夫妻关系证明书"仍然有效。

二、婚姻登记证书的样式

婚姻登记证是证明当事人婚姻关系的证件。婚姻登记证的使用范围广泛,当事人在办理房屋买卖、出国留学或定居、银行贷款等事项时,有关单位或部门都可能要求当事人提供其结婚证或离婚证。为方便当事人在全国各地使用其结婚证或离婚证,便于有关部门识别真伪,婚姻登记证书的式样必须全国统一。所以《婚姻登记条例》规定婚姻登记证书的式样由国务院民政部门制定,地方各级民政部门无权自行制定婚姻登记证书的式样。

1994年《婚姻登记管理条例》颁布后所使用的婚姻登记证,结婚证为大红色,离婚证为绿色。它意味着结婚是喜庆的事,应当用大红色;而离婚不是一件喜庆的事,所以用绿色。但随着时代的进步,人们理念的变化,离婚已不是不光彩的事。对于感情已完全破裂、双方都感到痛苦的婚姻,离婚对他们来说是一种解脱,是好事。为适应这种观念的转变,2004 年的新版婚姻登记证——结婚证、离婚证的封面均为枣红色,其中结婚证封面烫金,离婚证封面烫银。

(资料来源:http://www.mca.gov.cn/)

思考题

1. 谈谈婚姻登记档案管理的特点。
2. 婚姻登记档案的管理方法有哪些?
3. 我国婚姻登记档案的保管及如何移交有哪些规定?

第 4 编

收养登记工作

第1章 传统收养制度

学习目标

1. 了解收养的历史沿革。
2. 理解传统社会子女的范围。
3. 掌握传统收养的主要种类与条件。

导入案例

刘备养子刘封

大家所熟知的三国时期刘备的儿子,似乎就只有扶不起的那个阿斗。实际上,刘备在有这个孩子前,还有一个养子,叫刘封,本姓寇,后因不援助关羽而令关羽被擒杀,刘备将他问罪赐死。

陈寿所著《三国志》记载了刘封最后的结局,其中列举了刘封之死的三个原因:一是欺凌孟达;二是不救关羽;三是诸葛亮进言。

那刘备当时为何要收刘封做养子呢?主要是因为刘备进入荆州时,年龄已经四十多岁,可是身边没有继承人,刘备感到自己的前途非常渺茫,惶恐不安。于是刘备决心认领一个儿子,万一自己没有儿子,这个人便是自己的接班人。所以,刘备收养的这个儿子不是干儿子,是养子。尽管他以前叫寇封,可现在他叫刘封,这说明在刘备心里他就是自己的亲儿子。当时,过继儿子很流行,比如大名士王粲死了,王粲的两个儿子因为参与叛乱被杀,曹操就把他的侄子王弼过继给他。还有就是刘备先前是有儿子的,只不过在战乱中没有办法生存下去,无奈才收养刘封。当时刘封已经二十多岁,正可以上马征杀,况且刘封的文韬武略都非常人可比。

(资料来源:http://www.sohu.com/a/155653698_99930901)

引言

宗祧制度是中国传统的婚姻家庭制度,立嗣是宗祧制度的重要组成。宗祧制度的原则详见于《周礼》,随后逐渐演变为民间家族中的宗祧继承和立嗣制度,各朝各代的法律对宗祧继承和立嗣都有详细的规定,至清朝已经非常完备。清末民初是一个变革的时代,但无论是对原有法典的修订还是新的民法典草案的制定,有关宗祧继承和立嗣制度的规定都没有实质性的变化,直到1930年12月中华民国国民政府颁布《民法继承编》,才废除了旧法中长期沿用的宗祧继承制度,采取男女平等的继承制度。但在民间,立嗣制度依然以这样或那样的方式产生着作用,影响着人们的生活。

第 1 节 传统收养常识

一、收养的历史沿革

在人类历史的发展进程中，收养有着悠久的历史，它随着社会物质生活条件的变化而变化，并受经济、政治等诸多因素的影响和制约。

远在原始社会，人类就出现了收养行为。恩格斯在《家庭、私有制和国家的起源》一书中指出，易洛魁人、希腊人和罗马人等原始氏族，常把外族人收养入族，以使本族兴盛起来。收养制度经历了长期的演变过程，从收养目的这一角度看，可划分为"为族收养""为家收养""为亲收养""为子女收养"几个阶段。

在原始社会，人类抵御自然的能力极其低下，加上氏族之争，常常造成一些氏族成员大量死亡，为了保证本氏族的生存和延续，常把其他部族的成员，包括未杀死的俘虏吸收为本部族成员。为了确认收养关系，还须举行入族典礼仪式。可见，收养在当时是相当盛行的，收养的目的完全是为了本氏族的利益，故被称为"为族收养"。

到了奴隶社会，特别是封建社会，由于受宗法制度的影响，收养制度主要是由于财产继承的需要而产生，为了宗族继承的需要而设置。这个时期的收养，主要是为了家长制家庭的利益，故被称为"为家收养"。

随着资本主义的发展，宗法家族制度解体，继承养父母的遗产，满足养父母的要求和利益，成为收养的主要目的，这时的收养被称为"为亲收养"。由于收养是为了收养人的利益，故往往出现损害被收养人利益的现象。

随着社会的发展，越来越多的国家意识到收养必须符合儿童（被收养人）的利益，强调为儿童的利益而收养。逐渐提高养子女的法律地位，已成为世界各国立法的共同趋向，这一时期的收养被称为"为子女收养"。

从以上收养演变的情况可以看出，收养制度是上层建筑的组成部分，它随着经济的发展和社会的进步不断变化。

我国的收养制度也有悠久的历史，据有史可考的资料，夏代就有了收养的事例。在中国古代的宗法制度下，立嗣便是收养的一种普遍形式，立嗣制度一直延续到半殖民地半封建的近代社会。国民政府的民法虽未规定立嗣制度，但在实际生活中一直流行着立嗣的习俗，在其立法中有"指定继承人"的规定，以无直系血亲卑亲属作为指定继承人的条件，指定继承人与被继承人的关系与婚生子女相同（法律另有规定的除外）。在当时的社会条件下，这种指定继承人，往往成了嗣子的别名。

在我国漫长的发展历史中，也有发生在异姓之间的收养，被收养人男女不限，人们称之为养子女或义子女。

中华人民共和国成立后，收养制度也发生了深刻的变化，封建的宗祧继承被根本否定。我国先后颁布的两部婚姻法都作了养子女的地位与婚生子女相同的规定，这对我国收养制度的建立和发展有着重要的推动作用。1991 年 12 月 29 日，第七届全国人大常委会第二十三次会议审议通过了《中华人民共和国收养法》，这是我国第一部调整公民收养行为的法律。它的通过和实施对完善我国收养制度，规范公民收养行为，保护合法的收养关系起到了重要作用。根据1998年11月4日第九届全国人民代表大会常务委员会第五次会议《关于修改〈中华人民共和国收养法〉的决定》，又对收养法进行了修订。

二、传统社会子女的范围

（一）嫡子

嫡子也作“适子”，指正妻所生的儿子。如果是正妻所生的第一个儿子，则称为嫡长子。因为“平妻”所生的儿子，也称为“嫡子”，所以有时会产生两位或两位以上的嫡子。

平妻是一夫多妻制度下的一种亲属称谓，一名以上的正妻称为平妻，即两个都是大老婆，又有对房之称，即与正房对等。与妾不同的是，平妻无须向元配行妾礼，但实际上的地位仍然不及元配，平妻仍然要称元配为大姊。除了中国古代之外，6世纪前的日本的一夫多妻制也是平妻制。吴语中的两头大是指不与正妻同住一处的妾，并非正妻；兼祧亦非平妻，是分属不同宗祧的两房人家，不属于一家人。

在这种情况下，平妻所生的嫡长子无论年长与否，其地位仍次于嫡妻所生的嫡长子，并非完全对等。

嫡子的地位高于庶子，嫡子中最长者为嫡长子，嫡长子往往享有优先继承爵位和财产的权利。中国的承袭制度是嫡长子继承制，所谓“立嫡以长”。唐太宗不愿意立与杨贵妃所生的文武双全的李恪为太子，而是先立嫡长子李成乾，而后立李治为太子，在这里嫡长子制是关键。在清朝十二帝中，道光皇帝是唯一嫡长子继承皇位的皇帝。

嫡长子是家族的下一任接班人，与其他儿子的权力地位有着极大的差别，在几乎所有方面都具有优先权，且嫡长子及他的嫡长子、嫡长孙这一系子孙才叫作家族的正宗，其他的都叫别枝。优先权的判断有以下几个方面：其一，正妻所生的除嫡长子以外的其他儿子称为嫡次子，嫡长子所生的嫡长子称为嫡长孙，在家业继承方面，嫡长子优先于嫡长孙，嫡长孙优先于嫡次子，嫡次子优先于庶子。其二，如果正妻去世或者离婚，续娶的正妻叫作继室或者填房，继室生的儿子也叫嫡子，但是元配所生嫡子优先于继室所生嫡子，上一任正妻所生嫡子优先于下一任正妻所生嫡子。其三，同一个母亲所生的儿子的地位，按照他出生时母亲的身份高低来决定。如果妾侍生了儿子，然后被扶正成为正妻，又生了儿子，那么她成为正妻之后所生的儿子要优先于她做妾侍的时候所生的儿子。

（二）庶子

庶子，也称“庶孽”“庶男”，指媵、妾、情妇所生之子。庶子的地位，低于嫡子，一般不能承奉祖庙的祭祀和承袭父祖的地位。《礼记·内则》记载，“适（通‘嫡’）子、庶子，见于外寝”，“适子庶子，只事宗子宗妇”。郑玄注：“庶子，妾子也。”《左传·宣公二年》：“初，丽姬之乱，诅无畜群公子。自是晋无公族。及成公即位，乃宦卿之适（嫡）而为之田，以为公族，又宦其馀子亦馀子，其庶子为公行。”杜预注：“馀子，适（嫡）子之母弟也，亦治馀子之政。庶子，妾子也，掌率公戎行。”

“嫡子”与“庶子”相对，“嫡子女”与“庶子女”相对。在中国古代社会，嫡妻所生的子女为嫡子女；庶妻所生的子女为庶子女，也称庶出子女。如曹操之子曹冲，著名神童，就是庶子。

（三）奸生子

中国古代是一个十分重视伦理道德的社会，而从奸生子一词中的"奸"字就可以知道，奸生子肯定是一个有违伦理道德的产物。中国传统社会对男女间正式婚姻关系以外的两性生活，一律以奸论，双方合意的为合奸，否则为强奸，奸生子没有宗祧继承权，遗产权只有婚生子的一半。

（四）嗣子

在中国封建宗法家族制度下，男子无子者可以选定同宗辈分相当的男性为嗣子，以传宗接代、承继祖业，此即为立嗣或过继。承继人称为嗣子或过继子，立嗣人称为嗣父母或过继父母。嗣子与嗣父母之间发生拟制血亲关系。嗣子取得嫡子的法律地位，有继承宗祧、继承遗产的权利。《史记·五帝本纪》记载："尧曰：'谁可顺此事？'放齐曰：'嗣子丹朱开明。'"《汉书·高后纪》也写道："今欲差次列侯功以定朝位，臧于高庙，世世勿绝，嗣子各袭其功位。"

（五）养子

养子系收养而非亲生的儿子，养子与抚养人之间不存在血缘关系，依法形成收养关系的养子与养父母之间的权利义务，同于亲生子与生父母之间的权利义务。孤儿、弃婴（儿）、生父母有特殊困难无力抚养的儿子等可以依法通过收养成为他人的养子，包括义子、螟蛉子、收养弃儿、养女、收留子女等。

第2节　传统收养的主要种类与条件

在中国古代，实行以男性为中心的宗祧制度。其收养制度分为"立嗣"和"乞养"两类。凡无子家庭，可立同宗侄子为嗣，以延续后代，承继宗祧；对三岁以下的孤儿、遗弃儿，应恤孤乞养，收为义子，但不得为嗣。《三国志·魏书·武帝纪》中记载，曹操的父亲曹嵩，本姓夏侯，后被曹腾收为养子。从唐至明、清各代律例，都设有立嗣制度和乞养幼儿的完备的法律规定。

一、立嗣

立嗣即立后，是指男子无子，许立同宗辈分相当的他人之子为嗣子，既同宗同姓亲属间的收养，嗣子与嗣父母之间发生拟制血亲关系。立嗣又称为过继或者过房，是我国封建社会一种主要的收养方式。

立嗣是中国古代宗法家族制度、继承制度的组成部分，其根本宗旨是传宗接代，保证宗祀、家统不绝。无子者择立同宗近支的卑亲属为嗣子，以继承宗祧。即没有儿子的人以别人的儿子做自己的儿子，通常是以本家族的同辈人的儿子作为继承人。嗣子在封建时代有很高的法律地位，不仅能够继承所嗣者的财产，而且更重要的是能够继承所嗣者在家族中的身份和地位。按照礼、法的规定，嗣子为嗣父之继体，可取得其身份上和财产上的权利。即使所嗣者在立嗣后又生子，嗣子也有权与其共分家产。立嗣行为可由需要立嗣者在生前进行，也可在其死后由配偶或尊长代为立嗣。国民政府民法曾规定"无直系血亲卑亲属者，得以遗嘱就其财产之全部或一部指定继承人"，这种指定继承人与被继承人的关系，"除法律另有规定外，与婚生子女同"。这就为当时仍然相当流行的立嗣习俗提供了法律依据。当时就有一些法学家指出，"此种制度，足以救嗣子之穷"，"为过去立嗣之变相"。另外，长子过继一般不符合古理。

（一）立嗣人的条件

在中国古代，特别是在漫长的封建社会，社会组织是以家为本位的，家族的宗祧继承是延续父系血统、维系家族绵延发展的方式。因此，在家族的绵延发展中必须要有男性后代，以达到传宗接代，保证宗祀、家统不绝。在婚姻和血缘的基础上的男性子嗣是当时人们非常关心的问题，“无后”一直令中国人深感恐惧。一个男人如果没有继承人，“废其祭祀，馁其鬼神”，使自己的支脉断绝，是极为不孝的。孟子曰：“不孝有三，无后为大。”这道出了在人们的观念上“无后”而绝祖祀的严重性。但在现实生活中往往会出现“乏嗣”的现象，即这个家庭中没有男性后代，“立嗣”便是一种变通的解决办法。这是以拟制的方式设立后代，以弥补没有直系血缘关系“子嗣”的缺憾，从而维持这个家庭的延续。因此，立嗣人必须符合以下四个条件。

1.男子

宗祧继承是以男性为中心的，只有男子无后才能立嗣，女子无后不能立嗣。

2.成年

立嗣人必须是没有男性后代的成年男性，但战死者除外。

3.已婚

立嗣人必须是已经结婚的成年男性，但战死者除外。

4.无子

立嗣的目的是为了继承宗祧，因此，只有没有儿子的男子才可以立嗣，有女儿的同样视为无子。

（二）嗣子的条件

1.男子

立嗣对象必须是男子，女性不能作为嗣子。

2.同宗同族

立嗣对象为同宗近支卑亲属，由近而远，近亲属优先，异姓不得立嗣。

3.辈分相当

立嗣只能立同宗辈分相当的男性成员，一般是侄子才能作为嗣子。

4.有兄弟

被选定为嗣子的，原则上要另有兄弟，但独生子可兼祧。所谓兼祧，是指如果被立为嗣子的人是独子，只要两家同意，可以同时作为两家的继承人，两家可以各为其娶妻，传宗接代。

此外还有“继绝”的情况。所谓继绝，是无子的男性生前未立嗣的，死后可以由其妻子或者其父母代为立嗣，嗣子与嗣父母之间发生亲子关系。

二、乞养

乞养是古代收养儿女的一种形式，即非亲收养，一般不发生父母子女间的权利义务关系。《唐律疏议》称之为收养，明清时称之为乞养。乞养主要是收养异姓的子女，同姓也可收养，一般是三岁以下的遗弃儿。《唐律·户婚》规定：“其遗弃小儿年三岁以下，虽异姓，所收养，即从其姓。”乞养主要是起于怜悯之心，无论同姓异姓，不分男女，均可收养。

乞养的收养人为义父母，被收养人为义子女。义子女与义父母之间不发生宗祧继承财产的关系。因此，立嗣的效力高于乞养，嗣子的地位高于义子女。

小资料

朱元璋为何将皇位传给孙子，不传给能干的儿子朱棣

朱元璋是明朝开国皇帝，出身低微，在元末期间通过自己的不断努力，打下了大明江山，建立了明朝朱氏政权。然而朱元璋去世后，并没有将皇位传给儿子，而是将皇位传给了孙子，这是何故？

一、朱允炆的生父为朱元璋嫡长子懿文太子

懿文太子叫朱标，是朱元璋的第一个儿子。据说朱标出生的时候，朱元璋还在前方打仗，听到这个消息后十分开心，还在一座山上刻石曰：“到此山者，不患无嗣。”可见朱元璋对儿子朱标的看重，事实证明在朱标的成长中，朱元璋真是费尽心力用心培养，给予朱标最好的条件和教育，对朱标寄予了很大的期望。

对其他儿子的出生，朱元璋虽然也开心，但是都不曾像朱标出生时那样兴奋。朱棣出生的时候，朱元璋也没有过多表示，连名字都没有取，直到朱棣 7 岁的时候才给他取了名字，可见朱元璋是多么偏爱嫡长子朱标。

朱元璋称帝后，立刻封朱标为太子，此时朱标才 13 岁，还是一个懵懂少年。朱元璋也没有过多考察，决定用心培养朱标。懿文太子朱标的儿子叫朱允炆，朱元璋爱屋及乌，自然也十分疼爱这个皇长孙。

二、朱标心地善良、才华横溢，却与朱元璋政见不同

朱标果然不负所望，在成长过程中没有辜负朱元璋的用心栽培。朱元璋自己文化不高，所以特别希望自己的孩子们都有文化、有学识，于是广聘名师训练培养朱标这个未来皇位的接班人，还挑选广大青年才俊作为太子伴读。

朱标在如此良好环境的熏陶下，不仅才华横溢，还十分能干。而且朱标深受儒家思想的影响，心地仁慈善良，其一言一行都按照礼法行事，治理国家的理念也十分亲民。可是自己的父亲朱元璋却不是这样的，朱元璋是从战场上厮杀过来的，见过太多血雨腥风，处事残忍果断，各种要求十分严格，而且为人十分严厉。渐渐地，朱标和朱元璋在政见上越来越不和，他们的观点经常相左。朱标觉得现在天下太平了，应该尽心让老百姓富裕安定，而朱元璋觉得所有一切都得用武力来解决，后来朱元璋居然开始怀疑儿子朱标的用心，觉得儿子当了 25 年太子，肯定有想法，所以才和自己这样针锋相对，而朱标心地善良，加上在政见上与父亲不和而受挫，郁郁寡欢，在 37 岁那年一病不起，不久即离世。

三、懿文太子去世，朱元璋悔恨交加，遂用心于皇长孙朱允炆

朱元璋其实是非常疼爱太子朱标的，但是因为当皇帝的时间太长了，面对许多事情都保持着怀疑和猜忌之心，这是皇帝的本能。面对自己最疼爱的嫡长子的去世，朱元璋十分伤心难过，悔恨交加，然后将注意力转移到朱标的儿子朱允炆身上。朱允炆和太子朱标十分相似，不仅心地善良，而且彬彬有礼，简直是儿子朱标的翻版。朱元璋自觉之前对太子朱标太过严苛，所以此后对待皇长孙朱允炆比较宽厚仁慈。朱元璋在选定继承人的时候，首先考虑了朱允炆，而没有考虑当时已经非常能干且拥有战功的朱棣，很大一部分原因是深深觉得愧对朱标，想把这种遗憾弥补在朱标的儿子身上，所以朱元璋才将皇位传给了孙子朱允炆。

（资料来源：http://www.sohu.com/a/131299657_593704）

思考题

1. 谈谈收养的历史沿革。
2. 简述传统社会的子女的范围。
3. 简述传统收养的主要种类与条件。

第2章　收养登记

学习目标

1. 掌握收养登记的条件、程序。
2. 掌握解除收养关系的条件、形式以及程序。
3. 掌握撤销收养登记的条件以及程序。
4. 掌握补领收养登记证,解除收养关系证明的相关知识。
5. 掌握收养登记档案管理和证件管理原则。

导入案例

重庆6岁外甥女为克里竞选美国总统造势

2004年,克里在纽约参加总统竞选冲刺时,总爱把黑头发黄皮肤的外甥女柯艾莉·克里搂在怀里,亚裔民主党人已经开始称柯艾莉·克里为“第一外甥女”。

将满6岁的柯艾莉·克里·柯勒是克里胞姐佩姬·克里从中国重庆收养的小女孩,在民主党为克里举办的造势活动中,柯艾莉毫不怯场地对着麦克风喊“请投我约翰舅舅一票”,柯艾莉的母亲脸上笑容不断,父亲柯勒则忙着为爱女拍照。

小名“方方”的柯艾莉,是柯勒夫妇2001年在重庆市儿童福利院收养的女孩,当时方方还不到3岁。因为收养方方,柯勒一家人也跟着学习与了解有关中国的一切。柯勒说,从吃饺子到中秋节尝月饼,过新年的舞龙、舞狮,随着孩子学习中国文字与文化,他们知道得愈多,就愈觉得中国文化博大精深,他们决定要让方方同时学习中国及美国文化。

目前柯艾莉在纽约双语学校读幼儿园,在学校,柯艾莉也有两个名字,公校课程用的是柯艾莉,中文课则用方方。方方改不了好吃辣椒的习惯,直到现在,吃饺子一定得蘸辣椒酱,她才觉得过瘾。下面是福利院孤儿给方方的信件全文。

亲爱的方方同学:

你好!我很想你,你在美国的生活怎么样?我们在儿童福利院生活得很好。老师很关心我们。现在儿童福利院变化很大,修了新房子。以前我们住的旧房子已经拆了,我们现在住上了新房子。在旧房子那个地方还要修一个新的儿童乐园,希望你假 qī 能 gòu 回来看我们,看看儿童院的变化。我们所有同学都很想你。

祝你在美国生活快乐!你的 jiùjiù 当上美国总 tǒng!

重庆儿童福利院奶班同学唐中林

2004年3月3日晚

(资料来源:https://news.sina.com.cn/w/2004-03-05/)

第1节 收养常识

一、收养的概念

收养是指公民依照一定的条件和程序领养他人子女为自己子女的法律行为。它使原来没有父母子女关系的人们之间产生了法律拟制的父母子女关系，收养人称为养父、养母，被收养人称为养子、养女。这种拟制血亲的父母子女关系是基于收养的法律效力而产生的，收养关系一经成立，养子女和养父母之间的关系与亲子女和亲父母的关系基本相同。收养关系在一定的条件下可以解除，而亲生父母之间的血亲关系则不能人为地解除。

二、收养的特征

（一）收养是一种法律行为

收养涉及收养人、送养人、被收养人三方当事人的人身权利和财产权利的变更。因此，收养必须要符合一定的法律条件和法律程序，受法律的调整，而不能是当事人的任意行为。

（二）收养是一种民事法律行为

收养是确立民事法律关系的行为，收养人只能是作为公民的自然人，而不能是法人，它不同于社会福利机构对丧失生父母的孤儿及查找不到生父母的弃婴的收养，后者是国家社会福利制度的体现，是一种国家行政行为。

（三）收养是变更身份关系和权利义务关系的行为

收养使原来没有父母子女关系的人们之间产生了父母子女间的身份关系和权利义务关系，也就是说，收养关系一经建立，养父母和养子女间即产生了与亲生父母和子女间相同的权利义务关系，养子女与亲生父母的权利义务关系则因收养关系的成立而消除，生父母对已送养的子女的抚养教育义务、被收养子女对生父母的赡养扶助义务以及相互间的继承权均已不再存在。这一点，也是收养与寄养的不同点。

所谓寄养，指经过规定的程序，将民政部门监护的儿童委托在符合条件的家庭中养育的照料模式。根据相关法律规定，寄养与收养的一个重要区别就是寄养是在不变更监护权的基础上进行，寄养儿童进入家庭寄养，由寄养家庭负责养育，寄养儿童享受政府给予的生活、医疗与教育费用。一般家庭寄养都是长期性行为，基本上以“年”为单位，但如遇到有亲生父母认领或有家庭领养、发现寄养家庭有伤害寄养儿童的行为等情形时，福利院有权随时终止协议。

（四）收养是发生在无血缘关系或非直系血亲关系的人们之间的法律行为

有直系血亲关系的人之间一般不发生收养行为，如生父母与生子女间、祖父母与孙子女间、外祖母与外孙子女间不存在收养问题。

（五）收养是法律拟制血亲关系的行为

收养可以依法成立，也可以依法解除。而生父母与其子女间的血缘关系是无论什么情况都不能解除的。

第2节 收养登记

收养登记是指收养登记管理机关为建立或解除收养关系而办理的登记，包括建立收养关系的登记和解除收养关系的登记。

一、收养登记的条件

（一）收养人的条件

收养人应当同时具备下列条件。

1.无子女

离婚后子女归另一方抚养及将子女送给他人收养的，不属于无子女者。

华侨收养三代以内同辈旁系血亲的子女，可以不受收养人无子女的限制。

2.有抚养教育被收养人的能力

收养人应当具有完全民事行为能力，在身体、智力、经济、道德品质和教育子女等方面具有抚养和教育被收养人的能力，能够履行父母对子女应尽的义务。

3.年满30周岁

年满30周岁包括30周岁本数在内。夫妻共同收养，则必须双方都年满30周岁。

4.未患有医学上认为不应当收养子女的疾病

所谓"未患有在医学上认为不应当收养子女的疾病"，主要是指精神疾病和传染病。

5.无配偶的男性收养女性的，收养人与被收养人应当相差40周岁以上

收养三代以内同辈旁系血亲的子女，可以不受此条限制。

（二）被收养人的条件

下列不满14周岁的未成年人可以被收养。

（1）丧失父母的孤儿。

（2）查找不到生父母的弃婴和儿童。

（3）生父母有特殊困难无力抚养的子女。

（三）送养人的条件

下列公民、组织可以作为送养人。

（1）孤儿的监护人。未成年人的父母均不具备完全民事行为能力的，该未成年人的监护人不得将其送养，但父母对该未成年人有严重危害可能的除外。监护人送养未成年孤儿的，须征得有抚养义务的人同意。有抚养义务的人不同意送养，监护人不愿意继续履行监护职责的，应当依照《民法通则》的规定变更监护人。

（2）社会福利机构。

（3）有特殊困难无力抚养子女的父母。送养人不得以送养子女为理由违反计划生育的规定再生育子女。

二、收养登记的程序

(一)登记机关

1.中国公民收养子女登记机关

中国公民在中国境内收养子女或者协议解除收养关系的,办理收养登记的机关是县级人民政府民政部门。

2.外国人收养子女登记机关

外国人在华收养子女,办理收养登记的机关是收养人常住户口所在地的省、自治区、直辖市人民政府民政部门。

(二)收养人应当向收养登记机关提交收养申请书和下列证件、证明材料

(1)收养人的居民户口簿和居民身份证。

(2)婚姻状况及收养能力证明,由收养人所在单位或者村民委员会、居民委员会出具的本人婚姻状况、有无子女和抚养教育被收养人的能力等情况的证明。

(3)健康检查证明,县级以上医疗机构出具的未患有在医学上认为不应当收养子女的疾病的身体健康检查证明。收养查找不到生父母的弃婴、儿童的,并应当提交收养人经常居住地计划生育部门出具的收养人生育情况证明。

外国人、华侨以及居住在香港、澳门、台湾地区的中国公民另有专门规定的,按专门的规定执行。

(三)办理登记

收养登记机关收到收养登记申请书及有关材料后,应当自次日起30日内进行审查。对符合收养法规定条件的,为当事人办理收养登记,发给收养登记证,收养关系自登记之日起成立;对不符合收养法规定条件的,不予登记,并对当事人说明理由。收养查找不到生父母的弃婴、儿童的,收养登记机关应当在登记前公告查找其生父母;自公告之日起满60日,弃婴、儿童的生父母或者其他监护人未认领的,视为查找不到生父母的弃婴、儿童。公告期间不计算在登记办理期限内。

第3节 解除收养登记

一、解除收养关系的条件

(一)达成协调

收养人在被收养人成年以前,不得解除收养关系,但收养人、送养人双方协议解除的除外。

(二)征得年满10周岁的养子同意

养子女年满10周岁的,应当征得本人同意。

(三)收养人不履行抚养义务,有侵害未成年养子女合法权益行为

收养人不履行抚养义务,有虐待、遗弃等侵害未成年养子女合法权益行为的,送养人有权要求解除养父母与养子女间的收养关系,送养人、收养人不能达成解除收养关系协议的,可以向人民法院起诉。

（四）养父母与成年养子女关系恶化、无法共同生活

养父母与成年养子女关系恶化、无法共同生活的，可以协议解除收养关系。不能达成协议的，可以向人民法院起诉；当事人协议解除收养关系的，应当到民政部门办理解除收养关系的登记。

二、解除收养关系的形式

收养关系已经合法成立，当事人就应当履行因收养产生的法定义务，否则，就可能损害收养关系当事人的合法权益，不利于被收养子女的健康成长。收养关系毕竟是法律拟制的血亲关系，养父母与养子女之间的感情比较容易起变；收养方与送养方条件的改变，也能使收养的既成事实对双方尤其是被收养人不利，而有必要解除。有鉴于此，《收养法》在规定收养人不得单方解除与未成年养子女的亲子关系的同时，又规定收养人、送养人双方协议解除的除外。就解除收养关系的程序而言，《收养法》规定，当事人解除收养关系应当达成书面协议，并到办理收养登记的机关办理解除收养关系的登记；不能达成协议的，可以向人民法院起诉。根据《收养法》的这些规定，收养关系的解除可以采取两种方式，即协议解除和通过诉讼程序解除。

（一）协议解除收养关系

收养关系既然可以依照当事人双方的协商一致而成立，也当然可以依照当事人协商一致而解除。协议解除收养关系是变更公民人身关系的重大民事法律行为，不可轻易进行，应当符合下列条件。

收养关系当事人必须一致同意，即无论收养关系的解除是由哪方当事人提出，也不论收养关系是经过登记还是既经过登记又经过公证，只要是通过协议的方式解除，就必须经过双方当事人同意。收养方如果是夫妻共同收养，就必须经过收养人夫妻双方的同意。送养人是生父母的，也必须经过夫妻双方的同意。对于养子女年满 10 周岁的，还应当征得其本人的同意。对于养子女已经年满 18 周岁的应由养子女与收养人协议解除收养关系，送养人不再参与收养关系的解除。

协商解决收养关系，必须符合《民法通则》第 55 条的规定："民事法律行为应当具备下列条件：行为人具有相应的民事行为能力；意思表示真实；不违反法律或者社会公共利益。"

解除收养关系与成立收养关系一样，也是一种民事活动，所以当事人的解除行为也必须符合民事法律行为的一般要求，根据《民法通则》的规定，结合解除民事收养关系的实际，要求协议解除收养的当事人必须具有承担解除收养关系的完全民事行为能力，当事人协议解除收养关系的目的、动机、内容和方式不得违反法律的规定和损害社会公共利益。

有关补偿收养人支出的生活费、教育费的问题及其他经济纠纷，应当在协议中得到妥善处理。如果双方未就此达成协议的，仍不能通过协议的途径解除，当事人只能诉请法院解决。

协议解除收养关系应当到民政部门办理协议解除收养关系的登记。

根据《收养法》的规定，收养关系自登记之日起，通过国家主管部门登记成立的收养关系，是不能由当事人之间的协议就解除其法律效力的。因此《收养法》第 28 条规定："当事人协议解除收养关系的，应当到民政部门办理解除收养关系的登记。"根据这一规定，当事人到民政部门办理收养关系解除登记是协议解除收养关系的必经程序。

(二)诉讼解除收养关系

在需要解除的收养关系中,并不是所有的都可以通过当事人的协商解决。如果收养关系当事人对于是否解除收养关系的问题不能取得一致意见,或者虽然对于解除收养关系取得了一致意见,但是对于有关经济补偿、损害赔偿等具体问题不能统一意见时,任何一方当事人都有权诉请法院予以解决。根据我国《收养法》的规定及最高人民法院的司法解释,当事人有下述情形之一不能协商一致的,可以向人民法院起诉。

1. 不加善待,不尽抚养教育义务

收养人对养子女不加善待,不尽抚养教育义务,有虐待、遗弃、剥夺劳动权利等行为的,送养人有权要求解除养父母与养子女的收养关系。

2. 收养关系成立后未成年养子女生父母一方反悔要求解除收养关系的

法院为保护无过错养父母的合法权益,不应当按照解除收养关系处理。但是,生父母故意泄露收养秘密或有其他不利于收养关系的事实发生,法院可以应该生父母或者养父母的要求解除收养关系,在此情况下生父母除应当补偿养父母为养子女支付的生活费、教育费、医疗费等费用外,还应当对侵害养父母监护权的行为负责,承担损害赔偿的责任。

3. 一方反悔或者发现收养的子女有生理缺陷或者其他病症

一方反悔或者发现收养的子女有生理缺陷或者其他病症,要求解除收养关系的,一般不予支持,但是,生父母在送养时有意隐瞒的,可以予以解除。

4. 成年养子女关系恶化

成年养子女关系恶化,再继续共同生活对双方确实不利,一方坚决要求解除收养关系的,一般准予解除。

5. 人民法院依法自由裁量

对于不利于收养关系的因素是否足以构成解除收养关系的充分根据,由人民法院根据其程度,从保护被收养的未成年人的利益的原则出发而自由裁量。

第 4 节　收养登记程序

一、收养登记

(一)受理收养登记申请的条件

(1)收养登记机关具有管辖权。

(2)收养登记当事人提出申请。

(3)当事人持有的证件、证明材料符合规定。收养人和被收养人应当提交 2 张 2 寸近期半身免冠合影照片。送养人应当提交 2 张 2 寸近期半身免冠合影或者单人照片,社会福利机构送养的除外。

(二)受理收养登记申请的程序

收养登记员受理收养登记申请,应当按照下列程序进行。

1. 查验

区分收养登记类型,查验当事人提交的证件和证明材料、照片是否符合要求。

2. 询问

询问或者调查当事人的收养意愿、收养目的和收养条件，告知收养登记的条件和弄虚作假的后果。

3. 见证

见证当事人在《收养登记申请书》上签名。

4. 录入

将当事人的信息输入计算机应当用程序，并进行核查。

5. 复印当事人的身份证件、户口簿

单身收养的应当复印无婚姻登记记录证明、离婚证或者配偶死亡证明；夫妻双方共同收养的应当复印结婚证。

（三）填写《收养登记申请书》

1. 当事人“姓名”

当事人是中国公民的，使用中文填写；当事人是外国人的，按照当事人护照上的姓名填写。

2. 出生日期

使用阿拉伯数字，按照身份证件上的出生日期填写为“××××年××月××日”。

3. 身份证件号

当事人是内地居民的，填写公民身份号码；当事人是香港、澳门、台湾居民中的中国公民的，填写香港、澳门、台湾居民身份证号，并在号码后加注“（香港）”“（澳门）”或者“（台湾）”；当事人是华侨的，填写护照号；当事人是外国人的，填写护照号。证件号码前面有字符的，应当一并填写。

4. 国籍

当事人是内地居民、华侨以及居住在香港、澳门、台湾地区的中国公民的，填写“中国”；当事人是外国人的，按照护照上的国籍填写。

5. 民族、职业和文化程度

按照《中华人民共和国国家标准》填写。

6. 健康状况

填写“健康”“良好”“残疾”或者其他疾病。

7. 婚姻状况

填写“未婚”“已婚”“离婚”“丧偶”。

8. 家庭收入

填写家庭年收入总和。

9. 住址

填写户口簿上的家庭住址。

10. 送养人情况

送养人是社会福利机构的，填写“送养人情况（1）”，经办人应当是社会福利机构工作人员。送养人是非社会福利机构的，填写“送养人情况（2）”，送养人和被收养人关系是亲属关系的，应当写明具体亲属关系；不是亲属关系的，应当写明“非亲属”。

收养非社会福利机构抚养的查找不到生父母的儿童的，送养人有关内容不填。

11.“被收养后改名为”填写

“被收养后改名为”填写被收养人被收养后更改的姓名，未更改姓名的，此栏不填。

12. 被收养人“身份类别”

被收养人“身份类别”分别填写“孤儿”“社会福利机构抚养的查找不到生父母的儿童”“非社会福利机构抚养的查找不到生父母的儿童”“生父母有特殊困难无力抚养的子女”“继子女”。收养三代以内同辈旁系血亲的子女，应当写明具体亲属关系。

13. 特殊情况

继父母收养继子女的，要同时填写收养人和送养人有关内容。单身收养后，收养人结婚，其配偶要求收养继子女的；送养人死亡或者被人民法院宣告死亡的，送养人有关内容不填。

14. 签名

《收养登记申请书》中收养人、被收养人和送养人（送养人是社会福利机构的经办人）的签名必须由当事人在收养登记员当面完成。

当事人没有书写能力的，由当事人口述，收养登记员代为填写。收养登记员代当事人填写完毕后，应当宣读，当事人认为填写内容无误，在当事人签名处按指纹。当事人签名一栏不得空白，也不得由他人代为填写、代按指纹。

（四）询问或者调查

收养登记员要分别询问或者调查收养人、送养人、年满10周岁的被收养人和其他应当询问或者调查的人。

询问或者调查的重点是被询问人或者被调查人的姓名、年龄、健康状况、经济和教育能力，收养人、送养人和被收养人之间的关系，收养的意愿和目的。特别是对年满10周岁的被收养人，应当询问是否同意被收养和有关协议内容。

询问或者调查结束后，要将笔录给被询问人或者被调查人阅读。被询问人或者被调查人要写明“已阅读询问（或者调查）笔录，与本人所表示的意思一致（或者调查情况属实）”，并签名。被询问人或者被调查人没有书写能力的，可由收养登记员向被询问或者被调查人宣读所记录的内容，并注明“由收养登记员记录，并向当事人宣读，被询问人（被调查人）在确认所记录内容正确无误后按指纹”。然后请被询问人或者被调查人在注明处按指纹。

（五）查找其生父母

收养查找不到生父母的弃婴、弃儿的，收养登记机关应当根据《中国公民收养子女登记办法》第7条的规定，在登记前公告查找其生父母。公告应当刊登在收养登记机关所在地设区的市（地区）级以上地方报纸上。公告要有查找不到生父母的弃婴、弃儿的照片。办理公告时收养登记员要保存捡拾证明和捡拾地派出所出具的报案证明。派出所出具的报案证明应当有出具该证明的警员签名和警号。

（六）审查

办理内地居民收养登记和华侨收养登记，以及香港、澳门、台湾居民中的中国公民的收养登记，收养登记员收到当事人提交的申请书及有关材料后，应当自次日起30日内进行审查。对符合收养条件的，为当事人办理收养登记，填写《收养登记审查处理表》，报民政局主要领导或者分管领导批准，并填发收养登记证。

办理涉外收养登记，收养登记员收到当事人提交的申请书及有关材料后，应当自次日起 7 日内进行审查。对符合收养条件的，为当事人办理收养登记，填写《收养登记审查处理表》，报民政厅（局）主要领导或者分管领导批准，并填发收养登记证。

（七）打印《收养登记审查处理表》和收养登记证

《收养登记审查处理表》和收养登记证由计算机打印，未使用计算机进行收养登记的，应当使用蓝黑、黑色墨水的钢笔或者签字笔填写。

（八）填写《收养登记审查处理表》

1. 提供证件情况

应当对当事人提供的证件、证明材料核实后填写“齐全”。

2. 审查意见

填写“符合收养条件，准予登记”。

3. 主要领导或者分管领导签名

由批准该收养登记的民政厅（局）主要领导或者分管领导亲笔签名，不得使用个人印章或者计算机打印。

4. 收养登记员签名

由办理该收养登记的收养登记员亲笔签名，不得使用个人印章或者计算机打印。

5. 收养登记日期

使用阿拉伯数字，填写为：“×××× 年 ×× 月 ×× 日”。填写的日期应当与收养登记证上的登记日期一致。

6. 承办机关名称

填写承办单位名称。

7. 收养登记证字号

填写式样为“（XXXX）AB 收字 YYYYY”（AB 为收养登记机关所在省级和县级或者市级和区级的行政区域简称，XXXX 为年号，YYYYY 为当年办理收养登记的序号）。

8. 收养登记证印制号

填写颁发给当事人的收养登记证上印制的号码。

（九）填写收养登记证

收养登记证的填写按照《民政部办公厅关于启用新式〈收养登记证〉的通知》（民办函〔2006〕203 号）的要求填写。

收养登记证上收养登记字号、姓名、性别、国籍、出生日期、身份证件号、住址、被收养人身份、更改的姓名以及登记日期应当与《收养登记申请书》和《收养登记审查处理表》中相应项目一致。无送养人的，“送养人姓名（名称）”一栏不填。

（十）颁发收养登记证

颁发收养登记证应当在当事人在场时按照下列步骤进行。

1. 核实

核实当事人姓名和收养意愿。

2. 告知

告知当事人领取收养登记证后的法律关系以及父母和子女的权利、义务。

3. 见证

见证当事人本人亲自在《收养登记审查处理表》上的“当事人领证签名或者按指纹”一栏中签名;当事人没有书写能力的,应当按指纹。“当事人领证签名或者按指纹”一栏不得空白,不得由他人代为填写、代按指纹。

4. 收养登记证颁发

将收养登记证颁发给收养人,并向当事人宣布:取得收养登记证,确立收养关系。

(十一)对不符合收养登记条件的处理

收养登记机关对不符合收养登记条件的,不予受理,但应当向当事人出具《不予办理收养登记通知书》,并将当事人提交的证件和证明材料全部退还当事人。对于虚假证明材料,收养登记机关予以没收。

二、解除收养登记

(一)受理解除收养关系登记申请的条件

(1)收养登记机关具有管辖权。

(2)提出申请。收养人、送养人和被收养人共同到被收养人常住户口所在地的收养登记机关提出申请。

(3)达成协议。收养人、送养人自愿解除收养关系并达成协议,被收养人年满10周岁的,已经征得其同意。

(4)持有收养登记证件。持有收养登记机关颁发的收养登记证。经公证机构公证确立收养关系的,应当持有公证书。

(5)提交照片。收养人、送养人和被收养人各提交2张2寸单人近期半身免冠照片,社会福利机构送养的除外。

(6)持有身份证件。收养人、送养人和被收养人持有身份证件、户口簿。送养人是社会福利机构的,要提交社会福利机构法定代表人居民身份证复印件。养父母与成年养子女协议解除收养关系的,无须送养人参与。

(二)程序

收养登记员受理解除收养关系登记申请,应当按照下列程序进行。

1. 查验证件

查验当事人提交的照片、证件和证明材料。当事人提供的收养登记证上的姓名、出生日期、公民身份号码与身份证、户口簿不一致的,当事人应当书面说明不一致的原因。

2. 讲明条件

向当事人讲明收养法关于解除收养关系的条件。

3. 询问意愿

询问当事人的解除收养关系意愿以及对解除收养关系协议内容的意愿。

4. 填写《解除收养登记申请书》

收养人、送养人和被收养人参照收养法律法规的相关内容填写《解除收养登记申请书》。

5. 录入程序

将当事人的信息输入计算机应当用程序,并进行核查。

6. 复印

复印当事人的身份证件、户口簿。

(三)询问

收养登记员要分别询问收养人、送养人、年满 10 周岁的被收养人和其他应当询问的人。

询问的重点是被询问人的姓名、年龄、健康状况、民事行为能力、收养人、送养人和被收养人之间的关系、解除收养登记的意愿。对年满 10 周岁的被收养人应当询问是否同意解除收养登记和有关协议内容。

对未成年的被收养人,要询问送养人同意解除收养登记后接纳被收养人和有关协议内容。

询问结束后,要将笔录给被询问人阅读。被询问人要写明"已阅读询问笔录,与本人所表示的意思一致",并签名。被询问人没有书写能力的,可由收养登记员向被询问人宣读所记录的内容,并注明"由收养登记员记录,并向当事人宣读,被询问人在确认所记录内容正确无误后按指纹"。然后请被询问人在注明处按指纹。

(四)审查

收养登记员收到当事人提交的证件、申请解除收养关系登记申请书、解除收养关系协议书后,应当自次日起 30 日内进行审查。对符合解除收养条件的,为当事人办理解除收养关系登记,填写《解除收养登记审查处理表》,报民政厅(局)主要领导或者分管领导批准,并填写《解除收养关系证明》。

"解除收养关系证明字号"填写式样为"(XXXX)AB 解字 YYYYY"(AB 为收养登记机关所在省级和县级或者市级和区级的行政区域简称,XXXX 为年号,YYYYY 为当年办理解除收养登记的序号)。

(五)颁发解除收养关系证明

颁发解除收养关系证明,应当在当事人均在场时按照下列步骤进行。

1. 核实

核实当事人姓名和解除收养关系意愿。

2. 告知

告知当事人领取解除收养关系证明后的法律关系。

3. 见证

见证当事人本人亲自在《解除收养登记审查处理表》"领证人签名或者按指纹"一栏中签名;当事人没有书写能力的,应当按指纹。"领证人签名或者按指纹"一栏不得空白,不得由他人代为填写、代按指纹。

4. 收回收养登记证件

收回收养登记证,收养登记证遗失应当提交查档证明。

5. 颁发解除收养关系证明

将解除收养关系证明一式两份分别颁发给解除收养关系的收养人和被收养人,并宣布:取得解除收养关系证明,收养关系解除。

(六)对不符合解除收养关系登记条件情况的处理

收养登记机关对不符合解除收养关系登记条件的,不予受理,但应当向当事人出具《不予办理解除收养登记通知书》,将当事人提交的证件和证明材料全部退还当事人。对于虚假证明材料,收养登记机关予以没收。

三、撤销收养登记

收养关系当事人弄虚作假骗取收养登记的,按照《中国公民收养子女登记办法》第 12 条的规定,由利害关系人、有关单位或者组织向原收养登记机关提出,由收养登记机关撤销登记,收缴收养登记证。

(一)撤销收养登记的程序

收养登记员受理撤销收养登记申请,应当按照下列程序进行。

1. 查验

查验申请人提交的证件和证明材料。

2. 填写《撤销收养登记申请书》

申请人在收养登记员面前亲自填写《撤销收养登记申请书》,并签名。申请人没有书写能力的,可由当事人口述,第三人代为填写,当事人在"申请人"一栏按指纹。第三人应当在申请书上注明代写人的姓名、公民身份号码、住址、与申请人的关系。收养登记机关工作人员不得作为第三人代申请人填写。

3. 宣读申请书

申请人宣读本人的申请书,收养登记员作见证人并在见证人一栏签名。

4. 调查

调查涉案当事人的收养登记情况。

(二)报批

符合撤销条件的,收养登记机关拟写《关于撤销 ××× 与 ××× 收养登记决定书》,报民政厅(局)主要领导或者分管领导批准,并印发撤销决定。

(三)送达和公告

收养登记机关应当将《关于撤销 ××× 与 ××× 收养登记决定书》送达每位当事人,收缴收养登记证,并在收养登记机关的公告栏公告 30 日。

(四)对不符合撤销收养条件情况的处理

收养登记机关对不符合撤销收养条件的,应当告知当事人不予撤销的原因,并告知当事人可以向人民法院起诉。

四、补领收养登记证、解除收养关系证明

当事人遗失、损毁收养证件,可以向原收养登记机关申请补领。

(一)受理申请的条件

1. 具有管辖权

收养登记机关具有管辖权。

2. 仍然维持状况

依法登记收养或者解除收养关系,目前仍然维持该状况。

3. 亲自提出申请

收养人或者被收养人亲自到收养登记机关提出申请。收养人或者被收养人因故不能到原收养登记机关申请补领收养登记证的,可以委托他人办理。委托办理应当提交经公证机关公证的当事人的身份证件复印件和委托书。委托书应当写明当事人办理收养登记的时间及承办机关、目前的收养状况、委托事由、受委托人的姓名和身份证件号码。受委托人应当同时提交本人的身份证件。

夫妻双方共同收养子女的,应当共同到收养登记机关提出申请,一方不能亲自到场的,应当书面委托另一方,委托书应当经过村(居)民委员会证明或者经过公证。外国人的委托书应当经所在国公证和认证。夫妻双方一方死亡的,另一方应当出具配偶死亡的证明;离婚的出具离婚证件,可以一方提出申请。

被收养人未成年的,可由监护人提出申请。监护人要提交监护证明。

4. 持有身份证件

申请人持有身份证件、户口簿。

5. 申请人持有查档证明

收养登记档案遗失的,申请人应当提交能够证明其收养状况的证明。户口本上父母子女关系的记载,单位、村(居)民委员会或者近亲属出具的写明当事人收养状况的证明可以作为当事人收养状况证明使用。

6. 照片

收养人和被收养人的 2 张 2 寸合影或者单人近期半身免冠照片。

监护人提出申请的,要提交监护人 1 张 2 寸合影或者单人近期半身免冠照片。监护人为单位的,要提交单位法定代表人身份证件复印件和经办人 1 张 2 寸单人近期半身免冠照片。

(二)收养登记员受理补领收养登记证、解除收养关系证明的程序

收养登记员受理补领收养登记证、解除收养关系证明,应当按照下列程序进行。

1. 查验申请人提交的照片、证件和证明材料

申请人出具的身份证和户口簿上的姓名、年龄、公民身份号码与原登记档案不一致的,申请人应当书面说明不一致的原因,收养登记机关可根据申请人出具的身份证件补发收养登记证。

2. 讲明条件

向申请人讲明补领收养登记证、解除收养关系证明的条件。

3. 询问

询问申请人当时办理登记的情况和现在的收养状况。对于没有档案可查的,收养登记员要对申请人进行询问。询问结束后,要将笔录给被询问人阅读。被询问人要写明“已阅读询问笔录,与本人所表示的意思一致”,并签名。被询问人没有书写能力的,可由收养登记员向被询问人宣读所记录的内容,并注明“由收养登记员记录,并向被询问人宣读,被询问人在确认所记录内容正确无误后按指纹”。然后请被询问人在注明处按指纹。

4. 填写《补领收养登记证申请书》

申请人按相关规定填写《补领收养登记证申请书》。

5. 录入

将申请人的信息输入计算机应当用程序，并进行核查。

6. 核查

向出具查档证明的机关进行核查。

7. 复印身份证件

复印当事人的身份证件、户口簿。

（三）报批

收养登记员收到申请人提交的证件、证明后，应当自次日起 30 日内进行审查，符合补发条件的，填写《补发收养登记证审查处理表》，报民政厅（局）主要领导或者分管领导批准，并填发收养登记证、解除收养关系证明。

《补发收养登记证审查处理表》和收养登记证按照《民政部办公厅关于启用新式〈收养登记证〉的通知》（民办函〔2006〕203 号）和《收养登记工作规范》的相关规定填写。

（四）补发步骤

补发收养登记证、解除收养关系证明，应当在申请人或者委托人在场时按照下列步骤进行。

1. 核实

向申请人或者委托人核实姓名和原登记日期。

2. 见证

见证申请人或者委托人在《补发收养登记证审查处理表》"领证人签名或者按指纹"一栏中签名；申请人或者委托人没有书写能力的，应当按指纹。"领证人签名或者按指纹"一栏不得空白，不得由他人代为填写、代按指纹。

3. 发放

将补发的收养登记证、解除收养登记证发给申请人或者委托人，并告知妥善保管。

（五）对不具备受理条件情况的处理

收养登记机关对不具备补发收养登记证、解除收养关系证明受理条件的，不予受理，并告知原因和依据。

（六）对收养状况发生改变情况的处理

当事人办理过收养或者解除收养关系登记，申请补领时的收养状况因解除收养关系或者收养关系当事人死亡发生改变的，不予补发收养登记证，可由收养登记机关出具收养登记证明。

收养登记证明不作为收养人和被收养人现在收养状况的证明。

（七）出具收养登记证明的申请人范围和程序

出具收养登记证明的申请人范围和程序与补领收养登记证相同。申请人向原办理该收养登记的机关提出申请，并填写《出具收养登记证明申请书》。收养登记员收到当事人提交的证件、证明后，应当自次日起 30 日内进行审查，符合出证条件的，填写《出具收养登记证明审查处理表》，报民政厅（局）主要领导或者分管领导批准，并填写《收养登记证明书》，发给申请人。

（八）“收养登记证明字号”填写式样

“收养登记证明字号”填写式样为“（XXXX）AB 证字 YYYYY”（AB 为收养登记机关所在省级和县级或者市级和区级的行政区域简称，XXXX 为年号，YYYYY 为当年出具收养登记证明的序号）。

第5节　收养登记档案和证件管理

为了加强收养登记档案的规范化管理，更好地为收养工作服务，根据《档案法》《收养法》《中国公民收养子女登记办法》《外国人在中华人民共和国收养子女登记办法》《华侨以及居住在港澳台地区的中国公民办理收养登记的管辖以及所需出具证明材料的规定》等法律、法规，制定了《收养登记档案管理暂行办法》，对收养登记档案和证件进行规范管理。

一、收养登记档案

收养登记档案是指收养登记机关在依法办理收养登记过程中形成的记载收养当事人收养情况、具有保存价值的各种文字、图表、声像等不同形式的历史记录。

收养登记档案是各级民政部门全部档案的重要组成部分，由各级民政部门实行集中统一管理，任何个人不得据为已有，收养登记档案工作在业务上接受上级民政部门和同级档案行政管理部门的指导、监督和检查。

二、收养登记档案的管理

收养登记文件材料的归档范围如下。

（一）成立收养关系登记材料

（1）收养登记申请书。

（2）询问笔录。

（3）收养登记审批表。

（4）《中国公民收养子女登记办法》第 5、6 条，《华侨以及居住在港澳台地区的中国公民办理收养登记的管辖以及所需出具证明材料的规定》第 3、4、5、6、7 条，《外国人在中华人民共和国收养子女登记办法》第 10 条规定的各项证明材料。

（5）收养登记证复印件。

（6）收养协议。

（7）其他有关材料。

（二）解除收养关系登记材料

（1）《中国公民收养子女登记办法》第 9 条规定的各项证明材料。

（2）解除收养关系证明复印件。

（3）其他有关材料。

（三）撤销收养登记材料

（1）收缴的收养登记证或者因故无法收缴收养登记证而出具的相关证明材料。

（2）其他有关材料。

三、归档要求

收养登记文件材料的归档应当符合以下要求。

(1)凡应当归档的文件材料必须齐全完整。

(2)归档的文件材料中有照片或复印件的,应当图像清晰。

(3)在收养登记工作中形成的电子文件,应当按照《电子文件归档和电子档案管理规范》(GB/T 18894—2016)进行整理归档,同时应当打印出纸质文件一并归档。

(4)应当在登记手续办理完毕后60日内归档。

(5)归档的文件材料除居民身份证、户籍证明、回乡证、旅行证件、护照等身份证明和收养登记证为原件的复印件外,其余均为原件。

四、收养登记文件材料的整理

收养登记文件材料的整理应当符合以下规则。

1. 整理标准

成立收养关系登记类文件材料、解除收养关系登记类文件材料和撤销收养登记类文件材料均以卷为单位整理编号,一案一卷。

2. 整理顺序

每卷收养登记文件材料按照以下顺序排列:文件目录、收养登记申请书、询问笔录、收养登记审批表、撤销收养登记材料、收养人证明材料、被收养人证明材料、送养人证明材料、其他有关材料、备考表。

小资料

我国已与17个国家建立涉外收养合作关系

中青在线北京6月14日电(《中国青年报》中青在线记者 王亦君)由中国儿童福利和收养中心主办、爱之桥服务社承办的"家在世界,根在中国"大型寻根回访活动欢迎仪式今天上午在人民大会堂举行,来自60个美国收养家庭的91名中国被收养儿童参加了欢迎仪式。

民政部领导在欢迎致辞中表示,涉外收养是帮助孤残儿童回归家庭,实现永久性安置的重要方式,中国政府本着"儿童最大利益"原则,在全世界范围内为生活在福利院的儿童选择收养家庭,并持续关注他们进入家庭后的成长情况,近年来积极倡导寻根回访,给予经费资助。

欢迎仪式后,中国被收养儿童和他们的父母将在接下来10多天的寻根回访活动中,参观中国儿童福利和收养中心,查看收养档案,上中国传统文化课,回访曾经生活过的福利机构,走访北京、西安、成都和桂林4个城市。

《收养法》规定,不满14周岁丧失父母的孤儿、查找不到生父母的弃婴和儿童、生父母有特殊困难无力抚养的子女,可以被收养。长期以来,涉外送养对象主要是福利机构抚养的孤儿和查找不到生父母的弃婴及儿童。2014年,民政部出台了《关于规范生父母有特殊困难无力抚养的子女和社会散居孤儿收养工作的意见》,涉外送养对象由福利机构抚养的孤儿和查找不到生父母的弃婴和儿童,拓展到生父母有特殊困难无力抚养的子女和社会散居孤儿。

据介绍,我国目前已经与澳大利亚、比利时、加拿大、丹麦、芬兰、法国、冰岛、爱尔兰、新西兰、荷兰、挪威、新加坡、西班牙、瑞典、英国、美国和意大利等17个国家建立了涉外收养合作关系。

根据相关规定,办理涉外收养登记前,将依法审查外国人来华收养子女资格。中国儿童福利和收养中心从年龄、婚姻、教育、收养动机、经济状况、身体健康情况、道德品行、社会支持网络等多个方面对外国收养家庭的条件做出了严格规定,对收养申请人的评估工作、收养前培训等提出具体要求,并严格进行审查,确保我国被收养儿童能够进入最适合其健康成长的家庭环境。

另外,办理收养登记后,高度关注被收养儿童在国外生活和成长的情况,参考国际惯例采取了收养后跟踪的做法,要求收养国政府主管部门和收养组织在收养后 5 年递交 6 次(第一年,每半年递交一次,之后,每年递交一次)安置后报告,以便了解掌握被收养儿童入籍、入学、就医,以及与家庭、社区融合等各方面情况。同时,每年组成 3~4 个出访团到国外看望被收养儿童,深入收养家庭,了解被收养儿童的生活成长情况。

为帮助被收养儿童体验出生国文化,理性认识被收养的经历,满足众多中国被收养儿童来华寻根的强烈愿望,民政部委托爱之桥服务社开展寻根回访接待工作,并通过"中央财政支持社会组织参与社会服务示范项目——爱之桥服务社涉外送养儿童寻根回访及中国文化教育试点项目"和"彩票公益金中央级项目——涉外送养儿童寻根回访及中国文化教育项目"支持寻根回访活动。自 2006 年以来,爱之桥服务社先后接待 3 000 多个收养家庭, 4 000 多名被收养儿童,共计 1 万多人次来华寻根回访。

(资料来源:http://cccwa.mca.gov.cn/article/sysy20n/)

思考题

1. 收养登记的条件以及原则是什么?
2. 谈谈办理收养登记的程序。
3. 收养人需要具备哪些条件?

参考文献

[1] 王晓玫. 婚姻登记制度 [M]. 北京:当代中国出版社,2006.
[2] 孟宪伟,王玉洁. 涉外婚姻家庭与法 [M]. 广州:广东人民出版社,1995.
[3] 詹成付,陈光耀. 婚姻法律知识问答 [M]. 北京:中国大地出版社,2006.
[4] 邓伟志,徐榕. 家庭社会学 [M]. 北京:中国社会科学出版社,2001.
[5] 史凤仪. 中国古代的家族与身分 [M]. 北京:社会科学文献出版社,1999.
[6] 巫昌祯. 中国婚姻法 [M]. 北京:中国政法大学出版社,2007.
[7] 鲍宗豪. 婚俗与中国传统文化 [M]. 桂林:广西师范大学出版社,2006.
[8] 张希坡. 中国婚姻立法史 [M]. 北京:人民出版社,2004.

高等职业教育公共管理与服务类专业推荐教材

民政工作（第2版）

CIVIL AFFAIRS WORK

实用慈善组织管理

PRACTICAL CHARITY ORGANIZATION MANAGEMENT

公共关系与实务

PUBLIC RELATIONS AND PRACTICE

女性成长必修

COMPULSORY STUDY OF FEMALE GROWTH

婚姻与收养登记实务

MARRIAGE AND ADOPTION REGISTRATION PRACTICE

组稿编辑：赵宏志
责任编辑：郝永丽
装帧设计：逸　凡
销售热线：022-27892072
编辑热线：13902078274
编辑邮箱：zhaohongzhi1958@126.com

扫码进入
天津大学出版社官网

扫码进入
天津大学出版社官微

上架建议 公共管理与服务/高校教材
ISBN 978-7-5618-6277-3
9 787561 862773
定价：46.00元